*Le bighe*

- 7 -

Gilbert Keith Chesterton

# Una breve storia d'Inghilterra

A CURA DI PAOLO ALLEGREZZA

*Rubbettino*

Titolo dell'edizione originale
*A Short History of England* (1917)


88049 Soveria Mannelli - Viale Rosario Rubbettino, 10
TEL (0968) 6664201
www.rubbettino.it

Traduzione italiana di Paolo Allegrezza

Progetto Grafico: Ettore Festa, HaunagDesign

L'Editore ringrazia l'avv. Marco Sermarini, presidente della Società Chestertoniana Italiana, per l'amichevole aiuto prestato nella revisione di questa nuova edizione del volume.

# Prefazione

FORSE CHESTERTON NON AVEVA TORTO quando affermava che in luogo di *Una breve storia d'Inghilterra*, il suo libro avrebbe potuto intitolarsi *Sintesi di storia inglese* o *Saggio di storia inglese*.

Un'opinione che, probabilmente, sarebbe condivisa da un lettore contemporaneo uso a frequentare la saggistica storica. Tuttavia, pur dando per scontato un certo iniziale disorientamento, costui probabilmente non rimarrebbe deluso se decidesse di concedere la sua attenzione, oltreché al Chesterton narratore, anche al meno noto saggista; non solo in virtù delle qualità letterarie del testo, peraltro facilmente intuibili, ma anche per le non trascurabili sollecitazioni che questi è in grado di fornire riguardo alla storia inglese e alle vicende politiche e culturali d'inizio secolo.

Non vi sono ritratti di personaggi se non per alcune eccezioni, il contesto degli avvenimenti raramente è ricostruito, sovente si notano delle evidenti sproporzioni tra lo spazio dedicato ad un periodo piuttosto che ad un altro, tanto che l'autore sembra non abbia voluto rinunciare neanche in quest'occasione alla facoltà tipica di cui si avvale il narratore: disporre in piena libertà di situazioni e personaggi.

Ciò non impedisce che emerga, con la chiarezza di un'interpretazione lontana da professioni d'imparzialità, la complessa trama della storia inglese, la sua irripetibile vicenda costituzionale, le trasformazioni sociali.

A tratti si ha la sensazione di trovarsi di fronte a una grande rappresentazione dalla quale sono assenti sia i protagonisti, sia i comprimari, in quanto tutto sembra svolgersi grazie all'azione di una presenza invisibile, ma costantemente evocata nel libro: il popolo inglese. La resa di questa dimensione corale, il contrario della concezione superomistica in voga negli anni in cui il libro è pubblicato, è uno degli obiettivi principali dell'autore.

Chesterton rappresenta, certamente, una figura intellettuale piuttosto atipica. Autore teatrale, poeta, narratore, critico letterario (fondamentali le sue pagine su Dickens e Browning), giornalista, conferenziere, brillante polemista in grado di intervenire su una serie interminabile di questioni quali il divorzio, l'eugenetica, la Chiesa cattolica. È un intellettuale schierato, incline a misurarsi con la polemica pubblica, sempre disposto a uscire dai limiti per lui piuttosto angusti delle belle lettere.

In Italia è noto, soprattutto, come autore di romanzi e racconti, meno per la multiforme attività di saggista. *Una breve storia d'Inghilterra* è scritta e pubblicata nel 1917, nel pieno di un'intensa attività nazionalistica che venti anni dopo, nell'*Autobiografia*, descriverà in questo modo.

Mi ero immaginato di essere, per quel tempo, un corpo solo con gli Inglesi, coi quali non ero d'accordo sulle questioni più profondamente vitali dell'anima; ero una cosa sola, in quell'ora di morte con gli atei e con i pessimisti e con i puritani manichei e persino con gli orangisti di Belfast.

Scrivere di storia nel pieno della prima guerra mondiale, era un modo per sollecitare il lettore inglese a riscoprire le sue radici nazionali e a liberarsi del falso mito dell'identità anglosassone, per riconoscersi fino in fondo nell'umanesimo cristiano da cui scaturivano i valori di libertà e rispetto dell'individuo che costituivano le fondamenta della storia britannica. Significava, in definitiva, proseguire in altre forme l'impegno patriottico. In questi anni Chesterton si dedica a un'intensa attività giornalistica sulle colonne del *New Witness*, un piccolo foglio liberal progressista fondato insieme al fratello Cecil di cui assunse la direzione dopo la partenza di questi per la guerra. Il libro è scritto sull'onda dell'emozione per la morte di Cecil, avvenimento che accentua uno scenario già dominato da un forte coinvolgimento personale. Siamo evidentemente agli antipodi della distanza e dell'equilibrio richiesti allo storico. Eppure questo libro merita di essere letto in un'ottica tutta storica e politica, accettandone anche eventuali eccessi e schematismi. Iniziando dal periodo da cui far scaturire la storia inglese. Secondo Chesterton il suo inizio va collocato con la dominazione romana che aprì le porte della civiltà a quella che fino allora era stata una terra desolata. L'Inghilterra, al pari della Francia, si deve quindi considerare come uno dei frutti della vasta opera di civilizzazione condotta dai romani, non una lontana provincia che iniziò a vivere e a trovare una sua identità solo con la loro fine.

La rivendicazione del legame inglese con il mondo latino, al quale va ricondotta la diffusione del Cristianesimo, è solo uno dei *leit motiv* del libro. La polemica sulle origini romane non va considerata il risultato di un'astratta e datata disputa culturale, bensì argomento sostanziale di un'interpretazione della vicenda nazionale inglese come ispirata da alcuni valori contrapposti ad altri: l'umanesimo cristiano come alternativa al militarismo disumanizzante incarnato dal mondo germanico. È una polemica che si chiarisce meglio se si considera che l'ammistrazione nei confronti del modello prussiano è uno dei temi del dibattito politico e culturale inglese dell'età vittoriana. L'inedita versione di un capitalismo capace di trainare un popolo in un ambizioso disegno modernizzatore cui non era estranea un'originale sensibilità per il riformismo sociale (la legislazione in materia promossa da Bismark), affascinava un paese che aveva conosciuto uno sviluppo economico molto più libero e spontaneo. Si ammiravano l'organizzazione, il senso dell'ordine, la capacità di tenere a freno le rivendicazioni popolari, presenti nell'esperienza tedesca.

Oltre a questo dato che lo collega così fortemente alla contemporaneità, emerge nel testo lo spazio che è concesso al Medioevo: anche in questo caso la scelta ha una motivazione politica. Il Medioevo per Chesterton è l'età dell'oro del popolo inglese.

Vi vede il trionfo di un individuo libero e disinteressato, è affascinato dall'ingenuo spiritualismo che vi domina, tuttavia è anche interessato ad analizzare le caratteristiche di un equilibrio istituzionale che trae la sua forza da una corona limitata nelle sue prerogative e da una società vitale e industriosa che conquista benessere materiale e spirituale grazie alla sua capacità di autogoverno. Le corporazioni dei mestieri, il commercio, le crociate, le libertà comunali, le terre aperte, sono esempi di un equilibrio sociale segnato dalla libertà. Qui nasce, secondo Chesterton, la nazione inglese. Qui si determina il fenomeno delle istituzioni sorte dal basso, istituzioni di cui il popolo è artefice e non, come avverrà in seguito, strumento. Il libro vive tutto sulla contrapposizione tra un prima e un dopo, tra le libere istituzioni dell'età medievale e il loro progressivo smantellamento da parte dell'aristocrazia. La "grande rapina", così Chesterton definisce la distruzione della costituzione medievale.

La fine del monachesimo, delle libertà comunali, dello spiritualismo disinteressato della società medievale, daranno vita a una "nuova" Inghilterra nella quale l'affermazione di un equilibrio dominato dal parlamento, comporterà un cambiamento dell'identità nazionale. In questo contesto si inseriscono le trasformazioni sociali dell'età Tudor e la successiva comparsa dei puritani, protagonisti di un breve passaggio estremistico destinato a essere superato dall'affermazione dell'aristocrazia *whig*. Sarà questa classe nobiliare così atipica, progressista e conservatrice allo stesso tempo, la vera vincitrice della guerra civile e l'artefice dell'espansionismo commerciale e militare del diciottesimo secolo.

Nel rapido succedersi di queste vicende, due sono i passaggi da sottolineare: il primo riguarda l'interpretazione critica della vicenda costituzionale inglese. Sappiamo che una parte della storiografia britannica del secondo ottocento ha identificato la storia della Nazione con quella del suo parlamento, un approccio "costituzionalista" che esaltava il ruolo di una minoranza. Chesterton nega al parlamento ogni aurea mitica, la sua funzione non è mai rappresentata acriticamente, anzi ne mostra la composizione oligarchica e l'avversione agli interessi popolari che spesso ne caratterizzò le scelte. Da questo punto di vista la sua analisi appare molto lontana dal darwinismo degli storici vittoriani per i quali l'Inghilterra era la nazione guida di un processo che non conosceva soluzione di continuità verso il progresso e la libertà.

Sono anni nei quali molti intellettuali prendono le distanze dall'ottimismo della storiografia ottocentesca; i lavori di storici come J.B. Bury, quelli successivi di A.A.F. Pollard fino al fortunato pamphlet di W.C. Sellar e R.J. Yeatman, *1066 and all that,* che metteva alla berlina un secolo e mezzo di storiografia *whig*. Chesterton, assumendo un punto di vista alieno da preoccupazioni di metodo, ripercorre gli ultimi tre secoli di storia inglese mettendo in evidenza la specificità di una vicenda costituzionale che vedrà progressivamente emergere il ruolo del parlamento. Si determinerà così una costante azione di cambiamento guidata da un ceto aristocratico che, pur non venendo mai meno alla tutela dei propri interessi, riuscirà a farsi nazione.

Il secondo aspetto è il taglio fortemente critico nei confronti dell'Inghilterra scaturita dalla rivoluzione industriale. Non è il semplice rimpianto per la *Merry England* del Medioevo, né soltanto la protesta per le condizioni di sfruttamento denunciate dalla stessa letteratura dell'età vittoriana, ma la condanna tutta politica nei confronti di una classe dirigente che perpetua le diseguaglianze sociali mascherandone l'effetto dietro il volto conciliante delle riforme. Di qui il duro giudizio nei confronti del riformismo elettorale ottocentesco, come pure verso i provvedimenti in materia sociale varati dal governo liberale di Henry Asquit (1908).

Si tratta di posizioni indicative del disagio che attraversava l'intellettualità inglese agli inizi del secolo. Una lettura, che come sembra emergere da una breve ricostruzione dello scenario politico, può risultare, agli occhi dell'osservatore contemporaneo, viziata da un eccesso di severità nei confronti della classe dirigente del tempo.

I governi liberali di inizio secolo (1905-1915) avevano messo in moto un'imponente strategia riformatrice che per molti aspetti cambiò il volto dell'Inghilterra. I provvedimenti in materia di istruzione, assicurazioni, pensioni, determinarono una politica interventista in campo sociale decisamente innovativa. Il Governo, infatti, utilizzando la delega parlamentare cominciò a intervenire in una serie di materie nelle quali fino a quel momento la mano pubblica era stata assente. Ciò determinò una maggiore visibilità delle amministrazioni pubbliche che ora si trovavano ad agire entro i limiti di una relazione coordinata tra apparati centrali e governo locale.

Nel corso di questo processo i poteri consuetudinari delle comunità scomparvero per essere sostituiti dai nuovi compiti che a esse erano delegati dal centro. Agli occhi di molti questa trasformazione, dopo i mutamenti sociali ed economici dell'età vittoriana, rappresentava la scomparsa della secolare anomalia inglese in nome di un pragmatismo modernizzatore avvertito come estraneo alla propria storia.

In Chesterton questo disagio assume i caratteri di un progetto di rinnovamento democratico della nazione, altri aderiranno alle posizioni antiparlamentariste. Né, d'altra parte, gli echi futuristi e dannunziani dell'epoca appaiono così lontani da certi passaggi del libro, pur se diluiti alla luce della sottile pratica dell'*understatement*. Nell'*Autobiografia*, tornerà su questi temi, confermando il suo punto di vista critico.

Quando la teoria che il pubblico possiede di una cosa è differente dalla realtà pratica della stessa, vi è sempre convenzione di silenzio che non può essere rotta; vi sono cose che non possono essere dette in pubblico. Il fatto celato in questo caso illustrava esattamente la tesi del libro intitolato *The party system*: non v'erano due partiti che governassero alternativamente, ma un solo vero gruppo, i "seggi di prima fila" che governavano sempre [...] La struttura stessa della moderna politica di parte è tale che un governo deve conciliarsi sostenitori di questo genere (si riferisce ai grandi interessi economici), deve dichiarare di rappresentare i loro ideali o i loro pregiudizi. Insomma tutto era ed è plutocrazia.

Il Parlamento inglese, quindi, come luogo di una gigantesca finzione: nessuna vera dialettica, nessuna partecipazione popolare, un solo, invasivo potere, quello del capitale, a esercitare la sua egemonia.

Vi è in questa dura analisi l'eco dell'insoddisfazione di una generazione d'intellettuali cresciuta nel pieno dell'età vittoriana (Chesterton nasce nel 1874 da una famiglia d'agenti immobiliari) che non si riconosceva più nei valori che avevano sorretto l'impero britannico e la grande espansione commerciale e industriale del diciannovesimo secolo. L'estetismo del movimento preraffaellita, il dandysmo di Wilde, il mondo straniato e ostile di Joyce, l'impietoso ritratto delle classi alte che comparirà pochi anni dopo nei romanzi di D.H. Lawrence, sono gli esempi di una lunga crisi d'identificazione vissuta da molti scrittori e artisti rispetto al loro paese di cui il libro di Chesterton che qui viene proposto è un esempio.

*Paolo Allegrezza*

# Una breve storia d'Inghilterra

## 1.
# Introduzione

QUALCUNO SI DOMANDERÀ perché abbia accettato, benché la consideri una sorta di sfida, di scrivere, fra le altre mie cose, un libro sulla storia inglese che non ha particolari pretese accademiche ma vuole essere opera di un semplice appartenente al pubblico dei lettori. Posso rispondere affermando che conosco abbastanza bene questo argomento per sapere una cosa: non esiste alcuna storia d'Inghilterra scritta dal punto di vista del pubblico. La cosiddetta storia popolare dovrebbe essere più giustamente detta antipopolare. Tutte queste opere sono scritte, quasi senza alcuna eccezione, contro il popolo; in questi testi o lo si ignora o si tende studiatamente a dimostrarne i torti. È vero che Green[1] ha dato al suo libro il titolo di "Breve Storia degli Inglesi", tuttavia deve aver preso talmente sul serio la promessa di essere breve da non fare alcun accenno al popolo inglese. Ad esempio, egli dedica una parte consistente della sua opera alla "Inghilterra Puritana". L'Inghilterra, però, non è mai stata puritana. Sarebbe come definire, del tutto scorrettamente, l'ascesa di Enrico di Navarra come l'inizio della Francia puritana. D'altra parte, qualcuno dei nostri storici più estremisti

1. John Richard Green (1837-1883). Storico apprezzato per le doti di brillante espositore, la sua opera più importante è *Short History of the English People* (1874).

*whig*[2] non avrebbe timore di vedere, nella campagna di Wexford e Drogheda[3] l'Irlanda puritana. Ma è, soprattutto, riguardo al periodo medievale che le cosiddette storie popolari calpestano la storia del popolo. A questo proposito vi è una differenza quasi comica tra la mole di notizie fornite sugli ultimi due o tre secoli di storia inglese, nei quali nacque l'attuale sistema industriale, e ciò che è detto sui periodi precedenti, genericamente definiti medievali. Per dare un'idea della superficialità con la quale si racconta l'età delle abbazie e dei crociati, basterà un piccolo esempio. In un'enciclopedia indirizzata al grande pubblico apparsa qualche anno fa, in cui si professava di insegnare la storia inglese alle masse, vi erano alcuni ritratti di re. Non ci si poteva certo aspettare che fossero tutti autentici, così il mio interesse fu attirato da quelli che erano sicuramente immaginari. La letteratura contemporanea fornisce molti brillanti spunti per realizzare ritratti d'uomini come Enrico II o Edoardo I, tuttavia sembra che non solo non siano stati trovati ma neanche intravisti. Imbattendomi in un'immagine indicante Stefano di Blois[4], la mia vista cominciò a barcollare vedendolo indossare uno di quegli elmetti con i bordi di acciaio piegati come una mezzaluna che si portavano ai tempi delle gorgiere e delle calzamaglie. Ho più di un sospetto che gli autori abbiano utilizzato la testa di un qualche alabardiere traendola da scene tipo l'esecuzione di Maria

2. I liberali del '700 cui si contrapponevano i *tories*, conservatori. I primi sostenevano i valori dell'indipendenza dalla corona, della tolleranza religiosa, della libertà di commercio. I secondi erano i sostenitori della corona, della Chiesa anglicana, della tradizione.

3. Battaglie nelle quali l'esercito puritano di Oliver Cromwell debellò la resistenza irlandese.

4. Re d'Inghilterra (1095 circa - 1154). Figlio di Stefano conte di Blois e di Adele figlia di Guglielmo il Conquistatore.

Stuarda[5], tuttavia, il personaggio indossava un elmetto che era spacciato per medievale; insomma, ogni elmetto, purché fosse vecchio, andava bene per Stefano. Ora, supponiamo che i lettori di quell'enciclopedia abbiano cercato il ritratto di Carlo I[6] e abbiano trovato la testa di un poliziotto. Supponiamo che la foto sia stata presa, senza tra l'altro che fosse cancellato l'elmetto moderno, da qualche istantanea dell'arresto di Mrs. Plankurst[7] pubblicata sul «Daily Sketch». Credo ragionevole ritenere che i lettori si sarebbero rifiutati di ritenerlo un ritratto in vita di Carlo I. Avrebbero sospettato che sotto ci fosse qualche pasticcio. Ebbene, il lasso di tempo che separava Stefano di Blois da Maria Stuarda è molto maggiore di quello che separa noi da Carlo I. La rivoluzione che interessò la società umana tra l'inizio delle crociate e la fine dell'età dei Tudor è incomparabilmente più grande e definitiva di ogni cambiamento intercorso tra noi e Carlo. E, soprattutto, quella rivoluzione dovrebbe essere il primo e l'ultimo avvenimento di cui dovrebbe trattare un'opera storica che si autodefinisce popolare. È la storia delle grandi conquiste del nostro popolo, oggi completamente perdute. Ora, in tutta modestia, darò dimostrazione di conoscere anche qualcos'altro della storia inglese; e credo di avere maggiori ragioni per farlo del tizio che ha operato lo scambio di cappello tra il crociato e l'alabardiere. Ma l'aspetto più curioso e significativo di questa dimenticanza,

5. Maria Stuart (1542-1587). Regina di Scozia, fu condannata a morte in seguito al conflitto che la oppose a Elisabetta I d'Inghilterra.

6. Carlo I Stuart (1625-1649). Il sovrano protagonista dello scontro con il parlamento da cui scaturì la guerra civile che si concluse con la vittoria dell'esercito puritano guidato da Oliver Cromwell e la proclamazione della repubblica.

7. Emmelina Pankhurst (1858-1928). Leader del movimento delle suffragette.

ma chiamiamola pure omissione riguardo alla società medievale risiede in un fatto che ho già avuto modo di notare. Il grande assente della cosiddetta storiografia popolare è proprio il popolo. La *Magna Charta*[8] ad esempio, è descritta a ogni lavoratore, falegname, bottaio o muratore come una sorta di Grande Alca senza che gli sia detto che la sua mostruosa solitudine è dovuta al fatto che essa anticipò la storia piuttosto che seguirla. Non gli si insegna che l'intero sistema della società medievale si reggeva grazie alle pergamene su cui erano scritti gli statuti delle corporazioni; che la società si fondava su un sistema di carte più interessanti per lui della *Magna Charta*. Il falegname può avere avuto notizia di uno statuto concesso per la difesa degli interessi dei baroni ma non sa nulla di tutte le carte concesse ai falegnami, ai bottai e a tutti coloro che svolgevano mestieri simili. Utilizzando un altro esempio, gli studenti che studiano la storia sui testi scolastici, che tutto semplificano e sintetizzano, non hanno mai sentito parlare di un cittadino, cioè di un non nobile, fino a quando non gli sia apparso con una camicia ed un cappio intorno al collo. Non c'è dubbio che non hanno la più pallida idea di cosa volesse dire essere un cittadino nel Medioevo. Gli stessi commercianti dell'età vittoriana mai si sarebbero immaginati protagonisti di un'avventura come la battaglia di Courtrai[9] in cui i mercanti medievali dovevano preoccuparsi, più che di conquistarsi il titolo di cavaliere, di non essere travolti dai cavalli dei loro nemici. Credo che a questo punto abbia più di un motivo per raccontare quel poco che so di una storia realmente accaduta. Una volta mi imbattei in un uomo che era stato allevato negli scantinati

8. Documento che stabilisce limiti ai poteri del sovrano. Fu promulgata nel 1215.

9. Battaglia combattuta nel 1302 dai fiamminghi contro i francesi per l'indipendenza delle Fiandre.

di una grande casa, nutrito di rifiuti e gravato di lavoro. Egli smise di credersi uno sventurato e la sua condizione gli divenne accettabile, grazie ad una storia che gli fu raccontata. La storia parlava di suo nonno, uno scimpanzè e di suo padre, un selvaggio che prima era vissuto nei boschi e poi era stato catturato e addomesticato, divenendo un essere quasi intelligente. Alla luce di questi fatti, egli poteva essere riconoscente verso chi gli aveva permesso di vivere in quella condizione semi umana e sentirsi più sollevato dalla speranza che dopo di lui l'evoluzione sarebbe continuata. È strano che i miei sospetti, e la successiva scoperta della falsità della storia, nacquero quando sentii tirare in ballo il sacro nome del Progresso. Ora ne so abbastanza della vita di quell'uomo per affermare che egli non aveva nulla a che fare con l'evoluzione ma che molto più banalmente era stato diseredato. Il suo albero genealogico era del tutto estraneo alle scimmie che, al massimo, vi si possono essere arrampicate; assomiglia piuttosto a quell'albero, di nome *Dedishado*, strappato alle sue radici e posto sullo scudo di un cavaliere senza nome.

# II.
# La Provincia Britannica

LA TERRA SULLA QUALE ORA VIVIAMO un tempo aveva l'alto privilegio poetico di essere la fine del mondo. La sua estremità era l'ultima Thule, l'altro confine del nulla. Quando queste isole, perse tra le tenebre dei mari del nord, furono finalmente illuminate dalle potenti luci di Roma, chi le scoprì ebbe la sensazione, più per orgoglio che per desiderio di conquista, di aver toccato il più remoto frammento di mondo. Non era una sensazione sbagliata, anche da un punto di vista geografico. In questi territori posti alla fine del mondo conosciuto vi era realmente qualcosa di estremo. La Gran Bretagna non è tanto un'isola quanto un arcipelago, anzi è un labirinto di isole. In pochi altri paesi è possibile trovare un simile e strano intreccio di mare e terra, terra e mare. I grandi fiumi danno l'impressione non soltanto di incontrarsi nell'oceano ma di perdersi a cielo aperto l'uno nell'altro nelle colline: il territorio, benché sia nel complesso piatto, delinea verso ovest delle montagne che si sostengono reciprocamente; una tradizione molto antica porta i britannici a contemplare il tramonto alla ricerca di terre lontane. Gli abitanti sono in perfetta sintonia con le loro isole. Sono divisi in diverse nazioni: Scozzesi, Inglesi, Irlandesi, Gallesi dei territori montuosi occidentali e hanno complessivamente qualcosa di diverso dalla noiosa rettitudine delle popolazioni germaniche del continente o dal *bon sens français*, talvolta acuto, altre volte banale. Vi è qualcosa che unisce tutti i Britannici, qualcosa che neppure gli “Atti d’unione”[1] hanno dissolto. La parola migliore che lo possa definire è insicurezza, una sensazione che si adatta a uomini che camminano sul ciglio delle scogliere, sempre al limite.

L’avventura, una solitaria predilezione per la libertà, un humour senza brio, sorprendono chi li critica e persino loro stessi. Le loro anime sono tormentate come le loro coste. Gli stranieri notano che spesso mostrano di provare imbarazzo. Negli Irlandesi probabilmente si rivela quando parlano, negli Inglesi quando pensano. La parola *bull* per gli Irlandesi, infatti, rappresenta una licenza linguistica. Per gli Inglesi la stessa parola indica sia John Bull, il rappresentante tipico della Nazione, che un bovino privo di intelligenza, provocando così un palese doppio senso. Le cose hanno sempre un doppio significato, come l’anima quando si specchia in acque diverse. Il popolo inglese è il meno devoto al sentimento della classicità; il senso dell’Impero che i Francesi esprimono tanto elegantemente e i Tedeschi tanto grossolanamente, essi lo conoscono appena. Sono costantemente colonizzatori ed emigranti ed è risaputo che si sentono a casa loro in ogni paese. Sono divisi tra l’amore per la loro terra e l’amore per qualcos’altro; di tutto ciò il mare è un po’ il simbolo. Ne è testimonianza una poesia per bambini priva di titolo dove si trova anche uno dei versi più belli della nostra letteratura che può essere considerato il sottinteso *refrain* di tutta la poesia inglese: *Lontano al di là dei monti.*

1. Riferimento ai cambiamenti costituzionali prodotti dagli *Acts of Union* con la Scozia (1707) e con l’Irlanda (1801). In seguito a quest’ultimo nacque il *Regno Unito di Gran Bretagna e Irlanda.* Nel 1927, dopo la nascita dello Stato irlandese, il parlamento assumerà la definizione di *Parlamento del Regno Unito di Gran Bretagna e Irlanda settentrionale.*

Il grande, illuminato eroe che per primo conquistò la Gran Bretagna, fosse o no il distaccato semi Dio di *Cesare e Cleopatra*[2] era certamente un Latino e quando vi arrivò descrisse queste isole con tutto il secco positivismo della sua penna di soldato. Tuttavia, anche i brevi resoconti che Giulio Cesare scrive sugli indigeni ci lasciano un senso di mistero che non è spiegabile solo con la nostra ignoranza dei fatti. Sembra che la loro società fosse organizzata sulla base di un oscuro sistema al cui vertice vi era una casta sacerdotale. Le pietre ora senza forma ancora disposte in figure simboliche testimoniano la presenza e l'attività di questa classe superiore. Probabilmente adoravano le divinità naturali; ma mentre questa fede originaria può essere citata per spiegare la costante presenza, nell'arte prodotta su queste isole, degli elementi naturali, il suo scontro con il pur tollerante Impero Romano fa pensare alla presenza di fenomeni che di solito si accompagnano alla adorazione per la natura, mi riferisco a pratiche innaturali.

Ma su quasi tutti i problemi dai quali sono sorte tante controversie moderne, Cesare non dice nulla. Non ci dice se la lingua che essi utilizzavano fosse celtica; alcuni nomi di luoghi hanno anche fatto supporre che, almeno in parte, fosse già di ceppo teutonico. Non sono in grado di pronunciarmi sul grado di verità di ognuna di queste interpretazioni, mi voglio pronunciare invece sulla loro importanza; almeno per un mio piccolo e semplice scopo. A dire il vero la loro importanza è stata estremamente esagerata. Cesare dichiara di non volere dare niente di più di un rapido sguardo da viaggiatore; inoltre, quando molto tempo dopo i Romani fecero ritorno e trasformarono la Gran Bretagna in una loro provincia, continuarono a dimostrare una singolare indifferenza verso tutte le questioni che hanno appassionato tanti professori. Erano interessati a prendere e

2. Dramma di G.B. Shaw.

dare alla Gran Bretagna ciò che avevano preso e dato alla Gallia. Non sappiamo se i Britannici allora, e di conseguenza ora, appartenessero a ceppo Iberico, Cimrico o Teutone. Sappiamo solo che per un breve periodo furono Romani.

Di quando in quando si scopre nell'Inghilterra moderna qualche frammento di pavimento romano. Queste antichità più che accrescere, sembrano ridimensionare l'importanza dei Romani. Danno l'impressione di qualcosa di lontano che è invece molto vicino, di qualcosa che sembra morto ma che è ancora vivo. È come se si scrivesse l'epitaffio di una persona sulla sua porta di casa. L'epitaffio probabilmente conterrebbe un elogio, ma difficilmente sarebbe sincero. L'importante non è che la Francia e l'Inghilterra hanno resti romani, ma che *sono* resti romani.

Invero, più che resti sono reliquie e ciò spiega perché fanno ancora miracoli. Una fila di pioppi è reliquia romana più di quanto non lo sia una fila di colonne. Quasi tutto ciò che noi chiamiamo opera della natura, in realtà è cresciuto come un fungo grazie al lavoro unico dell'uomo; i nostri boschi sono muschio sulle ossa di un gigante. Sotto il seme dei nostri campi e le radici dei nostri fiori più selvaggi si trovano i colori di un pavimento romano.

La Gran Bretagna è stata romana per quattrocento anni, più a lungo di quanto sia stata Protestante e molto più a lungo di quanto non sia stata un paese industriale. È necessario spiegare brevemente cosa abbia significato essere romani, altrimenti ciò che accadde immediatamente dopo apparirebbe privo di senso. Far parte dell'Impero Romano non voleva dire essere sottomessi come lo è una tribù di selvaggi quando è schiavizzata da un'altra, né implicava qualcosa di simile all'orribile compiacimento mostrato dal cinismo dei politici dei nostri giorni di fronte alla decimazione degli Irlandesi. Sia i conquistatori sia i conquistati erano pagani ed entrambi avevano delle istituzioni che ai nostri occhi conferiscono al loro paganesimo una certa disumanità; il trionfo dei vincitori, il mercato degli schiavi, la mancanza di tutto il romantico nazionalismo che troviamo nella storia moderna. Tuttavia, l'Impero Romano non distruggeva le nazioni, semmai le creava. Originariamente i Britannici erano fieri di essere Romani, non di essere Britannici. La spada di Roma era come un grande magnete o meglio come un grande specchio circolare di acciaio in cui ogni popolo poteva riflettersi. Roma aveva nelle sue piccole dimensioni la garanzia della grandezza del suo esperimento di civilizzazione. Da sola non poteva pensare di dominare il mondo, avrebbe al massimo potuto dominare il Rutland. Intendo dire che non avrebbe mai potuto fare quello che gli Spartani hanno fatto con gli Iloti e gli Americani con i Negri. Una macchina tanto grande doveva necessariamente essere "umana". Doveva essere un manico in grado di adattarsi alla mano di ogni popolo. L'Impero Romano diveniva necessariamente meno Romano a mano a mano che diveniva più Impero; non molto tempo dopo la conquista romana, le isole britanniche già davano i loro imperatori a Roma. Dalla Gran Bretagna, cosa che rendeva fieri i suoi abitanti, venne infine la grande imperatrice Elena, madre di Costantino. Colui che, come è a tutti noto, diede il suo nome a quell'editto che tante dispute scatenerà tra le successive generazioni. Su quella rivoluzione nessun essere umano è mai stato in grado di essere imparziale. Né chi scrive ha la vana pretesa di esserlo. È stata la più rivoluzionaria fra tutte le rivoluzioni poiché ha detto che il corpo di un servo morto sulla forca e il padre dei cieli sono la stessa cosa, un'affermazione che ancora oggi conserva il suo carattere paradossale. Ma vi è un altro elemento da sottolineare. Senza bisogno di raccontare altro se non la realtà, non si può evitare di ricordare quanto a lungo la Roma precristiana sia stata guardata con occhi mistici da tutti gli europei. In Dante ciò si manifesta forse nel modo più evidente, tuttavia è un atteggiamento che pervade tutto il Medioevo per giungere fino alla modernità. In Roma, probabilmente, si identificava l'Uomo; ed anche quando era ormai decaduta, essa rappresentava ciò che di più alto il genere umano avesse mai compiuto. L'ascesa e la caduta dell'Impero Romano erano viste come manifestazioni della volontà di Dio. Di qui, sotto l'insegnamento di Dante, si arrivava paradossalmente ad affermare che i soldati romani avevano ucciso Cristo guidati dalla volontà divina. Quella legge, pur avendo fallito nella sua prova più alta, rimaneva una legge giusta e non un semplice atto militare.

La conseguenza che se ne traeva era che Dio aveva collaborato con Pilato come con Pietro. Il poeta medievale è impaziente di dimostrare che il potere di Roma era legittimo e non usurpato. Ma era proprio questo l'aspetto determinante della rivoluzione cristiana, l'affermazione che un potere buono era cattivo quanto uno cattivo. Anch'esso, infatti, non era stato abbastanza buono da riconoscere Dio in mezzo ai ladri. Tutto ciò non è importante soltanto perché implica un colossale cambiamento nelle coscienze; la rovina del paganesimo va ricondotta alla convinzione della completa autosufficienza di una città o di uno stato. Entità ritenute eterne contro le quali ciclicamente scoppiavano delle rivolte. È questo un punto che deve essere incessantemente ricordato quando si guarda a tutta la prima parte della storia inglese poiché è qui il significato più profondo dello scontro che vide protagonisti clero e monarchia. Il doppio ruolo svolto dalla civilizzazione e dalla religione si mantenne in equilibrio lungo i secoli e fino a quando non entrò in crisi deve essere considerato sostanzialmente identico ovunque, per quanto col tempo cominciasse a perdere le sue caratteristiche egualitarie. La schiavitù è certamente sempre esistita, anche nei più democratici stati dell'antichità. La severità dei pubblici poteri è certamente sempre esistita, come esiste nei più democratici stati contemporanei. Ma non vi era traccia allora di ciò che nei tempi moderni si è inteso per aristocrazia, ancora meno per quella che oggi chiamiamo dominazione razziale. Grazie al lento sostituirsi del potere della Chiesa al potere dell'Impero, quella società vide esaurirsi la divisione tra cittadini e schiavi. Ora, è necessario capire che quella grande rottura dell'uguaglianza che fu l'istituzione della schiavitù, fu lentamente superata grazie sia all'indebolimento dell'Impero sia al raffrozamento della Chiesa. Per la Chiesa la schiavitù non fu un problema dal punto di vista della dottrina, ma uno sforzo che la impegnò sul piano della fantasia. Aristotele e i filosofi dell'età pagana definivano la schiavitù "un'arte utile", la consideravano uno strumento al pari di uno strumento di cui servirsi per tagliare la legna o per qualsiasi altro uso. La Chiesa non criticava chi usava la scure ma si domandava se fosse giusto tagliare un vetro con un diamante. La ispirava la considerazione che un diamante è molto più prezioso di un vetro. La cristianità non poteva identificarsi nella semplicità del mondo pagano, per il quale non vi era differenza tra l'uomo e il lavoro che esso svolgeva, perché considerava il lavoro meno importante dell'uomo. Più o meno in questa fase della storia inglese si colloca di solito l'aneddoto espresso dal gioco di parole di Gregorio Magno e questo è forse il momento migliore per raccontarlo. Secondo la teoria romana i barbari ridotti in schiavitù erano utili. Il misticismo di Gregorio va al di là di questa concezione strumentale; la sua frase *Non Angli sed Angeli* significa in realtà «Non siamo schiavi abbiamo un'anima». Vorrei osservare, per inciso, come nei paesi moderni dove più si è diffuso il Cristianesimo, la Russia ad esempio, i servi erano chiamati *anime*. La frase del Papa, peraltro molto utilizzata, segna forse la prima apparizione dell'aureola d'oro nella grande arte cristiana. La Chiesa, pur con tutti i suoi errori, operò per sua stessa natura col fine di realizzare una maggiore equità sociale; è un falso storico ritenere che la gerarchia ecclesiastica abbia operato a fianco dell'aristocrazia o che ne fosse una componente. La Chiesa operò, almeno nella sua visione ideale, un rovesciamento dei principi aristocratici: gli ultimi sarebbero stati i primi. Il detto irlandese secondo il quale «ogni uomo è uguale e migliore di ogni altro» contiene del vero, come molte affermazioni contraddittorie; così come vi è un legame tra Cristianesimo e cittadinanza. Lungi dall'essere il *Migliore*, il santo non offende la dignità dei suoi simili. Egli non rivendica alcuna superiorità su di loro, è semplicemente più consapevole della sua inferiorità. Mentre milioni di piccoli preti e monaci stavano già rosicchiando le fondamenta dell'antica schiavitù, un altro processo si stava compiendo: la caduta dell'Impero. È un processo che ai nostri giorni è molto difficile spiegare. Interessò ogni istituzione e ogni provincia, in primo luogo la schiavitù. Ma, fra tutte le province romane, questo processo fu particolarmente forte in Gran Bretagna che si collocava dentro e in parte oltre i confini imperiali. La vicenda britannica, come sempre, non può essere considerata separatamente da tutto il resto. La prima metà della nostra storia è stata stravolta nelle scuole a causa del tentativo di presentarla senza alcun nesso con le vicende della cristianità di cui fu fieramente protagonista. Mi sembra pienamente convincente la domanda di Kipling[3], «come si può conoscere l'Inghilterra se non si studia nulla della sua storia?». Interrogativo che esprime un punto di vista profondamente diverso da quello di chi ritiene che gli studenti debbano dedicare le loro fatiche ai Wagga Wagga ed ai Timbuctù. È assolutamente necessario, benché sia molto complicato, spiegare in poche parole ciò che accadde all'intera razza europea.

Roma, che era all'origine di quella civiltà, ne era la componente più debole. Il centro era divenuto col tempo sempre più vago, fino a scomparire. Roma aveva emanci-

3. Rudyard Kipling (1865-1936). Autore di famosi romanzi di ambientazione indiana. Uno dei più autorevoli teorici dell'imperialismo britannico.

pato il mondo governandolo, ma ora non era più in grado di farlo. Fatta eccezione per la presenza del Papa e per il crescente prestigio che gli derivava dall'essere il centro della cristianità, la città eterna era ormai paragonabile a uno dei suoi paesi di provincia. La conseguenza che ne scaturì fu un generico localismo che non aveva il valore di una rivolta veramente consapevole. Vi fu anarchia, non ribellione. Una ribellione avrebbe richiesto motivazioni ideali e quindi (per coloro in grado di guidarla) un'autorità. Gibbon[4] con il suo stile ridondante, ha parlato di «declino e caduta dell'Impero Romano». L'Impero declinò ma non cadde. È tuttora in vita. Questo processo di perdita del centro, molto più indirettamente di quello che vide protagonista la Chiesa, operò a sfavore dell'antica schiavitù. Il localismo portò ad individuare capi territoriali, fenomeno che produsse il cosiddetto feudalesimo, di cui parleremo in seguito. Lo stesso localismo, a dire il vero, portava a superare il sistema del dominio diretto dell'uomo sull'uomo; nonostante l'influenza negativa esercitata sull'istituto della schiavitù, la sua azione non può essere assolutamente paragonata all'influenza positiva esercitata dalla Chiesa. La schiavitù del tardo periodo precristiano, similmente alla nostra organizzazione del lavoro che più si sviluppa più sembra rassomigliarle, funzionava su larga scala; le sue enormi dimensioni ne impedivano il controllo. Allo schiavo il padrone in carne e ossa appariva più distante del suo nuovo Signore. Lo schiavo divenne servo, poteva essere rinchiuso ma non venduto. Una volta ammessa la sua appartenenza alla terra, non si era molto distanti dall'ammettere che la terra gli apparteneva. Anche ammettendo di simulare il vecchio lin-

4. Edward Gibbon (1737-1794). Storico molto popolare, deve la sua fama alla *History of the Decline and Fall of the Roman Empire*, opera nella quale esalta la romanità e interpreta il Cristianesimo come un suo elemento di corruzione.

guaggio dello schiavismo, vi è una differenza. Ed è la differenza che vi è tra una sedia ed una casa. Canuto[5] poteva chiedere che gli fosse portato il suo trono ma se avesse voluto la stanza dove era il trono avrebbe dovuto prenderla da sé. Parimenti, al suo schiavo poteva ordinare di andarsene mentre al suo servo poteva ordinare soltanto di non muoversi. Questi i due lenti cambiamenti del tempo che trasformarono un mero strumento in un essere umano. Egli cominciò ad avere delle radici, in seguito comincerà ad avere dei diritti.

Il declino dell'Impero comportò un generale processo di decivilizzazione: nella letteratura, nelle leggi, nelle strade e nei mezzi di comunicazione, nella chiusura in un'ottica tutta localistica. Nell'ultimo periodo questa involuzione assunse le caratteristiche della barbarie, dovuta alla comparsa di popolazioni selvagge pronte a distruggere, uccidere, accecare, incendiare. Fatta eccezione per quell'immonda e apocalittica invasione delle cavallette che furono gli Unni, è forse un'esagerazione, pur essendo questa un'epoca veramente oscura, parlare di inondazione barbarica, almeno se ci riferiamo all'antica civiltà nel suo complesso. Ma parlare di inondazione barbarica non è eccessivo se ci riferiamo a ciò che accadde ai confini dell'Impero. Di questi territori agli estremi confini del mondo conosciuto parleremo nei capitoli seguenti. La Gran Bretagna era agli estremi confini del mondo. È probabilmente vero, anche se vi sono poche prove, che l'opera di civilizzazione dei Romani in Gran Bretagna fu più debole che in altre province, tuttavia andò molto avanti. I Romani fondarono città come York, Chester, Londra; città più antiche delle loro contee e, a dire il vero, più antiche delle stesse campagne che le circondano. Erano collegate da un sistema di grandi strade che erano e sono l'ossatura della Gran Bretagna. Ma con

5. Capo degli invasori danesi. Divenne re d'Inghilterra.

l'indebolimento di Roma le ossa cominciarono a rompersi sotto la pressione dei barbari che all'inizio provenivano da nord; dalla terra dei Pitti, stanziati oltre il confine tracciato da Agricola in quella che è attualmente la Scozia meridionale. La caratteristica di questo sconcertante periodo è rappresentata dalle temporanee alleanze tra le tribù che, generalmente, erano di tipo mercenario: si pagavano le tribù barbariche per utilizzarle ai propri fini oppure per fargli abbandonare un territorio. Sembra che durante questo confuso periodo alla fine dell'età romana, i britannici abbiano comprato l'aiuto di quei popoli semi primitivi che vivevano in quell'appendice di Danimarca corrispondente attualmente al Ducato dello Schleswig. Costoro, essendo stati chiamati per combattere solo contro qualcuno, finirono per fare la guerra a tutti. Ne seguì un secolo di guerre la cui violenza ridusse la pavimentazione romana in pezzi sempre più piccoli. Spero mi si consenta di non essere d'accordo con Green quando sostiene che non vi è luogo più sacro per gli Inglesi di oggi dell'area di Ramsgate, dove si suppone siano sbarcate le prime popolazioni provenienti dallo Schleswig, oppure quando propone di far coincidere il vero inizio della nostra isola con la loro apparizione. Sarebbe piuttosto affermare che essa ne abbia rappresentato, pur prematuramente, la fine.

## III.
# L'età delle leggende

SE STESSIMO TRANQUILLAMENTE leggendo un qualunque romanzo moderno e all'improvviso, nel bel mezzo della narrazione, facessero la loro comparsa delle fate, rimarremmo sconcertati. Se in *Cranford*[1] una delle zitelle, dopo aver diligentemente pulito una stanza, se ne volasse via sul suo manico di scopa, saremmo molto sorpresi. Se una di quelle giovani dame che compaiono nelle opere di Jane Austen[2] dopo aver appena incontrato un dragone, continuasse a camminare e incontrasse un drago, la nostra attenzione ne sarebbe sicuramente rapita. Qualcosa di simile, quanto a eccezionalità, avvenne nella storia inglese alla fine del periodo romano.

Noi siamo abituati ad avere a che fare o con problemi razionali e risolvibili quasi meccanicamente, come ad esempio la costruzione di un accampamento, per i quali si impiegano appositi settori della burocrazia militare oppure con sporadiche guerre di frontiera, combattute in modo sufficientemente moderno al di là della maggiore o minore efficenza degli eserciti; all'improvviso ci troviamo invece a leggere di campane vaganti e lance incantate, di guerre contro uomini alti come alberi e bassi come funghi. Il soldato

1. Romanzo di Elizabeth Cleghorn Geskell (1810-1865).

2. Jane Austen (1775-1817). Tra i maggiori autori dell'Ottocento, nelle sue opere è rappresentata la società benestante della campagna inglese.

che combatte in nome della civiltà non trova più di fronte a sé il barbaro ma uno spirito; il territorio diventa un labirinto di luoghi immaginari sconosciuti alla storia; e gli storici ufficiali possono ipotizzare ma non spiegare come un governatore romano o un capo tribù gallese si stagli nel crepuscolo come un orribile e immortale Artù[3].

Vi fu prima un'età della scienza, cui ne seguì una dominata dalla mitologia. Un utile esempio, i cui echi si protrassero a lungo nella letteratura inglese, può servire a riassumere il contrasto. Per molto tempo si pensò erroneamente che il primo sistema di governo sorto in Inghilterra non fosse opera di Cesare ma di Bruto. Il contrasto tra una scoperta tanto arida e le fantasticherie sulla sua origine, provoca un effetto decisamente comico; come se la frase di Cesare: *et tu Brute,* una volta tradotta divenisse, «che ci fai qui?».

Ma da un certo punto di vista il mito è importante quanto la realtà. Entrambi dimostrano che la nostra società insulare ha un'origine romana e mostra come anche le storie che sembrano preistoriche raramente sono preromane. Anche quando l'Inghilterra era la terra degli Elfi[4] quei folletti non erano *angli.* Tutte le parole che si possono usare come chiavi per comprendere quel confuso insieme di storie sono più o meno latine. E in tutti i nostri discorsi non c'è parola più romana di *romanzo.*

Le legioni romane lasciarono l'Inghilterra nel quarto secolo. Ciò non vuol dire che la società romana scomparve ma solo che fu più esposta a contaminazioni e attacchi. Il Cristianesimo è quasi certamente penetrato in Inghilterra, se non seguendo le strade tracciate dai romani, in ogni caso molto tempo prima della missione ufficiale a Roma di Gregorio Magno. Senza dubbio, la sua espansione subì un

3. Protagonista dei romanzi del cosiddetto Ciclo Bretone o Arturiano, assieme ai Cavalieri della Tavola Rotonda.

4. Personaggi fantastici della mitologia norrena.

forte arresto a causa della successive invasioni barbariche sulle coste ormai indifese. Si deve anche sottolineare che la tenuta dell'Impero e della sua nuova religione era qui più difficile che altrove e che tutta l'intera opera di civilizzazione compiuta, di cui ho parlato nel precedente capitolo, è in proporzione di scarsa rilevanza. Ma questo, naturalmente, non è l'aspetto più importante del problema. Vi è un fatto fondamentale che deve essere compreso riguardo a tutto questo periodo. Non vi abbiamo ancora veramente dedicato la nostra attenzione per comprenderlo fino in fondo. È tipico dell'uomo moderno associare libertà e futuro. Tutta la sua cultura è pervasa dalla speranza nel futuro. Al contrario, tutta la cultura di queste epoche oscure era attraversata dalla convinzione di un'età dell'oro che stava svanendo. Guardando al passato si vedeva la luce della ragione, guardando al presente i nuovi pregiudizi. Ai nostri tempi è sorto un contrasto tra fede e speranza che probabilmente solo la carità può risolvere. Ma a quei tempi la situazione era diversa. Si può dire che si avesse sì speranza ma nel passato. Tutte le ragioni che fanno di un uomo un progressista oggi, ne facevano un conservatore allora.

Le due cose che gli uomini di allora dovevano più rimpiangere del loro passato erano l'equità della legge e la libertà. Guardando al passato trovavano legge e libertà, guardando al futuro ignoranza e privilegio. Tutto quello che noi oggi chiamiamo ragione si identificava allora con la reazione. È questa una chiave di lettura che dovremo utilizzare, allorché ci avvicineremo a tutti i grandi uomini di questa epoca oscura: Alfredo, Beda, Dunstan[5]. Se il più estremi-

5. Alfredo il Grande, re del Wessex (848-869), figura fondamentale del Medioevo inglese, fu cultore e protettore degli studi. *Beda*, detto il Venerabile (672-735), grande erudito dell'alto Medioevo e autore della *Historia ecclesiastica gentis anglorum*. *Dunstan* (925-988), monaco benedettino arcivescovo di Canterbury nel 969.

sta degli odierni repubblicani fosse trasportato in quel periodo, potrebbe indifferentemente essere un convinto papista oppure un convinto imperialista. Il Papa rappresentava ciò che era rimasto dell'impero, l'Impero ciò che era rimasto della repubblica. Volendo avere un'idea della condizione umana a quei tempi, proviamo a immaginare un individuo costretto a lasciare dietro di sé città e campagne libere per andare in direzione di una selva oscura. È la metafora più adatta, non solo perché veramente questa sterpaglia selvaggia si era diffusa ovunque ricoprendo le strade costruite dai Romani, ma anche perché le è sempre stata associata un'altra idea sviluppatasi dopo la fine dell'Impero Romano.

L'idea che le foreste fossero dei luoghi incantati portava a sdoppiare le cose e a considerarle diverse da se medesime; l'idea che anche le bestie si comportano come gli uomini e non soltanto, come ci suggerisce la nostra ragione di moderni, gli uomini come le bestie. Allora è proprio qui che è necessario ricordare che un'età dominata dalla ragione ha preceduto un'età dominata dall'irrazionale, infatti, questo è il fondamentale pilastro che ha sostenuto l'edificio storico costruito dalla nostra immaginazione da quando si è affermata l'idea del cavaliere civilizzato che combatte i barbari; l'avventura di un uomo ancora legato alla ragione in un mondo dominato dalla follia. L'altra cosa da sottolineare è che in questa età barbarica nessun "eroe" è un barbaro. I soli eroi che conosciamo sono avversari dei barbari. Uomini reali o avvolti nel mito (molto probabilmente entrambe le cose), divennero per interi popoli onnipresenti come dèi; essi riuscirono a lasciare traccia di sé nelle memorie più deboli e nei documenti più brevi, esattamente in proporzione a quanto riuscirono a dominare la follia pagana del tempo e a preservare il razionalismo cristiano che avevano ereditato da Roma.

Artù è famoso per avere ucciso i pagani, i pagani che lo hanno ucciso non li ricorda nessuno. Gli Inglesi, che non conoscono nulla della storia inglese e meno di nulla di quella irlandese, avranno sentito parlare talvolta di Brian Boru[6] (anche se scrivono Boroo credendo di essere spiritosi). Ebbene, è un piccolo piacere di cui non avrebbero mai potuto godere se re Brian non avesse sconfitto i pagani nella grande battaglia di Clontarf. Il lettore inglese non avrebbe mai potuto sentire nulla di Olaf di Norvegia se questi non avesse predicato il Vangelo con la spada o del Cid se non avesse sconfitto l'Impero Turco. E nonostante Alfredo il Grande sembra abbia meritato il suo titolo anche grazie al suo valore, egli non era tanto grande quanto il compito che aveva da svolgere. Resta, tuttavia, paradossale che Artù sia più ricordato di Alfredo perché è associato a un periodo considerato leggendario. La maggior parte degli uomini adotta istintivamente verso queste leggende un atteggiamento corretto: credere è molto più sensato che non credere. Non è rilevante se la maggior parte di queste storie siano o non siano vere; essere consapevoli (come nel caso di Francis Bacon e Shakespeare)[7] che ciò non ha alcuna importanza è il primo passo se si vuole dare a questa domanda la giusta risposta. Ma prima che il lettore molli il libro, credendo che gli si voglia raccontare la storia d'Inghilterra attraverso le leggende, sarà meglio che tenga a mente due concetti, entrambi volti a correggere il crudo e insensato scetticismo che ha reso così arido il racconto di questa parte della nostra storia. Nel secolo scorso gli storici si ispirarono al curioso principio di tralasciare tutti i popoli su cui vi sono delle leggende e concentrare la loro attenzione sui popoli dei quali non è tramandato nulla.

6. Brian Boru (926-1014). Re d'Irlanda, difese la libertà dell'isola contro le invasioni dei Danesi. Morì nella battaglia di Clontarf (1014). È molto citato nella poesia popolare irlandese.

7. Allusione alla nota controversia sulla paternità dei drammi shakespeariani, secondo alcuni da attribuire a Francis Bacon.

Così, Artù diviene un personaggio completamente astratto perché tutti i racconti che lo riguardano sono ritenuti falsi, mentre qualcun altro, come Engisto[8] è trasformato in una personalità interessante semplicemente perché nessuno lo ha ritenuto abbastanza importante da farne oggetto di fantasie.

Ora, ciò contrasta con il senso comune. Una grande quantità di frasi brillanti attribuite a Talleyrand, in realtà furono pronunciate da qualcun altro. Ma non gli sarebbero state attribuite se egli fosse stato uno sciocco, ancora meno se fosse stato un mentitore. Le storie irreali che si raccontano su una persona testimoniano, quasi sempre, che evidentemente vi era qualcuno disposto ad ascoltarle. A dire il vero, qualcuno arriva anche a credere che furono compiute cose straordinarie e che ci può essere stato qualcuno di nome Artù al tempo in cui accaddero; ma qui, per quanto mi riguarda, la differenza appare piuttosto debole. Non capisco, infatti, come si possa credere che siano esistiti un'arca e un uomo di nome Noé, senza poi credere nell'esistenza dell'arca di Noé. L'altro fatto che va ricordato è che le ricerche scientifiche negli ultimi anni hanno sostanzialmente confermato e non smentito le leggende popolari. Citerò un solo esempio, anche abbastanza ovvio: con i nostri moderni mezzi abbiamo scoperto a Creta un labirinto costruito in pietra come quello che è associato al Minotauro, il quale era ritenuto frutto dell'immaginazione non meno della Chimera. Per molta gente ciò potrebbe apparire assurdo quanto ritrovare le radici della pianta di fagiolo di Jack Beanstalk[9] o un peccato segreto nella famiglia di Barbablù, invece è ciò che è veramente accaduto. Infine, c'è da tene-

8. Capo degli Juti sbarcati nel Kent nel 449. Fu il primo Re della dinastia di Kent.

9. Personaggio di una fiaba popolare inglese che aveva allevato una pianta di fagiolo per montarvi sopra.

re presente una verità che si ricorda di rado nella considerazione del passato: il paradosso secondo il quale il passato è sempre presente. Il passato non è ciò che è accaduto ma ciò che si ha l'impressione sia accaduto ed è anche una questione di fede. Cosa pensavano dei loro padri gli uomini delle epoche passate? Su questo argomento le scoperte sono inutili proprio perché nuove. Possiamo cogliere in errore gli uomini del passato su ciò che pensavano di essere ma non su ciò che pensavano di pensare. Sarebbe d'altra parte utile spiegare in poche parole, se possibile, cosa avrebbe detto un uomo di queste isole nel medioevo dei suoi antenati e del loro retaggio. Tenterò di individuare alcune delle cose più elementari in ordine di importanza così come le avrebbe viste lui; se è fondamentale comprendere i nostri padri, cui si deve la nascita di questo paese, è ancora più importante per noi ricordare che questo non era il loro vero passato ma la loro memoria. Dopo quel crimine benedetto, come lo definiscono i mistici, a giudizio dei quali è secondo soltanto alla creazione del mondo, San Giuseppe di Arimatea[10] uno dei pochi ricchi ad aderire alla nuova religione, divenuto missionario e dopo aver tanto viaggiato, arrivò su quella proliferazione di piccole isole che agli occhi degli uomini del Mediterraneo apparvero simili alle ultime nuvole del tramonto. Egli approdò sulla parte più occidentale e selvaggia di quelle selvagge terre dell'ovest e procedette fino a una valle che fin dai tempi antichi è stata chiamata di Avalon. Questi luoghi furono sempre considerati una sorta di paradiso in terra, forse per le abbondanti piogge e i colori dei campi oppure per qualche oscura credenza pagana. Artù, dopo essere stato ucciso a Lyonesse, fu portato qui, come se fosse il Paradiso. Qui il pellegrino piantò il suo

10. Personaggio del Nuovo Testamento, portò a Pilato notizia della morte di Gesù. La leggenda lo descrive come il primo cristiano a sbarcare sulle Isole Britanniche.

bastone al suolo e qui mise le sue radici l'albero che fiorisce il giorno di Natale. Un certo materialismo mistico caratterizzò il Cristianesimo sin dalla sua nascita; la sua vera anima fu il corpo. Contro i suoi primi avversari (gli stoici e i negazionisti di matrice orientale), combatté fieramente in nome della trascendenza per opporsi al male. Da questo momento in poi le reliquie si sparsero ovunque, come semi. Tutti quelli che intrapresero la loro missione dopo il martirio di Cristo, costruirono le fondamenta delle future chiese e città. San Giuseppe portò ad Avalon la coppa contenente il vino dell'ultima cena e il sangue della crocifissione presso il santuario che noi oggi chiamiamo Glastonbury; quel luogo diverrà il cuore di tutto l'insieme di romanzi e leggende che interessa non solo l'Inghilterra ma tutta l'Europa. Una straordinaria leggenda si diffuse ovunque e fu conosciuta con il nome di Santo Graal, l'apparizione del quale rappresentava il premio per quel gruppo di grandi paladini che re Artù riunì intorno alla Tavola Rotonda, un simbolo di eroico cameratismo che in seguito sarà imitato o reinventato dalla cavalleria medievale. Sia la tavola che la coppa hanno una grande importanza simbolica nel significato della prova cavalleresca. L'idea della Tavola Rotonda esprime non soltanto universalità ma anche uguaglianza. Vi è in essa, modificata naturalmente da ciò che accadde in seguito, la stessa concezione che è contenuta nella parola "pari" con la quale erano denominati i cavalieri di Carlo Magno. In questo la Tavola Rotonda è espressione della cultura romana, come lo è anche il mezzo arco che potrebbe esserne stato il modello; il re non è la roccia barbarica che si abbatte sul nemico ma la chiave di volta di un arco. Ma a questa tradizione che ne sottolineava la grande dignità si aggiunse un qualcosa di ultraterreno che proveniva da Roma ma che non era di origine romana: il privilegio che capovolgeva tutti i privilegi. Una visione del soprannaturale che ricordava le meraviglie di una terra incantata, un calice volante che, coperto alla vista del più grande tra tutti gli eroi, apparve a un cavaliere poco più che bambino. A ragione o a torto questo romanzo accreditò per secoli l'idea che l'Inghilterra fosse un paese cavalleresco. Questo fatto, o convinzione, ha un'enorme importanza per tutti gli avvenimenti successivi, specialmente quelli riguardanti i barbari. Queste e altre innumerevoli leggende di origine locale sono giunte sino a noi dopo essere state sommerse da un'infinità di fantasie popolari che sono cresciute su di loro. A rendere ancora più difficile la comprensione per la rigorosa mentalità dell'uomo moderno è il fatto che per i nostri padri queste storie erano familiari e, quindi, le tramandavano con grande libertà. Probabilmente i versi:

> Quando il grande re Artù regnava su queste terre
> Egli, nobile re
> Rubò tre sacchi di farina

esprimono molto meglio la realtà medievale di quanto non lo faccia l'aristocratica magnificenza di Tennyson. A proposito del grottesco che fa la sua comparsa in tutte queste fantasiose storie popolari, vi è un'ultima cosa da raccontare. Andrebbe tenuta a mente soprattutto da parte di coloro che vorrebbero basarsi esclusivamente sui documenti e non prendere in alcuna considerazione i racconti della tradizione. Per quanto possano essere inattendibili le conclusioni cui si giunge sulla scorta dei racconti popolari sulle vecchie vedove, sono sempre meno inattendibili degli errori che possono sorgere dando credito all'evidenza della parola scritta quando ne mancano le ragioni sufficienti. Tutti i documenti riguardanti la prima parte della nostra storia possono essere raccolti in un piccolo libro. Pochi sono i particolari menzionati e non è fornita alcuna spiegazione. I fatti sono presentati singolarmente senza spiegare quale significato avessero per i contemporanei. Tutto ciò può risultare molto più fuorviante di una storia inventata. Conoscere ciò che fu scritto da uno scrittore del passato senza sapere cosa egli volesse dire, può portare a delle conclusioni del tutto assurde. Potrebbe, ad esempio, essere imprudente prendere alla lettera la leggenda secondo la quale Sant'Elena non solo nacque a Colchester ma fu anche figlia del vecchio re Cole. Tuttavia, non sarebbe così imprudente, almeno non tanto quanto alcune deduzioni che si possono fare sulla scorta dei documenti scritti. Gli antichi abitanti di Colchester certamente veneravano Sant'Elena e potrebbero avere avuto un re di nome Cole. Secondo quanto riferiscono i racconti più attendibili il padre della santa gestiva una locanda e la sola azione di cui si ha memoria di Cole non contraddirrebbe una tale eventualità. Sarebbe tanto azzardato quanto dedurre da documenti scritti, come potrebbe fare un domani qualche studioso, che a fondare Colchester siano state le ostriche[11].

11. Nell'originale gioco di parole fra Colchester e oysters.

## IV.
# La sconfitta dei barbari

È UN CURIOSO ACCIDENTE IL SIGNIFICATO negativo che diamo alla parola "miope", mentre non lo diamo alla parola "presbite" che di conseguenza dovrebbe essere una sorta di complimento. D'altra parte la miopia è una malattia della vista come tante altre. Giustamente diciamo, condannando una certa grettezza della modernità, che è alquanto miope essere indifferenti alla storia. Ma è altrettanto disastrosamente negativo essere interessati solo a ciò che è preistorico. Questa calamità ha portato una larga parte d'eruditi a sprofondare nelle tenebre d'epoche di cui non esiste alcuna memoria, per andare alla ricerca delle radici della loro razza o razze preferite. Le guerre, le schiavitù, i primitivi costumi matrimoniali, le migrazioni epocali e i massacri sui quali hanno sviluppato le loro teorie, non fanno parte della storia e neanche della leggenda. Piuttosto che credere ingenuamente a queste fonti, sarebbe infinitamente più saggio dare credito alle leggende più dimenticate ma più legate all'ambiente locale. In ogni caso, sarà bene ricordare una considerazione banale: la preistoria non è storia.

Ma vi è un'altra via grazie alla quale il senso comune può essere portato ad assumere un atteggiamento critico verso queste prodigiose teorie fondate sulla razza. Utilizzando la medesima situazione, supponiamo che gli storici pensino di interpretare i secoli trascorsi assumendo come criterio la distinzione tra miopi e presbiti. Citerebbero i loro esempi e le loro spiegazioni. Interpreterebbero, sicuramente, la curiosità linguistica di cui ho appena parlato come la dimostrazione che i miopi erano la razza sottomessa e che da quel momento in poi la parola ha per questo assunto un significato negativo. Citerebbero le raffigurazioni di guerre tribali, ci mostrerebbero come i presbiti erano massacrati dai loro rivali nei combattimenti a corpo a corpo con scuri e coltelli; fino a quando, con l'invenzione dell'arco e delle frecce, la situazione si capovolse e i loro avversari furono ridotti in catene. Potrei facilmente scrivere su tutto ciò un romanzo pieno d'efferatezze e ancora più agevolmente potrei elaborare una cinica teoria antropologica. In coerenza con quella tesi che riconduce la morale ai cambiamenti materiali, si potrebbe spiegare la tendenza delle persone avanti con gli anni ad assumere posizioni conservatrici in politica, con l'indiscutibile fatto che invecchiando si diventa presbiti. Ritengo che vi sia un aspetto di questa teoria che dovrebbe farci riflettere e, possibilmente, fare riflettere chi se ne fa sostenitore. Supponiamo che si dimostri che in tutti i tremila anni della nostra storia, sui quali vi è ogni immaginabile tipo di letteratura, non vi sia neanche un minimo riferimento alla questione oculistica, in nome della quale tanto è stato detto e fatto. Supponiamo che nessuna lingua del passato e quindi ora non più in uso, abbia mai avuto parole come "miope" o "presbite". Supponiamo, in breve, che questo argomento in grado di dividere in due il mondo non sia mai stato posto fino a quando, nel 1750 circa, qualcuno, in qualche luogo non ben definito, lo abbia proposto. In questo caso credo che difficilmente si possa ritenere che questa differenza naturale abbia svolto un ruolo così decisivo nella storia umana. Proprio come nel caso delle differenze tra Celti, Teutoni e Latini. Non vedo in quale modo si possa impedire a una persona dai capelli chiari di innamorarsi di una dai capelli scuri e non credo faccia molta differenza se un uomo è dodicocefalo o brachicefalo per chi abbia il desiderio di rompergli la testa. In ogni sembianza, ricordo ed esperienza umana vi è stata gente uccisa e graziata, che si è sposata o si è astenuta dal matrimonio, fatta re e fatta schiavo, per tutte le ragioni del mondo, eccetto questa; vi era sempre l'amore per un territorio o per un villaggio, per un luogo o per una famiglia; vi era l'entusiasmo per un principe ereditario, vi erano passioni radicate nel tempo, i sentimenti forti dei popoli di mare o di montagna, le memorie storiche di una comune intesa o alleanza; ma vi era, più d'ogni altra cosa, la tremenda prova della religione. Tuttavia, sulla comune origine dei Celti e dei Teutoni, tesi diffusa in mezzo mondo, vi era poco o nulla. Nessuno aveva mai parlato, neppure incidentalmente, dell'esistenza di una razza. I Teutoni non ebbero mai una religione, né un'origine accertata, solo da pochi anni iniziarono ad avere una lingua comune.

Uno storico contemporaneo d'orientamento ortodosso, l'illustre Green, rileva che l'Inghilterra fu la sola tra tutte le province romane a essere interamente popolata e ripopolata da una razza germanica. Egli non ammette, almeno come giustificazione per l'unicità di questo evento, la possibilità che ciò non si sia mai verificato. Con la stessa logica egli prende sul serio le poche notizie in nostro possesso che ci informano sul funzionamento della società teutonica. Il ritratto ideale che ne emerge è completato da piccoli ritocchi di cui anche un dilettante può verificare la scarsa attendibilità. Egli utilizza, nella descrizione della società teutonica, una frase come questa: «il fondamento della loro società era la libertà». Alla società romana dedica invece la seguente frase: «le miniere, dove si era costretti a lavorare, devono essere stati luoghi d'infinita oppressione».

Il semplice fatto che in entrambe le società fosse praticata la schiavitù, lo porta a considerare l'uomo libero germanico come l'unico degno di essere considerato, non solo a quei tempi ma anche oggi; inoltre, insiste sulla crudeltà dei romani verso i loro schiavi, sebbene non se ne abbia alcuna prova. Manifesta poi un singolare disappunto per il fatto che Gildas[1], il solo cronista inglese del tempo, non descriva il sistema societario teutonico, ma lo definisca, modificando la celebre frase di Gregorio Magno, opera non *Angli sed diaboli.* Lo storico filo germanico è insomma deluso per il fatto che quell'*autorevole* testimone del tempo guardi ai suoi teutoni come lupi nella tana della barbarie. La verità è che difficilmente si potrebbe sostenere che vi fosse altro da cogliere. In ogni caso, quando Sant'Agostino arrivò su questi territori barbarici, in occasione di quello che può essere definito il secondo dei tre grandi viaggi che dal sud portarono la civiltà su queste isole, egli non ebbe a che fare con alcun problema etnico. Con Sant'Agostino e i suoi seguaci, il filo delle testimonianze letterarie ricomincia di nuovo e noi abbiamo la possibilità di conoscere di quel mondo ciò che essi ci dicono. Sant'Agostino trovò un re che regnava sul Kent, oltre il quale vi erano altri regni, circa delle stesse dimensioni, i cui monarchi erano tutti presumibilmente pagani. I loro nomi erano per la maggior parte germanici, tuttavia gli autori che ne parlano, peraltro in modo quasi del tutto agiologico, non si chiedono se le popolazioni fossero o no di puro sangue teutone. È quantomeno probabile che, come nel continente, il re e le loro corti fossero quasi il solo elemento germanico. I Cristiani trovarono dei seguaci, dei santi patroni e dei persecutori ma non trovarono gli antichi Britanni, semplicemente perché non li cercarono; e se pure si imbatterono nei puri Anglosassoni non poterono avere il piacere di saperlo. Provarono, come attestano tutte le fonti, una diversa sensazione una volta entrati nel Galles. Ma ognuna di loro dimostra anche che, indipendentemente dalla diversità delle razze, questi mutamenti occorsero nel passaggio da territori pianeg-

1. Monaco britanno, storico e santo, scrisse *De Excidio Britanniae*. Morì nel 570 circa.

gianti ad altri montuosi. Di tutti questi discorsi l'unica cosa che conta per la storia inglese è questa: quei regni corrispondevano alle originarie divisioni tra gli uomini che allora come oggi abitavano quei territori.

Northumbria suona ancora oggi meglio di Northumberland. Il Sussex è ancora il Sussex, lo stesso vale per l'Essex e per quel terzo regno sassone il cui nome non è stato trovato sulle mappe, il Wessex, oggi denominato West Country con un nome che più degli altri corrisponde alla realtà. L'ultimo tra i regni pagani ad accettare il Cristianesimo fu il Mercia che in modo molto approssimativo corrisponde ai Midlands. Penda, il suo re non battezzato, ne ha ricavato anche una certa fama di personaggio pittoresco, in aggiunta alla spericolata e furiosa ambizione che costituisce l'altro motivo cui deve la sua reputazione; al punto che recentemente, uno di quei mistici che credono in tutto tranne che nel Cristianesimo, propose di continuare "l'opera di Penda" a Ealing e, fortunatamente, non su più larga scala. In che cosa quel lontano principe credesse o non credesse è ora impossibile e forse inutile scoprirlo, tuttavia, il fatto che il suo fosse l'ultimo regno a cadere non è privo di significato. L'isolamento del regno di Mercia era forse causato dal fatto che il Cristianesimo si sviluppò dalle coste orientali e occidentali. A est la presenza cristiana è dovuta, naturalmente, alla missione agostiniana che fece di Canterbury la capitale spirituale dell'isola; a ovest a ciò che era rimasto dell'antico Cristianesimo inglese. Le due esperienze si scontrarono non sul piano della fede ma su quello degli usi e il modello agostiniano prevalse. Tuttavia, il lavoro fatto a ovest è stato d'enorme importanza. È probabile che una parte del prestigio del Cristianesimo derivò dal possesso di Glastonbury[2] che aveva lo stesso significato della terra santa; ma

2. Abbazia benedettina nella contea del Somerset. Distrutta dalle incursioni danesi, fu restaurata da Dunstan che nel 946 ne divenne aba-

dietro Glastonbury vi era una forza ancora più grande e impressionante. Di lì si irradiò in tutta Europa la gloria dell'età d'oro dell'Irlanda. L'isola era abitata dai Celti, i veri classici dell'arte cristiana che ebbe inizio con il *Libro di Kells*[3] quattrocento anni prima di quanto si crede. Lì il battesimo divenne per tutti una sincera festa popolare, qualcosa di simile a una scampagnata; da lì vennero folle di fedeli ad annunciare il Vangelo, testimoni della buona novella. Tutto ciò si deve ricordare quando si considera lo sviluppo di quell'oscuro e duplice destino che ci ha legati all'Irlanda: vi è più di un dubbio, infatti, che fin dall'inizio all'unità nazionale sia corrisposta l'unità politica. L'Irlanda se non un regno fu certamente un vescovato, essa non fu convertita ma creata dal Cristianesimo come una chiesa in pietra le cui parti furono raccolte sotto un mantello: il genio di San Patrizio[4].

In Irlanda la religione fu sempre un fatto più profondo che altrove proprio perché era solo religione e non riguardava le convenienze mondane. L'Irlanda non fu mai romana ma fu sempre legata a Roma. Ciò è vero, anche se in modo diverso, per l'oggetto del presente libro. È un paradosso dei nostri tempi il fatto che solo le cose lontane dal mondo materiale abbiano avuto un successo mondano. I politici fanno paura, i re sono incostanti, i regni finiscono e noi ci sentiamo al sicuro solo quando siamo su un terreno consacrato. Le ambizioni materiali non solo sono di solito sterili ma quasi mai trovano soddisfazione. I castelli sono tutti castelli in aria, solo le chiese sono ben piantate a terra. I visionari sono le uniche persone pratiche come quegli

te. Nel 1539 il suo ultimo abate Whyting fu condannato a morte con due suoi monaci da Enrico VIII, che fece distruggere il monastero.

3. Famoso evangeliario proveniente dall'antico monastero irlandese di Kells, ricco di decorazioni miniate di epoca celtica, oggi conservato presso il Trinity College di Dublino.

4. San Patrizio (385 ca - 461). Vescovo e patrono d'Irlanda.

straordinari edifici che rispondono al nome di monasteri, dove dobbiamo cercare le chiavi della nostra storia. Vi furono dei tempi in cui tutto ciò fu sradicato dal nostro paese con particolare e accurata violenza. L'inglese d'oggi ha un'idea piuttosto flebile dei monasteri e dei tempi in cui operarono. Anche in queste pagine è necessario spendere qualche parola per fargli conoscere qualcosa della sua vera identità.

Nella tormentata eredità della nostra religione vi sono tendenze piuttosto brutali ed estremistiche che in passato hanno generato delle sette professanti un ideale di perfezione quasi inumano; è il caso dei Quaccheri che rinunciano al diritto all'autodifesa o dei Comunisti che rifiutano ogni bene personale. A ragione o a torto la Chiesa ha sempre considerato queste esperienze come originali avventure spirituali. Ha adottato verso di loro un atteggiamento conciliante che l'ha portata a cogliere solo ciò che vi era di buono e a tralasciare ciò che indubbiamente vi era di cattivo. La Chiesa ha creduto che nel mondo, anche in quello religioso, vi fosse posto per tutti e ha considerato coloro che hanno scelto di rinunciare alle armi, alla famiglia o alla proprietà come una sorta d'eccezione che conferma la regola. L'aspetto interessante è che le cose stavano veramente in questo modo. Questi folli che non avevano alcun interesse per i loro affari, divennero i veri affaristi dell'epoca. Il semplice sostantivo monaco ha un valore rivoluzionario perché significa allo stesso tempo solitudine e comunità o meglio socievolezza. Accadde che questa vita comunitaria divenne una sorta di riserva e rifugio per gli individui, un luogo aperto a tutti. Vedremo come questa funzione sarà svolta in seguito dalle terre comuni. È difficile spiegare questi avvenimenti in tempi come i nostri dominati dall'individualismo. Nella vita privata la maggior parte di noi ha un'amica di famiglia che ci viene in aiuto dall'esterno come una magica madrina. Non è irrispettoso affermare che i frati e le suore rappresentassero per il genere umano una specie di santa lega di zii e zie. È persino un luogo comune affermare che essi facevano tutto ciò che nessun altro voleva fare. Le abbazie hanno mantenuto la memoria del mondo, hanno affrontato le pestilenze, insegnato le prime arti tecniche, preservato la letteratura pagana e, soprattutto, grazie a un infinito lavoro di carità, hanno contribuito a tenere i poveri lontani dalla disperazione nella quale vivono oggi. Noi riteniamo ancora necessario mantenere una riserva di filantropi, tuttavia siamo maggiormente affascinati da uomini che si sono arricchiti piuttosto che da uomini che hanno scelto la povertà. Inoltre, gli abati e le badesse erano elettivi. A loro si deve il sistema rappresentativo sconosciuto all'antica democrazia, una idea che aveva in sé un valore quasi sacrale. Se potessimo guardare dall'esterno alle nostre stesse istituzioni, non potremmo fare a meno di vedere come l'immagine del migliaio d'uomini trasformatisi in un solo uomo che procede verso Westminster non rappresenti solo un atto di fede ma anche una favola. La migliore e più autentica storia dell'Inghilterra anglosassone è quasi interamente la storia dei suoi monasteri. Miglio dopo miglio e addirittura uomo dopo uomo, essi educarono e arricchirono la nostra terra. Poi, verso l'inizio del IX secolo, avvenne un cambiamento, un battito di ciglia che sembrò disperdere tutto il lavoro fino allora compiuto. L'epoca d'universale anarchia che seguì all'affermazione della cristianità sollevò un'altra delle sue colossali onde. Fu spazzato via tutto. Da oriente, seguendo il percorso tracciato dalle prime avanguardie barbariche, irruppe attraverso il mare un'orda di selvaggi provenienti dalla Danimarca e dalla Scandinavia; anche i barbari che si erano battezzati di recente furono spazzati via. Bisogna ricordare che negli anni precedenti il sistema societario costruito dai romani si era andato scaricando come un orologio. Si verificò una sorta di contrapposizione tra la straordinaria energia dei missionari ai confini dell'Impero e la crescente paralisi delle città al centro di esso. Nel IX secolo il cuore della cristianità si fermò senza che nessuno potesse venirgli in aiuto. La civiltà monastica sviluppatasi in Inghilterra durante il periodo romano morì senza che nessuno potesse farci nulla. I piccoli regni sassoni perennemente in lotta fra loro furono abbattuti come tanti bastoncini; Guthrum, il capo dei pirati, uccise Sant'Edmondo, si proclamò re dell'Inghilterra orientale, approfittò della paura del Mercia per imporgli tributi e si preparò a conquistare il Wessex, l'ultimo dei territori cristiani. Ciò che accadde dopo, pagina dopo pagina, è soltanto storia di distruzioni e dolore. È storia di una sequela di sconfitte cristiane alternate soltanto da vittorie tanto vane quanto isolate. Solo in una di queste, la bella ma inutile battaglia di Ashdown, incontriamo per la prima volta nel corso di quella oscura lotta, in un ruolo disperato e secondario, la figura che ha imposto il suo nome all'ultima ondata devastatrice. Non si tratta del re degli invasori ma solo del suo più giovane fratello. Vi è in Alfred qualcosa di occasionale e banale. Non aveva affatto la stoffa del protagonista. L'aspetto interessante della sua breve vita è che egli combinava in sé una quasi ordinaria e abile imperturbabilità per i tanti piccoli affari e intrighi del tempo, con l'ardente sicurezza dei santi in tempo di persecuzione. Mentre avrebbe sfidato chiunque in nome della fede, avrebbe accettato di giungere a patti su tutto meno che sulla fede. Era un conquistatore senza ambizioni, uno scrittore troppo soddisfatto di essere un traduttore, un uomo semplice, accorto, prudente, che affrontava la vita con coraggio e cautela e che alla fine riuscì a passare attraverso la tempesta. Egli scomparve quando vi fu il definitivo trionfo dei pagani e pensò di rimanersene nascosto come un fuorilegge su un isolotto deserto nella impenetrabile palude di Parret; in quegli sperduti territori occidentali dove si ritiene che i primi abitanti siano stati portati dal caso. Ma Alfred, come spiega lui stesso con parole che suonano come una sfida ai tempi, riteneva che un cristiano non dovesse preoccuparsi del destino. Egli cominciò a radunare in quei territori occidentali quel che rimaneva del suo esercito, costituito soprattutto di soldati provenienti dal Somerset e nella primavera dell'878 li guidò contro la roccaforte dei vincitori danesi a Ethandune[5]. L'attacco a sorpresa ebbe successo, come ad Ashdown, ma fu seguito da un assedio che portò ad una vittoria realmente definitiva. Guthrum, il conquistatore dell'Inghilterra, e tutti i suoi alleati furono costretti dietro le loro fortificazioni e quando infine si arresero la conquista danese era giunta al termine. Guthrum fu battezzato e il trattato di Wedmore assicurò la liberazione del Wessex. Il lettore probabilmente non presterà particolare attenzione al fatto che fu battezzato perché concentrerà la sua attenzione ai termini del trattato. Così facendo egli commetterà un madornale errore, in quanto è giusto che sopporti la noia dei frequenti riferimenti alla religione poiché senza di essi non si potrebbe neanche parlare di storia inglese. Nulla prova meglio questa verità della vicenda dei Danesi. Per tutto quello che ne seguì, il battesimo di Guthrum è veramente più importante del Trattato di Wedmore. Il trattato di per sé fu un compromesso che non durò neanche a lungo; un secolo dopo un altro re danese, Canuto, regnava sull'Inghilterra. Ottenne sì la corona ma non rinnegò la fede. La vittoria di Alfred ancora produceva i suoi effetti. Canuto stesso è oggi ricordato soltanto come un personaggio che testimonia la fragilità del potere pagano, come un re che mise la sua corona sopra l'immagine di Cristo e solennemente sottomise al cielo la signoria scandinava dei mari.

5. Chesterton descrive questa battaglia nello splendido poema *La Ballata del cavallo bianco* (1911).

# V.
# Sant'Edoardo e i re normanni

IL LETTORE POTREBBE ESSERE SORPRESO dell'importanza sproporzionata data al nome che per primo campeggia nel titolo di questo capitolo. L'ho fatto per rilevare, all'inizio di quella che si può definire la parte più reale della nostra storia, un fatto piuttosto strano ed ambiguo. Si può definire la forza dei re deboli. Talvolta disimparare richiede altrettanta immaginazione dell'imparare. Chiederei al lettore di dimenticare tutto ciò che ha letto e imparato a scuola e immaginare di sentire parlare della monarchia inglese per la prima volta; di supporre che la sua conoscenza degli antichi re sia avvenuta nello stesso modo in cui avveniva per la maggior parte degli uomini in quei tempi piuttosto duri, ovvero grazie a racconti familiari, nomi di località, iscrizioni nelle chiese e testimonianze delle opere di carità, chiacchiere in taverna e dediche sulle tombe. Immaginiamo che il lettore visiti una parte qualsiasi dell'Inghilterra, ad esempio la valle del Tamigi a Windsor, oppure località di cultura come Oxford o Cambridge. Uno dei primi posti che dovrebbe visitare sarebbe Eton, luogo trasformato dall'aristocrazia in età moderna ma che ancora conserva il fascino e la bellezza medievali. Chiedendo notizie sulla sua origine, è probabile che anche uno studente della scuola pubblica ne sappia abbastanza da dirgli che fu fondato da Enrico VI[1]. Se andasse a Cam-

1. Enrico VI (1421-1471). Esponente della casa di Lancaster, fu re contemporaneamente a Carlo VII della casa di York.

bridge e visitasse la cappella del college le cui torri sono l'una di fronte all'altra come in una cattedrale e volesse conoscerne il nome verrebbe a sapere che si tratta del King's College e se chiedesse il nome del re, si sentirebbe rispondere che si tratta di Enrico VI. Se andasse in una biblioteca e cercasse di Enrico VI in un'enciclopedia scoprirebbe che questa figura leggendaria che ha lasciato dietro di sé opere grandiose, è descritta come una nullità. Le opposte fazioni erano concordi nel considerarlo un'inevitabile disgrazia. Non si conobbero mai i suoi desideri che, peraltro, non furono mai realizzati. Nonostante ciò, le sue gesta furono scolpite sulla pietra e sul marmo, sui portali e sulle monete e resistettero a tutti i più grandi sconvolgimenti vissuti in età moderna dall'Inghilterra, mentre le ambizioni di coloro che gliele imposero si sono perse come polvere al vento. Edoardo il Confessore[2], come Enrico VI, era non solo invalido ma quasi idiota. Si dice che fosse pallido come un albino e che tutti ne avessero paura perché era considerato una specie di mostro afflitto da malattie mentali. Il suo concetto di carità cristiana era del tipo che confinava con l'anarchia, le storie che lo riguardano ricordano i racconti sulla grande anarchia in Russia. Si narra che abbia coperto la fuga di un ladro con la semplice scusa che il ladro aveva bisogno di più cose di quante ne possedesse lui. Questa storia contrasta con quanto sostenuto da altri re, secondo i quali nessuno osava compiere furti nei loro domini. Entrambi i re verranno lodati dalle medesime persone ma la cosa che più colpisce è che tra i due il più lodato è il peggiore. Nel caso dell'ultimo dei Lancaster, invece, vedremo come le lodi abbiano un reale fondamento storico. Quando passiamo dalla fase distruttiva a quella costruttiva del Medioevo scopriamo che il principio

2. Edoardo il Confessore (1004/5 - 1066). Re degli anglosassoni, soprannominato il Confessore per la sua religiosità. Con il suo successore Aroldo II inizia la dominazione normanna.

ispiratore delle città e della loro organizzazione era l'uomo comune. Troviamo la sua impronta sulle sacre fondamenta dell'abbazia di Westminster. Scopriamo che i conquistatori normanni nel momento del trionfo si inchinavano al cospetto del suo fantasma. Sugli arazzi di Bayeux, tessuti da mani normanne a esaltazione della causa e del trionfo di quel popolo, del Conquistatore non si rileva che la conquista ed il semplice racconto degli eventi che la accompagnarono; successivamente, la narrazione si interrompe in modo brusco con la disfatta della linea sassone a Battle. Tuttavia, sopra la bara del povero sempliciotto che morì senza tirare un solo colpo, sopra di lui e solo sopra di lui, vi è una mano che viene dal cielo e che dichiara la piena approvazione di colui che governa le sorti del mondo. Edoardo il Confessore rappresenta per molti aspetti un paradosso ma nessuno è maggiore della falsa opinione che si ha degli Inglesi di quel tempo. Come ho già detto, è già di per sé discutibile utilizzare la definizione di Anglosassoni. L'Anglosassone è un improbabile gigante avvolto nella leggenda che ha presumibilmente lasciato un'impronta in Inghilterra e un'altra in Sassonia. Vi fu, tuttavia, una comunità che viveva in Gran Bretagna prima della conquista e che noi chiamiamo sassone e il cui sangue era più germanico che francese rispetto a quello delle popolazioni successive alla Conquista. Su di loro nell'età moderna sì è affermata un'idea assolutamente opposta a quella reale. L'importanza che si dà agli Anglosassoni è esagerata, mentre le loro virtù non sono riconosciute. Alla componente anglosassone si attribuiscono gli aspetti più pratici del nostro carattere, ma è indubbio che gli anglosassoni erano irrimediabilmente meno pratici di un qualsiasi Celta. La loro influenza razziale è giudicata benefica o, cosa che molti pensano si equivalga, espressione del paganesimo, anche se poi queste popolazioni avevano un forte sentimento religioso. Gli Anglosassoni fecero una sola cosa e riuscirono a farla piuttosto bene: la colonizzazione dell'Inghilterra. La cosa che, però, non potevano immaginare di compiere era di diventare inglesi. Divennero piuttosto cristiani e dimostrarono una particolare propensione al monachesimo. Presentandoli genericamente come i nostri coraggiosi antenati non gli si fa giustizia per tutto il bene che hanno fatto; grazie a loro la nostra storia ha inizio con un'età dell'oro e tutte le nostre cronache cominciano con l'iniziale dorata di un santo. Divenendo monaci ci hanno fornito molte importanti virtù, ma non quella di averli come antenati. Lungo le coste settentrionali della Francia, ove Edoardo ha passato la prima parte della sua vita, vi erano i territori di uno dei più importanti vassalli del re di Francia, il Duca di Normandia. Lui e la sua gente, che rappresentano uno dei più interessanti e particolari momenti della storia europea, ci appaiono, a causa di oziose polemiche che a loro sarebbero parse del tutto incomprensibili, piuttosto oscuri. La peggiore, tra tutte queste invenzioni, è quella che da trecento anni definisce normanna l'aristocrazia inglese. Tennyson[3] disse ad una signora di nome Vere de Vere che avere fede era molto più importante dell'avere sangue normanno. Lo studente di storia che ritiene che nelle vene di Lady Clara De Vere scorra sangue normanno, deve munirsi anch'esso di molta fede. Come vedremo quando descriveremo il sistema politico dei Normanni, l'orientamento prevalente tende a negare il ruolo avuto da quel popolo nella storia. I racconti senza fondamento che tanto vanno di moda non permettono di cogliere ciò che di buono vi era nei Normanni, come abbiamo visto è avvenuto nel caso dei Sassoni. Si è in dubbio se essere grati ai Normanni per la loro apparizione o piuttosto per la loro scomparsa. Pochi benefattori furono dimenticati tanto in fretta. È la stessa grande gloria dell'eroe normanno a porlo in questa imprevedibile condizione; egli era leale non solo con i suoi compagni ma con i popoli sottomessi e anche

3. Alfred Tennyson (1809-1892). Poeta dell'età vittoriana.

con i nemici. Fu fedele ad un regno che non aveva ancora costituito. Bruce[4] il Normanno divenne scozzese, il discendente di Strongbow irlandese. Nessuno meglio dei Normanni può essere considerato esempio di una casta superiore che giunge fino ai giorni nostri. Il grande valore dei Normanni, descritto in tanti altri racconti sulla nostra nazione, emerge in modo ancora più forte in ciò che stiamo per raccontare. Il Duca di Normandia divenne il primo Re d'Inghilterra; la richiesta avanzata attraverso Sant'Edoardo, la sua elezione da parte del consiglio, lo stesso gesto di prendere in mano una manciata di terra del Sussex, sono atti di grande significato.

E, benché l'affermazione possa apparire poco appropriata, si è molto più vicini al vero nel definire Guglielmo[5] il primo re inglese piuttosto che il sassone Harold l'ultimo.

Un dibattito senza costrutto su quelle razze lontane che si mischiarono in quelle lontane epoche, ha insistito molto sul fatto che i territori normanni in Francia, come l'estremo est dell'Inghilterra, furono invasi dalle popolazioni provenienti dalla Norvegia; di conseguenza la casa ducale di Normandia, insieme ad altre famiglie che non conosciamo, avrebbe un'origine scandinava. L'indiscutibile capacità militare e legislativa che fu propria dei Normanni, chiunque essi fossero, può essere plausibilmente ricondotta alla mescolanza con qualche popolo giovane. Se i teorici della razza insistono poi nel volere paragonare le due razze, si può rispondere soltanto se le si analizzano separatamente. In questo modo si dimostra indubbiamente che i Francesi, prima di mischiarsi con i popoli scandinavi, potevano van-

4. Robert Bruce. Eroe dell'indipendenza scozzese. Regnò sulla Scozia dal 1306 col nome di Roberto I fino alla sua morte nel 1329.

5. Guglielmo il Conquistatore, Duca di Normandia. Alla morte senza eredi del cugino Edoardo il Confessore, sbarcò in Inghilterra e, sconfitto Aroldo II a Hastings, ottenne la corona.

tare una società decisamente più civile di quella scandinava prima che quel popolo si mischiasse con loro. Comunque, sia i crociati, che non erano vichinghi, sia i vichinghi, che non furono mai crociati, dimostrarono una grande capacità di combattere. Né, d'altra parte, si sente alcun bisogno di analisi tanto irritanti; possiamo tranquillamente riconoscere il grande contributo dato dai popoli scandinavi alla formazione del carattere nazionale francese e inglese, così come altrettanto chiaramente sappiamo che il ducato di Normandia era scandinavo quanto la città di Norwich. Per quanto avesse tante qualità come nobiluomo, il Normanno nella storia fu il servitore di cause che lo trascendevano. Lo sbarco di Lanfranco[6] è probabilmente più antico di quello di Guglielmo e ricordiamo che egli era italiano come Giulio Cesare. Il Normanno nella storia non simboleggia un semplice muro che delimita, in modo in verità brutale, un impero. Egli è come un grande portale, simile a quelli che ci hanno lasciato, fatti di archi circolari, disegnati con scarsa eleganza e composti di enormi colonne; tutto ciò che vi passò attraverso può essere considerato civiltà. Guglielmo di Falaise ha nella storia un merito più significativo di quello che gli deriva dall'essere sia duca di Normandia sia re d'Inghilterra. Egli fu, come Giulio Cesare e Sant'Agostino, l'ambasciatore d'Europa in Inghilterra. Guglielmo sostenne che Sant'Edoardo, seguendo un comportamento coerente con la sua educazione normanna, promise la corona inglese al più antico dei duchi normanni. Se ciò sia veramente accaduto probabilmente non lo sapremo mai, non è di per sé impossibile, né improbabile. Condannare questa promessa come antipatriottica, ammesso che sia stata fatta, significa attribuire a quest'epoca doveri che

6. Lanfranco (1005-1089). Nativo di Pavia, giunse in Inghilterra dove divenne stimato consigliere di Guglielmo il Conquistatore. Fu arcivescovo di Canterbury e primate d'Inghilterra ed Irlanda.

saranno definiti in un periodo più tardo della cosiddetta anarchia feudale; sarebbe come rimproverare agli antichi britanni di non intonare il *Rule Britannia*[7]. Guglielmo, in seguito, ribadì la sua tesi sostenendo che Aroldo, il più importante nobile sassone e probabilmente il principale aspirante sassone alla corona, avendo avuto ospitalità dal duca di Normandia dopo un naufragio, abbia giurato sulle sacre reliquie che non si sarebbe opposto alla volontà del duca. Riguardo quest'ultimo episodio possiamo essere tutti d'accordo sul fatto che non abbiamo certezze, ma che tuttavia sarebbe inopportuno dire che si tratta di un argomento di cui non ci importa nulla. Il sacrilegio compiuto da Aroldo con il suo spergiuro probabilmente spiega perché il Papa benedì il vessillo dell'esercito di Guglielmo; anche se questo fatto non colpì il Papa più di quanto non abbia colpito il popolo di Guglielmo e quello di Aroldo. I Sassoni probabilmente negarono il fatto e ciò spiegherebbe perché gli arazzi di Bayeux insistano tanto sul tema del tradimento. A questo proposito vi è un fatto veramente degno di attenzione. Gran parte di queste celebrate memorie pittoriche non hanno nulla a che vedere con i ben noti eventi di cui abbiamo rapidamente parlato. Si sofferma, è vero, sulla morte di Edoardo, ci descrive le grandi difficoltà affrontate da Guglielmo nel reperire il legname nelle foreste per costruire le sue imbarcazioni, nell'attraversare la Manica e soprattutto nell'ottenere piena giustizia sconfiggendo l'esercito sassone sulla collina di Hastings. Ma è soltanto dopo lo sbarco sulle coste del Sussex e la sconfitta inflitta ad Aroldo che egli compì quella che giustamente è chiamata la Conquista. È solo in seguito a questi ultimi avvenimenti che abbiamo un esempio delle nuove conoscenze nell'arte della guerra provenienti dal continente. Guglielmo, invece di marciare su Londra, la circondò; attraversando il Tamigi a Wallingford

7. Le prime parole dell'inno nazionale inglese.

isolò la città dal resto del paese e costrinse alla resa i suoi difensori. Si proclamò re utilizzando il solito cerimoniale che avrebbe accompagnato una pacifica successione a Edoardo e dopo un breve ritorno in Normandia si rimise all'opera per portare tutta l'Inghilterra sotto la sua corona. Marciando sotto la neve si impadronì delle desolate contee del nord, compresa Chester, e, più che conquistare, costruì un regno. Questi avvenimenti rappresentano i fondamenti della storia inglese, tuttavia le opere che celebrano gli onori della casa di Normandia non ne fanno menzione. Si potrebbe quasi dire che gli arazzi di Bayeux si fermino al periodo precedente la conquista normanna. Descrivono soltanto una qualche sconosciuta scorreria avvenuta in Bretagna al solo scopo di raffigurare Aroldo e Guglielmo come compagni d'armi; in particolare, è illustrata la scena nella quale Guglielmo consegna le armi ad Aroldo. In questa immagine, nella sua rappresentazione della nascita di una nuova epoca e nel suo antico simbolismo guerriero, vi è un significato più profondo di quello che il moderno lettore possa immaginare. Ho detto che Guglielmo era un vassallo del re di Francia e che questa è la chiave per comprendere veramente quei tempi. In verità, egli era un vassallo alquanto ribelle e, anzi, una vena di ribellione percorre le vicende della sua famiglia: i suoi figli Rufus ed Enrico I gli si ribellarono mossi da ambizioni personali. Ma queste vicende di carattere privato non incidono per nulla sul sistema che in Inghilterra vi era prima e che vi sarà dopo la Conquista. Quel sistema è noto come feudalesimo. Che il feudalesimo rappresenti il tratto distintivo dell'Alto Medioevo è un luogo comune tutt'al più affascinante; di quella specie di luoghi comuni che portano a disquisire se la storia sia stata fatta a Wardour[8] piuttosto che a Watling

8. Strada del centro di Londra.

street[9]. Ne consegue che il termine *medievale* è usato per indicare le cose più diverse dall'inizio della storia inglese all'inizio dell'età Vittoriana. Un eminente esponente socialista ha applicato il termine per indicare i nostri armamenti, il che vuol dire estendere tale definizione anche agli aeroplani. Analogamente, la semplice descrizione del feudalesimo, ovvero il suo essere a un tempo protagonista e ostacolo allo sviluppo della società medievale, è confuso nei nostri dibattiti con avvenimenti verificatisi in età moderna e in particolare con quella figura sociale tipicamente moderna che è lo *squire*[10] inglese. Il feudalesimo fu pressoché l'opposto del sistema nel quale operavano gli *squire*. Aveva due caratteristiche: non ammetteva limiti alla proprietà e non aveva nulla a che fare con le armi. L'originalità del feudalesimo invece consisteva nel possesso della terra, ottenuto grazie all'aiuto militare che il vassallo era tenuto a portare al suo signore. Si pagava l'affitto di un terreno con la spada invece che in oro, con lance e frecce da utilizzare contro i nemici del signore. Anche quest'ultimo non era un proprietario terriero secondo il significato moderno; ogni proprietario era, praticamente e teoricamente, un affittuario del re che, a sua volta, si ritrovava spesso in condizioni di inferiorità feudale rispetto a un Papa o ad un imperatore. Definire il feudalesimo come un affitto di terre garantito dalla forza militare, sarebbe una semplificazione, tuttavia è proprio qui che le cose si complicano. È un nodo irrisolto, un enigma insito nella sua natura e che spiega almeno metà delle guerre avvenute nella storia europea e in quella inglese in particolare. Vi fu un'unica grande realtà e cultura che, in assenza di altri termini, possiamo definire medievale ed

9. Strada edificata dai romani che collega Londra e Chester.

10. Il signore del villaggio che spesso adempiva anche alle funzioni di giudice di pace.

è quella che conosciamo grazie al Gotico o alla Scolastica. Quest'ultima consisteva nel culto della logica. Per gli Scolastici logica e autorità coincidevano, come riconoscono tutti coloro che ragionano autonomamente, anche se, come nel caso di Huxley[11], ne negano le premesse o non ne apprezzano i risultati. Era assolutamente indubitabile che chi avesse autorità sapesse applicare la logica. Il feudalesimo, invece, non fu né sufficientemente logico, né fu mai abbastanza rigoroso nell'individuare chi dovesse detenere il potere. Il feudalesimo era già nel suo pieno fulgore prima che iniziasse il rinascimento medievale. Se per l'uomo del Medioevo non rappresentava la selva oscura da cui uscire, era però il rozzo materiale che si trovava a utilizzare. Il feudalesimo era il prodotto delle età oscure che avevano preceduto il medioevo e che restavano sostanzialmente barbariche. Non lo dico in senso dispregiativo. Il feudalesimo fu, innanzitutto, un fenomeno molto umano; il termine contemporaneo che meglio ne poteva rendere l'idea era omaggio, una parola il cui significato era molto vicino a quello di umanità. D'altra parte, la logica medievale, mai del tutto riconciliata con esso, nelle sue manifestazioni estreme poteva diventare disumana. Spesso era il pregiudizio a difendere gli uomini e la ragione a bruciarli. Agli inizi il feudalesimo si sviluppò grazie al forte localismo che caratterizzava la società medievale quando la mancanza di strade rendeva molti territori dei presidi inespugnabili. Il patriottismo era un concetto applicato su scala molto ristretta; non vi erano nazioni, ma solo piccoli agglomerati immersi nella campagna. In questi casi il signore diveniva più importante del re; egli non era soltanto il signore delle sue terre, ma godeva, all'interno di esse, di una completa libertà. Sarebbe alquanto incauto sottovalutare il tema della

11. Thomas Huxley (1825-1895). Naturalista e sostenitore del darwinismo.

libertà che con il feudalesimo entrò nella storia del nostro paese, poiché è la sola libertà che gli Inglesi abbiano avuto e conservato. Il punto nodale del sistema è il seguente. Il re in teoria possedeva tutto, era una specie di Dio sceso in terra; agiva allo stesso tempo come despota e come interprete della *ragione divina*, il che in sostanza stava a indicare che agiva come un'autorità naturale. Da un certo punto di vista il re era semplicemente il signore unto dalla Chiesa che era identificata come la depositaria dell'etica. Ma mentre in teoria vi era più regalità, in pratica si creavano più occasioni di ribellione. Si combatteva in modo più equanime di quanto non lo si faccia oggi con le armi moderne, ci si poteva armare all'istante provvedendosi del legno per gli archi nei boschi o delle lance dal fabbro. Quando tutti sono militari non esiste il militarismo. L'esercito del re era un esercito territoriale i cui reggimenti erano gli eserciti di altri regni. Ogni esercito era fedele a due sovrani. Di qui, essere fedeli al proprio signore, poteva comportare la ribellione al re; oppure, nel caso in cui il re fosse un demagogo, avrebbe sciolto i soldati dal vincolo di vassallaggio verso il signore. A questo complesso intrico va ricondotta la tragica passione per il tradimento, come nel caso di Guglielmo e Aroldo; il preteso traditore, una figura sempre ricorrente, è tuttavia sempre percepito come protagonista di un atto eccezionale. Tradimento non aveva allora il significato di ribellione, quanto invece di atto sleale, diserzione dal perenne impegno sul campo di battaglia. Nella storia inglese, più che in altre, vi sono state guerre civili caratterizzate da un forte motivo locale e da un'assenza di logica tale da rendere impossibile capire chi alla fine avesse vinto. Che fosse l'effetto di una confusa, oscura idiosincrasia che fin dall'inizio distinse la storia di queste isole o si trattasse piuttosto di una maggiore debolezza dell'impronta romana rispetto alla Gallia, l'influenza del feudalesimo riuscì a impedire che si determinasse anche il semplice tentativo di edificare la

*Civitas Dei*, ovvero l'ideale di stato medievale. Il risultato fu un compromesso che in seguito, a lungo, gli uomini si divertiranno a definire costituzione. I paradossi sono consentiti se servono a riequilibrare indirizzi critici sbagliati, anzi è bene enfatizzarli fino a quando non sono riconosciuti. Uno di questi, all'inizio del presente capitolo, l'ho definito la forza dei re deboli. E vi è un apprezzamento in questa definizione, anche a proposito della crisi della dominazione normanna, tanto che si potrebbe parlare di debolezza dei re forti. Guglielmo di Normandia, vittorioso all'inizio, non lo fu, però, alla fine; nel suo enorme successo vi era un segreto fallimento che si rivelò solo molto tempo dopo la sua morte. Un suo obiettivo era certamente quello di trasformare l'Inghilterra in un'autocrazia popolare, sul modello di quella che si stava affermando in Francia; di conseguenza, frazionò le proprietà feudali, pretese che i valvassori giurassero direttamente a lui e utilizzò ogni mezzo contro le baronie, dalla più alta cultura ecclesiastica di provenienza straniera alle più rozze reliquie delle tradizioni sassoni. Il paragone con la Francia aiuta a capire meglio il paradosso. È noto che i primi re Francesi erano dei burattini, che il maestro di palazzo era, in modo alquanto irriguardoso, il re del re. È altrettanto certo, però, che il burattino divenne un idolo; un idolo popolare il cui potere era incommensurabile. Al cospetto del quale tutti i signori erano tenuti a sottomettersi o a perire. Nacque in Francia un potere assoluto, tanto più assoluto perché non era un potere personale. Il re divenne un'istituzione, come la repubblica. In verità, le repubbliche medievali erano rigidamente legate al diritto divino. L'Inghilterra normanna, forse, si ispirava a un sistema troppo personale per essere assoluto. Comunque, dire che Guglielmo il Conquistatore fu in realtà Guglielmo il Conquistato, significa affermare qualcosa di vero, per quanto oscuro possa apparire. Quando morirono i suoi due figli, l'intera Inghilterra ricadde nell'anarchia feudale nella quale si trovava prima della Conquista. In Francia i principi ridotti in catene divennero qualcosa di eccezionale, come i preti; uno di loro divenne anche santo, invece i nostri più grandi re restarono ancora baroni e, grazie a questa grande forza, i nostri baroni divennero i nostri re.

# VI.
# L'Età delle Crociate

IL CAPITOLO PRECEDENTE HA AVUTO INIZIO, in modo apparentemente non pertinente, con il nome di Sant'Edoardo, questo potrebbe cominciare molto meglio citando San Giorgio[1]. La tradizione vuole che egli abbia fatto la sua prima apparizione nelle vesti di protettore del nostro popolo per iniziativa di Riccardo Cuor di Leone[2] durante la campagna di Palestina; a questo punto siamo al cospetto, come vedremo, di un'Inghilterra completamente diversa che, di conseguenza, si identifica in un nuovo santo. Sant'Edoardo rimane un personaggio della storia inglese, mentre San Giorgio, a parte il posto che occupa nel novero dei martiri come soldato romano, difficilmente può essere considerato un personaggio in qualsivoglia storia. Se desideriamo veramente comprendere la più nobile e più negletta tra tutte le rivoluzioni umane, difficilmente potremmo farlo meglio che ponendo l'attenzione sul paradosso rappresentato dalla quantità di progresso e conoscenza che l'u-

1. Patrono d'Inghilterra, martire cristiano a Nicomedia nel III secolo. Protettore della cavalleria, il suo culto ebbe grande sviluppo al tempo delle crociate.

2. Riccardo Cuor di Leone (1157-1199). Duca d'Aquitania, fu indicato dal padre Enrico II come successore al trono d'Inghilterra dopo la morte del fratello Enrico il giovane. Partecipò alla terza crociata nel 1190, morì nell'assedio del castello di Châlus in Francia.

manità ha tratto da questo passaggio dalla realtà all'immaginazione. In qualsiasi angolo della modernità si può trovare una frase come questa che ho appena letto in occasione di una polemica giornalistica: "La salvezza, come altre buone cose, non può venire dall'esterno". Definire ciò che appartiene alla sfera spirituale dell'individuo come il prodotto di fattori esterni e non interni a esso, è la via migliore per subire una scomunica in questa nostra età moderna. Se, però, oggetto del nostro interesse è il mondo medievale e non quello moderno, dobbiamo contrapporre a quest'apparente banalità un'idea del tutto contraria. Dobbiamo sforzarci di metterci nelle vesti di un uomo che pensava che tutto ciò che di buono vi fosse al mondo, ad esempio le buone notizie, venisse da fuori. Confesso di non riuscire a essere proprio equidistante e di considerare la frase del giornale un colossale abbaglio su quello che è il vero senso della vita. Non credo, dal mio punto di vista, che un bambino tragga il suo nutrimento spirituale dal succhiarsi il pollice, né che un adulto lo possa trovare nella sua anima, negando magari la sua dipendenza da Dio. Credo che il dire grazie sia la forma più alta di intelligenza e che la gratitudine sia la felicità arricchita dall'immaginazione. Questa fede nella reciprocità e il rispetto verso tutto ciò che non appartiene al proprio io, aiuta a comprendere un aspetto fondamentale del periodo di cui stiamo parlando. In nulla la Germania di oggi è più moderna, ovvero più sconsiderata, che nella sua aspirazione a trovare un nome tedesco per qualsiasi cosa; quest'atteggiamento ha portato i Tedeschi a violentare la loro lingua o, in altre parole, a mordersela. In nulla il Medioevo si dimostrò più sensato e indipendente che nell'accettare nomi e simboli provenienti dall'esterno dei suoi amati confini. I monasteri non solo accoglievano gli stranieri ma quasi li facevano santi. Un avventuriero come Bruce fu insediato e omaggiato come se fosse realmente un cavaliere senza nome. Comunità nelle quali era molto sviluppato il patriottismo ebbero spesso stranieri come santi. Moltissimi santi erano irlandesi ma non San Patrizio. Quando l'Inghilterra si avviò a divenire gradualmente una nazione, lasciò dietro di sé i pochi santi di provenienza sassone, relegò al ruolo di comparsa non solo un santo come Edoardo ma anche un personaggio eroico di gran fama come Alfred e scelse un mezzo eroe che combatteva in un deserto orientale contro uno strano mostro. Quella transizione e quel simbolo rappresentano le Crociate. Le Crociate, per quanto vi sia di fantasioso e reale, sono la prima esperienza in cui gli inglesi sono stati influenzati da qualcosa di molto lontano dal loro mondo. L'Inghilterra, come è tipico del mondo cristiano, fu sempre molto propensa a spingersi fuori dai propri confini. Dalle strade di Cesare alle chiese di Lanfranco, aveva sempre cercato il proprio nutrimento spirituale in Dio. Ora, però, le aquile avevano spiccato il volo e scorgevano prede più lontane; andavano alla ricerca degli eventi piuttosto che attenderli. Gli inglesi avevano scoperto l'avventura, aveva così inizio il loro mito di grandi navigatori. Parlare a fondo del grande movimento religioso che spinse tanto lontano gli inglesi e tutto l'occidente, richiederebbe troppo spazio per le modeste proporzioni di un libro come questo, tuttavia sarebbe molto meglio farlo piuttosto che ricorrere alle solite, insignificanti, minuscole sintesi. L'inadeguatezza della nostra letteratura storica più popolare è ben dimostrata dal modo in cui è trattato un personaggio come Riccardo Cuor di Leone. La sua scelta di partire per le Crociate è presentata come la fuga di uno scolaretto verso il mare. Presentata in questi termini appare come una piccola, scusabile ragazzata, mentre in realtà si trattava della consapevole scelta di un inglese che decide di andare in guerra. La cristianità per gli uomini di quei tempi era vista come una nazione in guerra, il luogo di questa guerra era la terra santa. Che Riccardo sia stato un personaggio affascinante e romantico corrisponde al vero, benché svolgere bene il proprio compito non sia un esempio di romantica irrazionalità per un uomo nato per fare il soldato. Ma la polemica verso la nostra letteratura storica si può avvalere anche del paragone con il continente. In questo caso è sufficiente lasciare Dover per rendersi conto dei suoi errori. Filippo Augusto, contemporaneo in Francia di Riccardo, ha fama di statista prudente e razionale, pur avendo partecipato alla medesima crociata. Lo si spiega considerando che le crociate erano, per tutti gli europei in grado di comprenderlo, la manifestazione più alta dello spirito pubblico e dell'arte di governo. Circa sei secoli dopo l'avvento della cristianità, che era nata in oriente e si era diffusa nel mondo occidentale, nacque in quella medesime terre orientali un'altra grande fede che seguì il Cristianesimo come una gigantesca ombra. Come un'ombra ne fu contemporaneamente la copia e il suo contrario. Era l'Islam, la religione dei musulmani; probabilmente, la migliore spiegazione che se ne può dare è che si trattò dell'ultima fiammata di orientalismo, forse sarebbe meglio definirlo ebraismo, accumulatosi nel tempo in cui la Chiesa diveniva sempre più europea e il Cristianesimo si trasformava nella cristianità. Sua ragion d'essere era l'odio per gli idoli, cui era accomunata la stessa incarnazione. Due idee avversava in modo particolare: che Dio si fosse fatto uomo e che potesse essere oggetto di raffigurazione sul legno o sulla pietra. Uno studio delle questioni che covavano sotto il fuoco delle conversioni al Cristianesimo, ci suggerisce che tutto quel fanatismo contro l'arte o la mitologia fosse a un tempo un'evoluzione e una reazione nei confronti dell'affermazione della religione di Cristo, una sorta di manifestazione minoritaria dell'ebraismo estremo. In questo senso l'Islam può essere considerato un'eresia cristiana. Le prime eresie pullulavano di folli negazioni e teorie alternative all'Incarnazione, volevano liberare Cristo dalla realtà del suo corpo anche a scapito della sincerità del suo animo. L'eresia iconoclasta dalla Grecia si diffuse in Italia; gli eretici distruggevano le statue che erano oggetto del pubblico culto e denunciavano l'idolatria del Papa, fino a quando non furono ricondotti sulla retta via, in modo essenzialmente simbolico, dalla spada del padre di Carlo Magno. Tutte queste teorie, che erano state messe al bando, risorsero grazie al genio di Maometto e costituirono la carica, su un terreno già fertile, per un esercito che quasi arrivò a conquistare il mondo. E se qualcuno eccepisse che parlare di argomenti siffatti non compete a una Storia d'Inghilterra, la risposta è che, ahimé, questo libro contiene più di una digressione, anche se non in questo punto. È assolutamente necessario osservare che questa religione semitica diede la caccia al Cristianesimo come se fosse un fantasma, è giusto ricordarlo in ogni angolo d'Europa ma soprattutto da noi, in Inghilterra. Se qualcuno ha dei dubbi, si faccia una passeggiata e visiti tutte le chiese parrocchiali inglesi in un raggio di trenta miglia e chieda perché a una certa statua della Vergine manchi la testa e perché una qualche rappresentazione sacra su vetro sia stata deturpata. Apprenderà immediatamente che accadde in un tempo lontano, quando sulle sue stesse terre e possedimenti, fece il suo ritorno un misticismo esasperato e la furia degli Iconoclasti attraversò queste fredde isole del nord. È propria dell'Islam questa sublime e sinistra semplicità che non conosce confini. È una religione che non si identifica in un luogo preciso. Nacque tra i nomadi del deserto e si diffuse ovunque perché sembrava provenire dal nulla. Nei Saraceni del primo medioevo questa attitudine nomade dell'Islam fu mascherata da una grande civiltà, più scientificamente evoluta ma meno creativa dal punto di vista artistico del Cristianesimo contemporaneo. Il monoteismo musulmano era o appariva come la più razionalista tra le due religioni. La sua raffinatezza intellettuale priva di radici si mostrava in modo particolare nel campo del pensiero astratto, di cui è grande esempio l'algebra. La civiltà cristiana era invece largamente fondata sull'istintività, un'istintività molto forte, di segno opposto a quello dell'Islam. Nel Cristianesimo era profondamente sentito il senso di appartenenza a un luogo come dimostra quel sistema di *recinzioni* che percorre come un filo tutto ciò che è medievale, dall'araldica alla proprietà terriera. Vi sono delle forme e dei colori nelle regole e negli usi di quella società, rintracciabili in tutti i suoi stemmi ed emblemi che rimandano a qualcosa a un tempo di severo e spensierato. Ciò non significa affatto disinteresse per ciò che è fuori di sé, tutt'altro. Lo stesso benvenuto che era dato allo straniero da quella barriera, era l'implicita ammissione della sua esistenza. Chi si ritiene in grado di compiere qualsiasi cosa, non percepisce i suoi limiti come un muro ma come la fine del mondo. I Cinesi hanno definito l'uomo occidentale come colui che dà l'assalto al cielo. L'uomo del Medioevo si considerava parte della sua vita, non il tutto; le regole cui ispirarla le trovava fuori di sé. Vi è una storiella su di un monaco benedettino che in segno di saluto usava dire, *Benedictus Benedicat* e su un francescano piuttosto ignorante che entusiasta gli rispondeva, *Franciscus Franciscat*. È questa una sorta di parabola sulla storia medievale: il verbo *franciscare* era nato in seguito a ciò che aveva fatto San Francesco, tuttavia questo misticismo più legato all'individuo stava muovendo soltanto i suoi primi passi. Il *Benedictus Benedicat* è un motto che ben identifica il primo Medioevo. Intendo affermare che ogni cosa è benedetta da un'altra che è stata benedetta da un'altra ancora, quindi solo ciò che è benedetto può a sua volta benedire. In ogni caso la chiave per comprendere le crociate è la seguente; per l'uomo medievale l'altrove non era l'infinito, come nella religione moderna. Ogni altrove era un luogo. L'indefinitezza sull'origine dei luoghi, con la suggestione che può esercitare nell'animo umano, era una conseguenza della tendenza all'astrazione tipica del Cristianesimo, ma era del tutto estranea al più pragmatico Islam. L'Inghilterra sarebbe derivata dalla Francia, la Francia dall'Italia, l'Italia dalla Grecia, la Grecia dalla Palestina, la Palestina dal paradiso. Tutto questo non riguardava solo un qualsiasi piccolo proprietario del Kent, la cui casa era stata benedetta dal locale parroco che a sua volta era stato consacrato dall'arcivescovo di Canterbury che a sua volta era stato consacrato da Roma. Roma stessa non poteva più autocontemplare la sua grandezza come nell'era pagana. Essa guardava a oriente, verso la misteriosa culla della sua religione, una terra che considerava santa; e quando rivolgeva il suo sguardo a oriente vedeva il volto di Maometto. Su quei luoghi che considerava il suo paradiso in terra, vi era un terribile gigante venuto dal deserto per il quale tutti i luoghi erano uguali. È indispensabile soffermarsi a raccontare le grandi passioni che ispirarono le Crociate perché il lettore inglese moderno non conosce ciò che si agitava nell'animo dei suoi padri; il reale conflitto tra Cristianesimo e Islam, il battesimo del fuoco per le giovani nazioni europee, altrimenti non si sarebbe rivelato nella sua unicità. Non fu un semplice litigio tra due litiganti, entrambi desiderosi di prendere Gerusalemme. Si trattò di un più tragico conflitto tra un uomo che voleva quel luogo e un altro che non capiva perché questi lo volesse. I musulmani, naturalmente, avevano i loro luoghi santi ma non vi hanno mai guardato nel modo in cui un occidentale guarda a un campo o alla cima di un albero; per loro un luogo non avrebbe mai potuto essere santo perché la santità apparteneva solo a Dio. La ristrettezza della loro immaginazione, il desiderio di guerra sempre presente nei loro sogni, gli impedirono di sviluppare quell'amore per la propria terra che in quel periodo riempiva l'animo dei nostri padri. Ciò spiega perché i Turchi crearono un impero ma non furono mai una nazione. Le conseguenze di questa avventura contro un nemico tanto misterioso furono semplicemente enormi per la trasformazione dell'Inghilterra, come di tutte le altre nazioni cresciute contemporaneamente a essa. Certamente abbiamo appreso molto da ciò che i Saraceni hanno fatto, ma abbiamo appreso di più da ciò che non hanno fatto. Considerando le buone cose che ci mancavano, siamo stati fortunati ad apprenderle da loro, ma considerando tutte le buone cose che mancavano loro abbiamo la conferma di quanto fosse giusto combatterli. Si potrebbe dire che i Cristiani non ebbero coscienza delle loro ragioni fino a quando non combatterono contro i musulmani. La più ovvia e scontata conseguenza produsse il meglio della cosiddetta arte cristiana, in primo luogo il grottesco dell'architettura gotica, ancora oggi in grado di colpirci. Il mondo orientale, la sua affascinante impersonalità, certamente attirarono gli occidentali che, tuttavia, contrastarono e non accolsero i precetti dei musulmani. Come se i cristiani fossero costretti, al pari di un caricaturista, a coprire con un velo tutti gli ornamenti senza volto, a dare una testa a tutti i serpenti senza testa, a raffigurare uccelli su tutti gli alberi senza vita. L'arte scultoria incrementò notevolmente la sua attività sotto l'ostilità del nemico, come sotto una benedizione. L'immagine, semplicemente perché raffigurava qualcosa di sacro, aveva non solo il significato di una raffigurazione ma quello di un'arma. In tutti gli angoli e strade d'Europa si centuplicarono le statue raffiguranti immagini sacre. Gli iconoclasti fecero costruire molte più statue di quante non ne distrussero. Il posto occupato da Riccardo Cuor di Leone nelle leggende popolari è molto lontano dall'immagine del buono a nulla senza patria che emerge dalle sintesi dei nostri testi scolastici. A dire il vero le leggende popolari sono molto più vicine alla realtà della vulgata ufficiale dei giorni nostri, ciò perché la tradizione è sempre più attendibile delle mode. Riccardo, alla maniera del vero crociato che va a conquistarsi gloria in oriente piuttosto che, come Re Giovanni[3], dedicarsi assennatamente alle vicende politiche del proprio paese, diede agli Inglesi qualcosa che gli altri popoli non avevano. Il fatto che casualmente si fosse affermato un uomo del suo prestigio e del suo genio militare, diede agli Inglesi per ben quattrocento anni la fama di essere la più alta espressione del mondo cavalleresco, cosa che altrimenti risulterebbe incomprensibile. I grandi romanzi della Tavola Rotonda, l'affezione dei cavalieri verso i re inglesi, appartengono a questo periodo. Riccardo, oltre ad essere cavaliere era anche un trovatore, cultura e cortesia erano considerate manifestazioni indivisibili del valore inglese. L'inglese del Medioevo era fiero della sua educazione, il che, se non altro, è meno negativo dell'essere fieri del denaro e delle cattive maniere, cose nelle quali, negli ultimi secoli, il buon senso britannico sembra identificarsi.

La cavalleria può essere considerata il battesimo del feudalesimo. Fu il tentativo di introdurre la giustizia e anche la logica della chiesa cattolica all'interno di un sistema militare già esistente, di trasformare la sua disciplina in una iniziazione, le sue diseguaglianze in un modello gerarchico. È ovviamente una conseguenza della raffinatezza propria di questa nuova fase, il culto della dignità della donna, di cui il termine cavalleria è la precisa espressione o forse la celebrazione. Era il rifiuto di uno dei peggiori limiti della più evoluta società saracena. I musulmani naturalmente risentivano del modo in cui le più antiche culture orientali consideravano le donne, inoltre erano estranei alla particolare ispirazione suggerita dal culto della Vergine. È falso dire che la concezione cavalleresca della donna fosse solo una simulazione, tranne nel senso che un ideale presuppone sempre

3. Giovanni Senza Terra (1167-1216). Successore di Riccardo Cuor di Leone, fu sconfitto dal re di Francia, Filippo II Augusto che gli tolse quasi tutti i possedimenti nel paese. Sotto la pressione dei baroni concesse la *Magna Charta* nel 1215.

una simulazione. È la peggiore manifestazione di superficialità non cogliere l'importanza di un sentimento collettivo, solo perché gli accadimenti ne hanno attenuato il ricordo. Le crociate, ad esempio, sono molto più presenti e coinvolgenti sul piano dell'immaginazione che su quello della realtà. Dal primo dei Plantageneti all'ultimo Lancaster hanno catturato le menti dei re inglesi, dando alle loro guerre il miraggio della Palestina. Così, la devozione di Edoardo I verso la sua regina influenzò molto gli uomini del tempo. Quando osservo quelle masse di evoluti turisti che viaggiano per deridere le superstizioni continentali, fare i biglietti e marcare con etichette le loro valigie nella grande stazione ferroviaria ai margini dello Strand[4], mi chiedo se si rivolgono alle loro mogli con manifestazioni di cortesia maggiori di quelle usate dai loro padri ai tempi di Edoardo, oppure se si fermano a riflettere sulla leggenda, identificabile nello stesso nome di Charing Cross[5], che narra del dolore di un marito.
È un enorme errore storico quello che porta a pensare che le crociate riguardassero soltanto quella parte minoritaria della società medievale che riteneva l'araldica un'arte e la cavalleria un cerimoniale. È il contrario. La prima crociata fu soprattutto una grande sollevazione popolare e lo fu molto più di altre che noi chiamiamo rivolte o rivoluzioni. Le Gilde, le grandi organizzazioni democratiche del tempo, dovevano gran parte del loro potere al fatto di combattere come corporazioni sotto il simbolo della croce, ma tornerò in seguito su questo argomento. Spesso si trattava di migrazioni di intere famiglie, partivano per l'oriente come novelli zingari. È risaputo che a quei tempi i bambini organizzavano una crociata come oggi organizzano una sciarada. Ma capiremo meglio la cosa paragonando le crociate alle guer-

4. Strada del centro di Londra.

5. Strada di Londra.

re che ingaggiano tra loro i ragazzi. Essi avevano tutto ciò che noi amiamo trovare nei bambini perché è stato soffocato negli adulti. Le loro esistenze erano ispirate, come dimostrano le testimonianze più elementari delle loro grossolane espressioni artistiche, da una visione della realtà simile a quella che si può cogliere guardandola dalla finestra della stanza di un bambino. Lo si potrà vedere meglio in seguito, ad esempio nelle incisioni e nei tralicci di Memling ma è visibile anche, in forme meno consapevoli, nella precedente produzione artistica; un desiderio di addomesticare terre lontane e di renderne familiare l'orizzonte. Negli angoli delle loro piccole case rappresentavano quella che per loro era la fine del mondo e il limite dei cieli. La loro idea del mondo era rozza e un po' folle ma era un'idea e non è certamente la banalità decorativa dell'orientalismo. In breve, il loro mondo, come per i bambini, era pieno di immagini veloci come rapidi scorci del paese delle fate. Le loro carte geografiche sono ancora più stimolanti dei loro disegni. I loro animali, per metà fantastici, sembrano dei mostri addomesticati. È impossibile rendere a parole un'atmosfera tanto forte ma più che di un'atmosfera si dovrebbe parlare di un'avventura. Era esattamente questa l'immagine di quelle terre lontane che tutti poi vedevano; in confronto, i Consigli Reali o le diatribe feudali, dovevano apparire lontane e remote. Un uomo di quei tempi sentiva molto più vicina alla sua casa la Terra Santa di Westminster e Runymede[6]. Fornire una lista di re e di parlamenti inglesi senza prestare attenzione alla prodigiosa presenza trasfigurativa della religione nella vita quotidiana, è talmente assurdo da non poter essere espresso con un efficace paragone moderno, a eccezione di quello di un capovolgimento di significati tra i concetti di religione e laicità. Come se un

6. Località dove i baroni imposero a Giovanni Senza Terra la *Magna Charta*.

Clericale o un Realista desse l'elenco degli Arcivescovi di Parigi nel periodo compreso tra il 1750 ed il 1850, osservando come uno fosse morto di vaiolo, un altro di vecchiaia, un altro in seguito a una accidentale decapitazione e non menzionasse mai nella sua ricostruzione, non solo la natura, ma neanche il nome della Rivoluzione Francese.

# VII.
# Il problema dei Plantageneti[1]

È UN PUNTO DI PRESTIGIO DI QUELLA che è definita la critica ufficiale dichiarare, in tutti i campi, che certi testi e fonti popolari sono datati e quindi scarsamente attendibili. Due fatti simili sono sempre due fatti simili e nessuno può sostenere che quello fra i due che si è svolto prima sia meno credibile. Tale fanatismo provoca spesso degli equivoci. Tende a ignorare le più banali coincidenze che occorrono negli accadimenti umani, tanto che qualche futuro studioso potrà sostenere che la storia della torre di Babele non può essere più antica della torre Eiffel perché, indubbiamente, alla Mostra Universale di Parigi vi era una *babele* di lingue.

Tutto ciò che del mondo medievale è familiare al lettore di oggi, è necessariamente datato, si pensi a Chaucer[2] o alle ballate di Robin Hood, ciò nonostante non è meno attendibile e degno di attenzione, almeno per la critica più equilibrata. Di un periodo storico sono generalmente ricordati gli aspetti più eclatanti. È un ottimo sistema leggere la storia dal punto di vista delle epoche successive. Per un lettore moderno è molto meglio apprendere il medioevo da Shakespeare, sul quale ha degli elementi di conoscenza e che sa essere parte di quel mondo, piuttosto che leggerne

1. Dinastia che regnò in Inghilterra dal 1154 al 1485.

2. Geoffrey Chaucer (ca. 1340-1400). Autore de *I Racconti di Canterbury*. Lo stesso Chesterton è autore di un volume critico su Chaucer (1932).

da Cedmone[3], di cui non sa nulla e di cui anche gli studiosi più seri sanno poco.

Se ciò è vero per Shakespeare, lo è ovviamente ancora di più per Chaucer. Se si vogliono veramente conoscere gli aspetti più importanti del dodicesimo secolo, non è sbagliato chiedersi cosa ne rimanga nel quattordicesimo. Nel momento in cui il lettore medio legge i *Racconti di Canterbury*, divertenti almeno quanto Dickens e intrisi di medioevo almeno quanto la cattedrale di Durham, qual è la prima domanda che dovrebbe porsi? A cosa è dovuto, ad esempio, il nome *Racconti di Canterbury*? Che andavano a fare i pellegrini a Canterbury? Partecipavano a una festa popolare simile alle nostre, benché molto più semplice e tranquilla. A questo punto possiamo riflettere sull'evidente passo in avanti fattoci compiere dal progresso: allora le feste avevano origine da un santo, oggi ci sono imposte dai banchieri. Diciamo, innanzi tutto, che la parola santo ha significato di *uomo molto buono*. L'idea di un valore esclusivamente morale, che si identifica in un'idea di totale semplicità e disinteresse per il successo, implica un concetto rivoluzionario a noi assolutamente estraneo, al pari di tante altre cose di quella società. Un paragone, apparentemente un po' assurdo, ne restituirà l'originale freschezza e significato. Se entrassimo in un paese straniero e trovassimo una colonna come quella di Nelson, ci meraviglieremmo nell'apprendere che l'eroe che vi è raffigurato è diventato famoso per il garbo e l'ironia dimostrati durante un mal di denti. Se vedessimo un corteo procedere lungo una strada con tanto di banda ed eroe su un cavallo bianco e qualcuno si affermasse che è portato in trionfo perché ha sopportato pazientemente una vecchia zia mezza rimbecillita, troveremmo tutto ciò molto bizzarro. Ora, questa irreale pantomima dà l'esatta misura dell'innovazione introdotta dal-

3. Monaco benedettino vissuto tra il settimo e l'ottavo secolo.

l'idea cristiana di santità. Si deve in primo luogo comprendere che, mentre per un verso si trattava della gloria più alta, per un altro era la meno desiderabile. I suoi requisiti erano quasi gli stessi di chi lavora e ama il focolare domestico: non le erano propri lo scettro e la spada ma, piuttosto, il bastone e la vanga. Vi era un desiderio di povertà. Tutto ciò ci dà una nozione, pur approssimativa, dei grandi avvenimenti storici che sono sullo sfondo del grande pellegrinaggio a Canterbury. Basta leggere alcuni passi dell'opera di Chaucer, senza necessariamente addentrarsi nel resto, per avere subito chiaro che non contiene alcun esempio di pratiche rituali in nome di qualche sconosciuta divinità, come può essere accaduto nella fase declinante del paganesimo. Chaucer e i suoi amici pensavano abbastanza spesso a San Tommaso[4], almeno più spesso di quanto un impiegato di Margate[5] pensi a San Lubbock[6]. Credevano in modo assoluto nelle cure corporali predisposte per loro da San Tommaso, o almeno con convinzione pari a quella dimostrata dai più illuminati e aperti al progresso fra gli uomini del nostro tempo nei confronti di quelle della Signora Eddy[7]. Chi era San Tommaso, la cui tomba era universale oggetto di culto, e perché era tanto importante? Se vi è un'unghia di sincerità quando si afferma di voler insegnare la storia in modo democratico e aperto agli aspetti sociali, invece della solita lista di re e battaglie, questo è il momento di dimostrarlo perché stiamo per parlare del personaggio che contese l'Inghilterra al primo dei Planta-

4. Thomas Becket (1118-1170). Arcivescovo di Canterbury, difese i diritti della Chiesa nei confronti della Corona.

5. Piccola città alle foci del Tamigi.

6. Allusione a John Lubbock (1834-1913), celebre banchiere.

7. Eddy Mary Baker (1821-1910). Fondatrice del movimento *Christian Science* che si proponeva di combattere il male fisico grazie alla fede.

geneti. Un'opera storica che voglia realmente rivolgersi a un vasto numero di lettori dovrebbe prestare più attenzione alla vita quotidiana del popolo piuttosto che alla politica. Indubbiamente molti contadini, operai, cuochi e piccoli proprietari, la folla che troviamo nelle opere di Chaucer, conoscevano molto bene San Tommaso, mentre non avevano mai sentito parlare di Becket. Sarebbe semplice descrivere con minuzia di particolari il periodo successivo alla Conquista, ovvero la fase del disordine feudale, conclusasi quando un principe proveniente dal Ducato d'Angiò, non riprese lo sforzo unificatore di Guglielmo il Conquistatore[8]. Sarebbe altrettanto semplice scrivere sulle battute di caccia del Re Rosso piuttosto che degli edifici da lui costruiti, che ebbero una vita più lunga e che egli amò certamente di più. È facile fare un elenco delle dispute ingaggiate con Anselmo, tralasciando quella cui Anselmo teneva di più e che egli con semplicità esplosiva sintetizzò nella domanda: perché Dio si fece uomo? Sarebbe semplice come affermare che un re è morto mangiando lamponi, cosa dalla quale, naturalmente, oggi vi è poco da imparare, anche perché quando un monarca moderno muore a causa della sua ghiottoneria, i giornali evitano di parlarne. Tuttavia, se vogliamo sapere ciò che è realmente accaduto in Inghilterra in quella lontana epoca ritengo possiamo vagamente ma proficuamente trovarne traccia nella storia di San Tommaso di Canterbury. Enrico d'Angiò[9], che portò sangue fresco francese alla corona d'Inghilterra, riaffermò

8. Guglielmo il Conquistatore (1027 circa - 1087). Duca di Normandia, dal 1066 re d'Inghilterra. Partecipò alle crociate e combatté a lungo contro i baroni inglesi che non ne riconoscevano l'autorità.

9. Enrico II (1133-1189). Conte d'Angiò, re d'Inghilterra dal 1154, represse l'indipendenza della Chiesa e dell'aristocrazia in nome dell'affermazione dell'autorità dello stato. Dopo l'uccisione di Thomas Becket, nel 1170, dovette sottoporsi a pubblica penitenza.

un'idea alla quale i Francesi avevano sempre creduto: l'idea che il diritto romano fosse qualcosa di neutro e onnipresente. È come quando in una di quelle storielle poliziesche francesi ci viene da sorridere allorché la polizia apre una valigia o corre dietro a un taxi. Enrico II dava l'impressione di essere un poliziotto; un prete contemporaneo ha paragonato la sua instancabile vigilanza a un uccello o a un pesce della Sacra Scrittura del cui passaggio nessuno si accorgeva. Regnare ha sempre significato agire secondo la legge e non secondo il capriccio del sovrano, avere una giustizia semplice e chiara come la luce del giorno e come l'atmosfera che si avverte in alcuni detti popolari sui pronunciamenti del re e sulle sue azioni. La giustizia, sebbene tendesse a essere egualitaria, spesso fu tutt'altro che umana. Nella Francia moderna, come nella Roma antica, la parola Giustizia ha talvolta significato Terrore. I Francesi, in particolare, sono sovente inclini alla Rivoluzione ma non all'anarchia. Lo sforzo di re Enrico II di creare un ordinamento giuridico simile a quello del Diritto Romano non era soltanto ostacolato, come è naturale, da innumerevoli tendenze contrarie provenienti dal mondo feudale ma fu anche ostacolato da quella che allora era considerata la pietra miliare dell'intera civiltà. Quello sforzo non doveva essere più compiuto soltanto *con* la Chiesa ma *dentro* la Chiesa. Per gli uomini del tempo la Chiesa più che un edificio in cui entrare, era un mondo nel quale vivere. Senza la Chiesa il medioevo non avrebbe avuto il Diritto, così come la Riforma senza la Chiesa non avrebbe avuto la Bibbia. Molti preti interpretarono e modificarono, secondo il loro meglio, il Diritto Romano e molti di loro furono dalla parte di Enrico II. Ma vi era un altro elemento nella Chiesa, addensatosi alle sue fondamenta come dinamite e destinato in ogni epoca a far esplodere e rinnovare il mondo: un idealismo assoluto che percorre tutta la sua storia in parallelo a tutti i suoi compromessi politici. Il monachesimo fu l'origine di tante utopie senza futuro e tuttavia eterne. Gli era proprio, come spesso si è verificato dopo periodi di grande corruzione, un curioso segreto per divenire rapidamente poveri. Nella sua affermazione di povertà vi era un che di magnifico. Questo vento rivoluzionario del tempo delle Crociate spinse Francesco d'Assisi a spogliarsi pubblicamente dei suoi ricchi vestiti. Lo stesso vento rivoluzionario travolse improvvisamente Thomas Becket, il brillante e gaudente Cancelliere di Re Enrico, portandolo verso una gloria ultraterrena e una tragica fine. Becket è un esempio di questa età nella quale era considerato molto realistico essere irrealisti. Il conflitto che lo oppose ai suoi amici non può essere pienamente colto se si considera alla luce delle controversie costituzionali che dal diciottesimo secolo hanno sventuratamente avuto tanto spazio nella storiografia. Imprigionare San Tommaso con l'accusa di ordire intrighi ecclesiastici, quando alla legge della Chiesa contrappose quella dello stato, è quasi come accusare San Francesco di fare della cattiva araldica quando sosteneva di essere fratello del sole e della luna. Forse anche in quell'età (assai più razionale dell'attuale), non mancò chi si fece sostenitore di tesi tanto sciocche ma ciò non è sufficiente a comprendere le ragioni degli ideali che danno vita alle rivoluzioni. San Tommaso di Canterbury fu un grande visionario e un grande rivoluzionario, ma la sua rivoluzione fallì e i suoi sogni non ebbero seguito. Nei testi scolastici si parla molto delle dispute che ebbe con il re su questioni giuridiche, la più importante delle quali era quella concernente i reati dei chierici, ovvero se questi dovessero essere puniti dallo Stato o dalla Chiesa. Il senso della disputa è tutto qui, ma prima di parlarne dobbiamo affrontare un fatto molto difficile da comprendere per gli Inglesi di oggi: la doppia natura della Chiesa, a un tempo istituzione e forza rivoluzionaria. Di solito non si ha notizia di ciò che accade prima di avvenimenti molto importanti. Nel caso della Chiesa il primo fatto che accadde è che essa creò un'organizzazione del perdono, mentre lo stato poteva darsi solo un'organizzazione della pena. La Chiesa è stata una sorta di detective divino che aiutava i criminali a fuggire dopo che questi avevano ammesso la loro colpa. Era, inoltre, nella natura dell'istituzione, quando puniva, infliggere punizioni più blande. Se un uomo dei nostri tempi avesse vissuto la disputa tra Becket e il re, le sue simpatie sarebbero andate a entrambi: al re per la sua razionalità, all'Arcivescovo per la sua umanità. Nonostante gli errori che tanto a lungo oscurarono le dispute religiose, era questa la principale caratteristica storica della Chiesa. È risaputo, infatti, che cose tipo lo sfratto o i trattamenti duri nei confronti dei contadini erano in sostanza sconosciute nei suoi possedimenti. Il principio veniva meno laddove la Chiesa consegnava alle autorità secolari, affinché li mettessero a morte, i responsabili di reati contro la religione. Nella letteratura moderna questo comportamento è stato considerato una forma di ipocrisia, sebbene colui che taccia di ipocrisia ogni incoerenza umana si dimostri ipocrita nei confronti della sua stessa incoerenza. Il nostro mondo non è in grado di comprendere San Tommaso, più almeno di quanto comprenda San Francesco, a meno che non ne accetti la semplice, ardente, visionaria carità con la quale il grande Arcivescovo soccorre le vittime di questo mondo quando la ruota della fortuna calpesta il volto del povero. Probabilmente ciò apparirà troppo idealistico, egli voleva che la Chiesa fosse come una specie di paradiso in terra, con regole che immaginava simili a quelle del paradiso ma che invece dovevano apparire alquanto bizzarre. Se il sacerdote era troppo idealista, il Re era troppo pragmatico. Non si è lontani dal vero se si dice che egli era troppo appiattito sulla realtà per essere *realmente* nel giusto. Ritorna in questo caso, ma è un dato presente in tutta la storia inglese, una verità difficile da spiegare di cui ho già parlato a proposito di Guglielmo il Conquistatore e cioè che egli non era abbastanza impersonale per essere un vero despota. La vera morale della nostra storia è leggermente diversa dall'immagine che ne dà Carlisle: un uomo forte e tenebroso che salda e scolpisce lo stato come un fabbro. I nostri grandi uomini erano troppo grandi per noi, ma lo erano anche per loro stessi. Essi erano troppo forti per il loro stesso desiderio di una monarchia fondata sulla giustizia e l'equità. Il fabbro ruppe sull'incudine la spada dello stato che si stava costruendo. È un'immagine che se non servirà a comprendere la storia alquanto complicata dei nostri re e dei nostri baroni, spiega l'atteggiamento assunto da Enrico II verso il suo rivale. Egli si mise fuori della legge a causa del suo eccessivo amore per essa. Scelse di stare, pur in modo freddo e distante, dalla parte del popolo contro l'oppressione feudale; se la sua politica avesse avuto successo nella sua integrità, essa avrebbe impedito il successivo avvento del capitalismo. L'istintiva irrequietezza che lo portava a prendere a calci i mobili, era un po' il suo simbolo, era un qualcosa che impediva a lui e ai suoi discendenti di essere tranquillamente incoronati come gli eredi di San Luigi. Egli combatté incessantemente le incrollabili certezze cui dava vita l'idealismo utopistico dei preti come se avesse a che fare con un fantasma. Alle sfide trascendentali rispondeva con spregevoli persecuzioni materiali e, infine, in un giorno oscuro ma a mio parere decisivo della storia inglese, inviò quattro sicari, erano dei feudatari, al monastero di Canterbury. Costoro uccisero coloro che ritenevano un traditore, senza sapere che in quel momento avevano creato un santo. La tomba della vittima divenne luogo ove si verificò una sorta di epidemia di guarigioni. Di miracoli narrati a quella maniera vi sono le medesime prove che si hanno per almeno la metà dei fatti storici; chi volesse negarne l'attendibilità dovrebbe farlo sulla base di una presa di posizione dogmatica. Alcuni avvenimenti successivi, ascritti alla società moderna, appaiono più inaccettabili di un miracolo. Se il lettore trova credibile l'immagine di Cecil Rhodes[10] frustato da un Boero nella cattedrale di San Paolo a causa della morte accidentale di un uomo durante la campagna di Jameson, egli si avvicinerebbe appena a comprendere il significato delle percosse inflitte dai monaci a Enrico II sulla tomba del suo vassallo e nemico. Il parallelo moderno può apparire comico ma la verità è che gli avvenimenti del medioevo contengono una violenza che ai nostri occhi può apparire comica. I cristiani di quei tempi erano mossi da due pensieri dominanti: la grande importanza della penitenza come risposta al peccato e la grande importanza di azioni eclatanti come prova di penitenza. Una penitenza eclatante dopo un altrettanto eclatante atto di orgoglio era, per gli uomini del medioevo, il solo modo per riconquistare il loro equilibrio. Il punto è particolarmente rilevante poiché, se non lo si tiene in considerazione, l'età medievale può apparire priva di senso. Green, ad esempio, dice in modo piuttosto perentorio a proposito dell'antenato di Enrico, Folco d'Angiò, che le sue nefandezze furono aggravate dalla "volgare superstizione" che lo condusse a incatenarsi di fronte a una chiesa e a implorare, urlando, la misericordia di Dio. Gli uomini del tempo avrebbero semplicemente detto che egli stava implorando la grazia di Dio e che quella era l'unica cosa logica che potesse fare. Ma essi non avrebbero detto che quelle implorazioni andavano ad aggravare i loro peccati, piuttosto che ad alleggerirli. Avrebbero ritenuto atteggiamento proprio di menti disturbate, il considerare con lo stesso moto di orrore il peccato e la richiesta di perdono. Ritengo che si possa dire, pur con tutte le cautele che dobbiamo avere quando parliamo di

10. Cecil Rhodes (1852-1902). Combatté contro i Boeri per imporre la presenza inglese nell'Africa del sud. Fu ispiratore della Rhodesia (oggi Zambia, Malawi e Zimbabwe).

questi fatti, che l'ideale di giustizia dei re angioini risultò molto più danneggiato dalla morte di San Tommaso che dall'immediato moto di sdegno della cristianità che portò alla santificazione della vittima e alla pubblica penitenza del colpevole. Entrambe le cose ebbero in realtà un effetto temporaneo. Il re continuò a emettere sentenze contro gli ecclesiastici e molti altri monarchi successivamente continuarono a farlo. Suggerirei, però, un'altra chiave di lettura per gli eventi successivi; a partire da questo atto omicida la monarchia perse consenso verso la sua politica, nel senso che perse il popolo. Non c'è bisogno di ripetere che l'argomento a favore del dispotismo è il suo carattere democratico. Il suo essere crudele con i forti e mite con i deboli.

Un tiranno non può essere giudicato come personaggio storico in base alle sue relazioni con altri personaggi storici. Il vero consenso non gli viene dai pochi attori che recitano sul palcoscenico del gran mondo, ma dal grande pubblico che al buio assiste in silenzio. Il re aiuta tanti uomini senza volto e quando mette in atto la sua saggia liberalità è un cristiano che in segreto compie una buona azione. Questo ideale di monarchia sviluppatosi nel Medioevo non è detto che nella realtà non si sia realizzato. I re francesi erano clementi con il popolo e spietati con i loro pari ed è probabilmente vero che uno Zar, considerato un Dio dai suoi intimi, in tante piccole case era visto come un padre. È molto probabile che questo potere meritasse di essere spazzato via sia in Francia che in Inghilterra, ma è altrettanto probabile che sia in Francia che in Inghilterra avrebbe impedito a delle minoranze di appropriarsi del potere e di detenerlo fino ai nostri giorni. Tuttavia, quel potere in Inghilterra crollò dopo poco tempo grazie a un insieme di cause di cui l'uccisione di San Tommaso è l'esempio supremo. Un fatto impressionante e sensazionale che fu istintivamente rifiutato dal popolo. E che cosa si intendesse nel Medioevo per questa presenza potente e senza eguali che risponde al nome di popolo, lo dirò nel prossimo capitolo. Una congettura, quest'ultima, che troverà conferma nei fatti che seguono. Non solo perché fallì il grande ma isolato progetto del primo dei Plantageneti a causa del disordine seguito alla guerra fra i baroni (come era già fallito il grande ma isolato progetto del Conquistatore in seguito al caos determinatosi con la salita al trono del suo successore Stefano). Quando tutte le concessioni furono compiute in base alle regole costituzionali, sembrò che per la prima volta le risorse morali avessero abbandonato la monarchia. La personalità del secondo figlio di Enrico II, Giovanni (per quanto riguarda re Riccardo rimandiamo al precedente capitolo), lo dimostra in modo casuale ma tuttavia simbolico. Non che Giovanni rappresenti una macchia nera sull'immacolato onore dei Plantageneti, la realtà è molto più complessa; egli, però, portò discredito sui Plantageneti, come se ne fosse un frutto marcito. Non che fosse molto peggio di tanti che gli furono nemici, ma aveva la particolare qualità di mettere d'accordo nell'essergli ostili sia i buoni che i cattivi. In un significato diverso da quello attribuitogli da coloro che molto tempo dopo si divertiranno a spaccare il capello in quattro in materia costituzionale, si potrebbe senza dubbio dire che egli si sforzò di mettere la Corona dalla parte del torto. Nessuno ha mai rilevato che al tempo di Stefano i baroni facevano morire di fame i prigionieri nelle celle in nome della libertà politica o che appendevano la gente a testa in giù perché volevano un libero parlamento. Durante il regno di Giovanni erano ancora i baroni, e non certo il popolo, a detenere il potere; tuttavia, questa semplice realtà, sia per i contemporanei che per gli storici delle istituzioni anni dopo, cominciò ad apparire un incidente. Giovanni, in una delle sue capriole diplomatiche, aveva collocato l'Inghilterra sotto la cura della Chiesa, come quando si deposita una proprietà a un curatore. Sfortunatamente il Papa, che generalmente si comportava in modo abbastanza moderato e rispettoso era allora impegnato in una guerra all'ultimo sangue con l'imperatore tedesco che lo costringeva ad afferrare ogni penny di cui potesse entrare in possesso. La sua vittoria fu la salvezza per l'Europa, ma una disgrazia per l'Inghilterra, poiché egli aveva usato l'isola come una cassaforte per finanziare la sua guerra. In questa e altre questioni i baroni cominciarono a opporre delle tesi che costituiranno la spina dorsale della loro futura politica. La storiografia tradizionalista che vede nelle assemblee baronali delle somiglianze con la nostra Camera dei Comuni, propone un paragone tanto improbabile quanto quello di chi sostenesse che lo Speaker[11] ha una mazza uguale a quella utilizzata dai baroni in battaglia. Simone di Monfort[12] non era un fautore delle teorie costituzionali *whig*, ma alcune idee per cui battersi le aveva. Fondò il parlamento in un momento di evidente pazzia, ma era pienamente in sé, nel significato profondamente religioso che aveva spinto suo padre a essere tanto spietato nella lotta agli eretici, quando si inginocchiò di fronte a lui con la sua spada prima di cadere a Eversham. La *Magna Charta* non fu il primo passo verso la democrazia ma solo un primo passo per prendere le distanze dal dispotismo. Se teniamo ferma questa doppia verità, allora abbiamo individuato una delle chiavi della storia inglese. Un'aristocrazia senza padroni non solo vinse ma spesso salvò la libertà. La storia d'Inghilterra potrebbe essere sommariamente riassunta prendendo in prestito il francese Libertà, Eguaglianza, Fraternità, aggiungendo che gli inglesi hanno amato sinceramente la prima e perduto le altre due. Alla luce dei complicati dibattiti dei contemporanei molto potrebbe essere detto sia in fa-

11. È il deputato che ai Comuni è eletto per dirigere le sedute.

12. Simone v di Monfort, conte di Leicester (1208-1265). Capo del partito costituzionale, sconfisse l'esercito d'Edoardo I a Lewes (1264) ma l'anno seguente subì la disfatta di Eversham morendo in battaglia.

vore della Corona, sia in favore della nuova funzione nazionale svolta dalla nobiltà. Ma sarebbe troppo complicato, mentre un miracolo è un fatto che tutti possono comprendere. Cosa avrebbe veramente potuto realizzare San Tommaso Becket è un interrogativo ormai consegnato alla storia; la bianca fiamma del suo audace disegno teocratico si spense e la sua opera si interruppe come un racconto lasciato a metà. Ma il suo ricordo rimase nella gente comune per la quale fu più presente da vivo (e anche più indaffarato) che da morto. Nel prossimo capitolo vedremo cosa si intendeva nel Medioevo per gente comune e come oggi il termine avrebbe un significato esattamente opposto. Nel precedente capitolo abbiamo già visto come nell'età delle crociate le cose più strane sembrassero plausibili e come si prestasse fede a racconti di viaggi in un mondo nel quale non vi erano i giornali nazionali. Le sacre rappresentazioni dei martiri raffigurate su tanti muri e vetrate consentirono anche ai più ignoranti di familiarizzare con le crudeltà praticate in terre lontane, grazie all'immagine di un vescovo scorticato dai Danesi, di una vergine mandata sul rogo dai Saraceni, di un santo lapidato dagli ebrei o di un altro fatto a pezzo dai negri. Non ritengo irrilevante ricordare che fra tutte queste immagini ve n'è una, la più ricca di tutte, raffigurante un personaggio che troverà la morte per mano di un re inglese. La storia di questi due grandi amici, uno dei quali colpì e uccise l'altro, sembra una di quelle vicende epiche narrate nei romanzi di quel tempo. Probabilmente è da questo momento che il popolo emise una tacita sentenza sui re inglesi. Si impresse su di loro un misterioso timbro di insicurezza, simile a quello di Caino, e cominciò ad aleggiare lo spettro dell'esilio.

## VIII.
# Significato di *Merry England*[1]

IL MECCANISMO GRAZIE AL QUALE LA PRIMA parte della storia Inglese è stata completamente ridimensionata e spersonalizzata, è alquanto semplice. Consiste nel dare conto unicamente della storia dei distruttori di professione per poi lamentarsi che tutta la storia è storia di distruzioni. Un re è, al più, una sorta di boia incoronato; governare è un'incresciosa necessità e se allora lo era in misura maggiore, ciò era dovuto al fatto che le difficoltà erano maggiori. Quelle che noi oggi chiamiamo le circoscrizioni dei giudici, all'inizio erano piuttosto le riserve di caccia del re. A quel tempo i criminali erano talmente forti che governare voleva dire combattere una guerra civile. Quando il nemico della società era catturato, veniva ucciso o selvaggiamente mutilato, il re non poteva mica portarsi dietro, magari su una carrozza, la prigione di Petonville. Lungi da me negare che nel Medioevo non fossero praticate crudeltà ma il punto è che si trattava di una conseguenza della crudeltà della vita e che la crudeltà era presente anche in ciò che di meglio ha prodotto quella società. Quando immaginiamo che i nostri antenati abbiano potuto praticare la tortura, dobbiamo qualche volta ricordarci che anche loro stessi potevano esserne vittime. Gli storici, tuttavia, guardano soltanto a questi aspetti sordidi invece di occuparsi degli aspet-

1. L'espressione è riferita all'Inghilterra medievale.

ti più luminosi del Medioevo. Dopo aver espresso il loro indignato sgomento perché i soldati combattevano e i boia impiccavano, ritengono non vi sia altro che valga la pena di essere detto. Disprezzano i monaci perché evitavano di fare le stesse cose per le quali i soldati sono altrettanto disprezzati. Insistono sul fatto che l'arte della guerra era una materia inutile, senza però ammettere che l'arte della pace era utile. La verità è che il Medioevo si distingue proprio nell'arte della pace. Non è un elogio gratuito ma la semplice realtà; una persona colta deve essere in grado di riconoscerlo, anche se poi detesta il Medioevo. Tutte quelle cose melodrammatiche che solitamente si attribuiscono al Medioevo, in realtà hanno avuto la loro origine molto prima; è il caso dei tornei cavallereschi e della pratica della tortura. I tornei rappresentano in realtà un'evoluzione civile dei combattimenti dei gladiatori perché erano i signori a rischiare in prima persona e non i loro schiavi. La tortura, ben lungi dall'essere nata nel Medioevo, fu ripresa dalla Roma pagana ove era considerata un'applicazione della razionalissima scienza della politica; il fatto poi che fosse applicata non solo sugli schiavi dimostra come nel basso Medioevo la schiavitù fosse in via di estinzione. La tortura, in effetti, è considerata come una pratica assolutamente logica in società non permeate dal fanatismo, come nel caso del grande Impero Cinese che, come è noto, si fondava sull'agnosticismo. Ciò che veramente colpisce del Medioevo e che ne costituisce una peculiarità, un po' come la disciplina per Sparta o le comuni contadine per la Russia, è il sistema di produzione, vale a dire l'equilibrio sociale, che ne sostiene tutte le manifestazioni di vita. In un libro come questo è impossibile raccontare fino in fondo l'Inghilterra del Medioevo. Le dinastie e i parlamenti si susseguono come nuvole passeggere su un paesaggio che rimane fertile e stabile. Le istituzioni cui il popolo si affezionò possono essere paragonate al frumento o agli alberi da frutta, nel senso che si svilupparono lentamente dal basso verso l'alto. Vi possono essere state società migliori e certamente non dobbiamo andare troppo lontano per trovarne di peggiori; ma è difficile che vi sia stata una società in cui gli esseri umani fossero più coinvolti. Non renderemmo giustizia al sistema di governo locale dell'epoca, anche nei casi in cui era organizzato in modo tutt'altro che perfetto, se lo paragonassimo al modello di governo locale che abbiamo sviluppato noi. Nel mondo moderno il sistema di governo locale è sempre imposto dall'alto, nel migliore dei casi è concesso. L'oligarchia inglese, l'Impero tedesco, sono ovviamente più efficienti nell'organizzare le municipalità su un progetto o su un modello ideale. Nel Medioevo non solo vi era il governo locale, ma esso nasceva dal basso. Mentre il potere centrale delle monarchie nazionali diveniva sempre più forte, i governi locali ottenevano il riconoscimento dello stato, rispetto al quale erano più antiche. Gli uomini si associavano in corporazioni e parrocchie quando delle leggi sui poteri locali non si aveva ancora la più pallida idea. Come le istituzioni caritative, il governo locale nasceva nelle comunità. Le idee affermatesi negli ultimi secoli impediscono anche agli uomini più colti persino di immaginare questi avvenimenti. Un artista con tante teste, occhi e mani, creò questi capolavori. E se gli scettici contemporanei, nel loro odio verso la democrazia, mi rimprovereranno l'uso del termine capolavoro, basterà per il momento questa semplice risposta. La parola capolavoro è tratta dalla terminologia degli artigiani medievali. Ma di questi aspetti del sistema delle Gilde ci occuperemo tra breve, per il momento c'interessa soltanto cogliere lo spontaneo zampillare, per così dire, di queste istituzioni sociali, così come esse erano. Le Gilde crebbero nelle strade come una silenziosa ribellione, una tranquilla e solida ribellione. Nei nostri moderni sistemi costituzionali non vi è in sostanza alcun'istituzione politica creata dal popolo, ma tutte soltanto subite da esso.

Vi è soltanto una presenza che rimane costante nella storia medievale, indebolita e minacciata ma ancora sul trono, come un fantasma del Medioevo: le Associazioni di Arti e Mestieri. Ciò che accadde in agricoltura fu simile a una frana universale. Tuttavia, grazie a un prodigio in grado di annullare le leggi della geologia si può affermare che la terra sia franata in salita. L'agricoltura si sviluppò in modo molto intenso, sebbene non si siano verificate grandi convulsioni o anche grandi movimenti nella società che ne diano spiegazione. È probabilmente una solitaria tendenza della storia umana quella di trovarsi a cadere in salita o almeno di coloro che sono costretti all'esilio e riescono a farcela in qualche modo oppure di coloro che errando giungono alla terra promessa. Un avvenimento del genere non fu, né poteva essere, un semplice accidente e se non può essere definito un consapevole piano politico, ha qualcosa che lo rende simile a un miracolo. Fu come se una razza, quella contadina, rimasta fino a quel momento nel sottosuolo, fosse apparsa alla luce. Un fatto sconosciuto all'augusta civiltà dell'Impero Romano. All'inizio dell'età barbarica, la grande, cosmopolita, società pagana, in seguito divenuta cristiana, era null'altro che una società di schiavi, come il vecchio Sud Carolina. Nel quattordicesimo secolo era molto vicina a essere una società di contadini proprietari come la Francia moderna. Nessuna legge fu mai fatta contro la schiavitù, nessuno la criticò dal punto di vista teorico, nessuna guerra fu combattuta contro di essa, nessuna nuova razza né classe la ripudiò, tuttavia scomparve. Questa impressionante e silenziosa trasformazione è forse l'esempio migliore dell'importanza del popolo nel Medioevo, di quanto velocemente elaborasse il *nuovo* nella sua officina spirituale. Come in ogni cosa che riguarda il Medioevo, siano le cattedrali o le ballate, il processo fu tanto anonimo quanto straordinario. Si riconosce un ruolo importante in questa emancipazione ai preti e alla diffusione dello spirito religioso di fratellanza ma nessuno di loro è sopravvissuto nella memoria o nessuno di loro ne ha rivendicato il merito. Tanti Clarkson o Wilberforces, senza fare macchinazioni politiche e senza riconoscimenti pubblici, prestarono la loro opera ai moribondi nei confessionali di tutti i villaggi d'Europa; fu così che il sistema schiavistico svanì. Fu probabilmente la più grande opera mai fatta da volontari e il Medioevo fu in questo, come per altri aspetti, l'età dei volontari. È in buona parte possibile ricostruire per grandi linee il contesto nel quale accaddero questi avvenimenti, ma non basterebbe mai a spiegare l'allentarsi della morsa dei grandi proprietari di schiavi; non vi è in realtà nessuna spiegazione, eccetto che da un punto di vista psicologico. Il tratto cattolico della cristianità non era semplicemente un principio, era un clima nel quale la schiavitù non sarebbe potuta sopravvivere. Vi ho già accennato parlando delle trasformazioni dell'Impero Romano, il vero precedente per capire questi secoli, e ho cercato di spiegare gli effetti prodotti da questa nuova mistica della dignità umana. Come se un tavolo che parlasse o una sedia che volasse con le sue ali fuori di una finestra, fossero divenuti oggetti comuni. Anche qui, come sempre, sono i processi spirituali che spiegano i processi storici e non viceversa; questi processi implicano due conseguenze molto pratiche senza le quali non si comprende come nacque questa civiltà popolare o come fu distrutta. Quelle che noi chiamiamo *residenze* erano originariamente le *villae* dei signori pagani, ognuna con la sua popolazione di schiavi. Si determinò un processo che, al di là delle varie spiegazioni che se ne vogliono dare, portò all'attenuazione della pretesa signorile di godere dell'intero profitto della terra. I proprietari erano disposti ad accontentarsi d'alcune prestazioni e dei pagamenti effettuati dai loro schiavi che per il resto avevano l'uso della terra e la possibilità di ricavarne profitto. Si tenga presente che su una gran parte, la più importante dell'intero territorio, i signori erano chierici e magistrati eletti in seguito a una specie di comunismo mistico che spesso era d'origine contadina. Le popolazioni poste sotto la loro giurisdizione potevano contare non solo sulla giustizia ma anche su una certa libertà poiché non esercitavano in modo oppressivo il loro potere. Due aspetti di questo processo sono essenziali. Primo, come abbiamo già accennato, lo schiavo a lungo occupò lo *status* intermedio di servo. Ciò voleva affermare che, come l'uomo doveva dare il suo lavoro alla terra, così la terra doveva servire a sostentare l'uomo. Egli non poteva essere mandato via e non poteva, come avviene oggi, avere l'affitto aumentato. All'inizio significò che lo schiavo era di proprietà del signore, condizione della quale non poteva essere privato. Alla fine di questo processo egli si era trasformato in un piccolo proprietario, non apparteneva più al signore ma alla terra. Non è certamente facile ammettere che, grazie a uno di quei paradossi che rendono straordinario questo periodo, la grande rigidità del sistema schiavistico favorì la liberazione degli schiavi. Il nuovo contadino ereditò qualcosa della stabilità dello schiavo. Egli non si trovò a vivere in un sistema competitivo nel quale tutti provavano a sottrargli la libertà. Egli si venne a trovare in una realtà nella quale la sua presenza era considerata normale al pari dei confini delle proprietà, una realtà che passò da un sistema fondato sulla subordinazione a uno che scopriva la concorrenza. È strano che nessun testo letterario medievale abbia descritto come questo prigioniero sia divenuto il comandante della sua stessa prigione. Per un breve periodo è stato sostanzialmente vero che per un Inglese la sua casa era un castello, essa era, infatti, stata costruita per essere la sua prigione. L'altro aspetto da considerare è questo: quando il raccolto iniziò a essere trasmesso solo in parte al signore, si cominciarono a creare due tipi di proprietà. Una spettava esclusivamente al servo, l'altra era gestita in comune con il signore. Ciò comportò la nascita delle terre comuni che si svilupparono insieme alle terre private. Le terre comuni erano un'alternativa e un rifugio. Nel Medioevo, fatta eccezione per i monasteri, non vi era il comunismo, tuttavia tutti erano potenzialmente comunisti. Tipica dell'oscuro e desolato ritratto che di quest'epoca dà la nostra letteratura, la descrizione del fuorilegge che si rifugia nella foresta; d'altra parte, del fatto che chi volesse poteva trovare rifugio nelle terre comuni non si parla mai. Nel Medioevo si credeva nella possibilità di correggere i malvagi, un'idea che era condivisa dalle comunità contadine e da quelle monacali. Si dava ospitalità a tutti, alla luce del sole, in piena libertà. Le terre comuni erano tutt'altra cosa rispetto a quei luoghi ai margini delle città, spogli e squallidi che noi oggi definiamo terreni demaniali. Costituivano una riserva di ricchezza pari a una scorta di grano in un granaio; la si accumulava come noi oggi accumuliamo le nostre riserve in banca. Queste terre garantivano una più giusta distribuzione delle risorse e dimostravano a tutti che si stava realmente andando verso una maggiore giustizia sociale; d'altra parte, il passaggio dalla condizione di schiavo a quella di servo e poi a quella di proprietario non può essere spiegato come la semplice risultante di un'evoluzione casuale. Tuttavia, se qualcuno ancora crede che il passaggio dalla condizione schiavistica a quella contadina sia avvenuto casualmente, deve soltanto dare uno sguardo a ciò che accadde nel resto delle attività umane. Allora non avrà più dubbi, vedrà quegli stessi uomini del Medioevo impegnati in un sistema sociale i cui presupposti erano la pietà e il desiderio d'eguaglianza. Era un sistema che non può essere attribuito al caso, come la costruzione di una cattedrale non può essere opera di un terremoto. La maggior parte delle attività, con l'eccezione dell'agricoltura, era garantita dalla vigilanza egualitaria delle associazioni. È difficile trovare delle parole che possano descrivere la distanza tra questo sistema e la nostra società; si può tentare di farlo solo partendo dalle deboli tracce che ne rimasero. La nostra vita quotidiana è colma di resti medievali, soprattutto di parole morte che hanno perso il loro originario significato. Ho già fatto un esempio. Ogni volta che menzioniamo Wimbledon Common difficilmente ci viene in mente l'idea di un ritorno al comunismo cristiano. Accade anche per cose banali come l'intestazione *Esq.*[2] che usiamo scrivere sulle lettere o sulle cartoline. Questo incomprensibile e tronco monosillabo non è niente altro che un patetico relitto di un remoto passaggio dalla cavalleria allo snobismo. Non vi potrebbero essere due figure più distanti come quella dello *Esquire* e dello *Squire*. Il primo si trovava in una condizione del tutto precaria, una sorta d'ultima ruota del carro della cavalleria; il secondo godeva invece di una posizione assolutamente solida quale quella che negli ultimi secoli ha contraddistinto i proprietari terrieri inglesi. I nostri *Esquire* ottenevano le loro terre solo quando decidevano di appendere gli speroni al chiodo. Ne consegue che *Esquire* non significa *squire* ed *Esq.* non vuol dire nulla. Tuttavia, rimane nelle nostre lettere e sguscia fuori dalle penne e dall'inchiostro un indecifrabile geroglifico testimoniante lo strano percorso della nostra storia dove un ceto di severi soldati si è trasformato in una pacifica oligarchia che a sua volta è divenuta mera plutocrazia. Vi sono altre stranezze che si staccano dalla storia per assumere dimensioni sociali.

Vi è qualcosa di singolarmente dimenticato nella parola moderna *Mister*. Anche nel suono vi è un che d'affettato che sottolinea l'avvizzirsi di questa parola rispetto a quella più altisonante da cui proviene.

Né, a dire il vero, vi è nel suono qualcosa di stonato. Ricordo un racconto tedesco su Sansone nel quale al perso-

2. *Esq.* sta per *Esquire*, termine attribuito a titolo onorifico a coloro che non erano né cavalieri, né servi. Al tempo di Chesterton era adoperato nel generico significato di *gentleman*.

naggio era dato il nome meno pretenzioso di Simpson che agli occhi dell'autore lo rendeva più presentabile. È la stessa triste *diminutio* che vi è nel passaggio da *Master* a *Mister*. La grande importanza della parola *Master* è tutta qui. Una Gilda era, mi si passi lo schematismo, un'associazione nella quale ognuno era proprietario di se stesso. Nessuno poteva lavorare a meno che non aderisse alla lega e non ne accettasse le regole; ognuno lavorava nel suo negozio con i suoi strumenti e il suo guadagno non lo doveva dividere. Dare alla parola *Master* il moderno significato di datore di lavoro è assolutamente inesatto. *Master* identificava qualcosa di diverso e più importante del *boss*. Significava essere padroni del proprio lavoro, mentre oggi significa soltanto avere alle proprie dipendenze dei lavoratori. È una fondamentale caratteristica del capitalismo il fatto che il proprietario di una barca possa non conoscere la distinzione tra poppa e prua o che un proprietario terriero non abbia mai visto le sue terre o che il proprietario di una miniera d'oro non si interessi altro che di vecchi oggetti di peltro o che il proprietario di una compagnia ferroviaria viaggi esclusivamente in pallone aerostatico. Può essere che un capitalista abbia maggiore successo se vive gli affari come un hobby o se ha la sensibilità di farli gestire a un manager; dal punto di vista economico, però, può avere il controllo dei suoi affari perché è un capitalista e non perché ha un qualche hobby o una qualche sensibilità. Il grado più alto nel sistema delle Gilde era quello di *Master* e si riferiva alla direzione degli affari. Riprendendo il tema utilizzato nei *colleges* nella stessa epoca, tutti i capi erano Maestri d'Arte. Gli altri gradi erano operaio e apprendista ma, come i corrispondenti gradi universitari, erano gradi che chiunque poteva ottenere. Erano altra cosa rispetto alle classi sociali, erano gradi, non caste. Un apprendista avrebbe potuto sposare la figlia del suo padrone. Il padrone non si sarebbe stupito della cosa, al contrario dell'indignazione aristocratica che, in seguito, avrebbe gonfiato il petto di un milord se sua figlia avesse sposato un borghese. Passando dal ristretto ordinamento gerarchico all'ideale egualitario, vediamo che ciò che ne rimane oggi è talmente distorto da apparire comico. Ci sono compagnie cittadine che hanno ereditato dalle Gilde solo gli scudi araldici, le immense ricchezze e niente altro. Se in esse vi è qualcosa di buono, non è il buono che vi era nelle Gilde. Come nel caso dell'*Onorevole Compagnia dei Muratori* nella quale, non c'è bisogno di dirlo, non si trova neanche un muratore o nessuno che abbia mai conosciuto un muratore, ma alcuni soci anziani di poche grandi imprese della city, insieme ad alcuni militari appassionati di gastronomia che, conversando tra di loro dopo cena dicono che la più grande gloria della loro vita è stata l'aver costruito mattoni finti senza utilizzare la paglia. Oppure potremmo citare l'*Onorata Compagnia degli Imbianchini* che ha conservato la sua denominazione, nel senso che molti suoi componenti danno lavoro a un gran numero d'imbianchini. Queste organizzazioni aiutano molti istituti di carità e spesso si tratta d'aiuti ingenti, ma con una funzione completamente diversa da quella delle vecchie organizzazioni di carità delle Gilde. La carità delle Gilde era qualcosa di molto simile alle terre comuni. Aveva lo scopo di opporsi all'ineguaglianza o, come probabilmente l'avrebbe vista qualche vecchio e serio gentiluomo della passata generazione, di opporsi al cambiamento. Si operava non solo per la sopravvivenza del mestiere ma per quella d'ogni lavoratore. Ciò faceva sì che ogni muratore fosse assistito e che ogni imbianchino bisognoso d'aiuto avesse un nuovo camice bianco. Loro scopo principale era di soccorrere i ciabattini, come questi ultimi facevano con le loro scarpe, e di occuparsi anche dell'ultima pecora del gregge. In sostanza, difendevano un piccolo negozio come se stessero combattendo una guerra. Si opponevano alla nascita di grandi negozi come si sarebbero opposti a un mostro. Ora, invece, neanche gli imbianchini della *Compagnia degli Imbianchini*, pensano che essa debba adoperarsi per prevenire la morte dei piccoli negozi a vantaggio dei grandi, né che in passato l'abbia mai fatto. Nel migliore dei casi, all'imbianchino sull'orlo del fallimento direbbe che si tratta di una compensazione e non farebbe nulla per restituirgli lo status che nel nuovo sistema industriale ha ormai perso. Le compagnie sono tanto attente ai simboli per quanto sono disinteressate agli individui anche se poi la filosofia moderna ha distrutto il simbolo. Le vecchie Gilde, secondo i loro fini egualitari, imponevano categoricamente lo stesso salario e lo stesso trattamento per tutti, cosa cui i sindacati d'oggi dovrebbero guardare con rimpianto. Ma esse insistevano anche, mentre i sindacati non lo possono fare, sull'alto livello dell'esecuzione, come possiamo ammirare ancora oggi nei resti dei loro edifici e nei colori delle vetrate ormai quasi completamente distrutte. Non vi è artista o critico, per quanto il suo stile sia distante da quello del gotico, che non ammetta che in quest'epoca vi era un indefinibile ma universale gusto artistico volto a rendere il senso più autentico della realtà. Quelli che noi vediamo sono soltanto gli oggetti di minor pregio fra sedie, pentole, vasi, tegami. Hanno tutti forme tanto suggestive che sembra li abbiano posseduti dei folletti e non degli esseri umani. Sembrano, in confronto alle epoche successive, creati in un paese delle fate dove regnava la libertà. Che i sindacati, la più medievale fra le istituzioni moderne, non combattano per il medesimo ideale estetico è vero e senza dubbio tragico; tuttavia, farne un motivo di condanna significa non capirne la tragedia. I sindacati sono confederazioni d'individui che non sono proprietari di beni e che cercano di rimediarvi unendosi e contando sul carattere necessario della loro opera. Le Gilde erano confederazioni d'individui proprietari aventi lo scopo di garantire a ognuno il mantenimento della sua proprietà. È questo naturalmente il solo stato di cose nel quale si può affermare che la proprietà esiste realmente. Non stiamo parlando di una comunità di negri in cui i negri sono solo pochi giganti e il resto sono tutti bianchi, né di una comunità di uomini sposati in cui la maggior parte degli uomini sono scapoli e tre di loro hanno degli harem. Per comunità di gente sposata si intende una comunità nella quale la maggior parte delle persone sono sposate, non una comunità nella quale gli sposati sono due o tre. Per comunità di proprietari si intende una comunità nella quale la maggior parte delle persone hanno proprietà, il che esclude che si possa trattare di una comunità nella quale ci sono solo pochi capitalisti. Gli appartenenti alle Gilde (il discorso vale anche per i servi, i semi servi e i contadini) erano molto più ricchi di quanto si possa dedurre dal fatto che le Gilde tutelavano le proprietà delle case, degli attrezzi e dei salari. La presenza di surplus è evidente se si guarda agli studi sui prezzi in quel periodo, tenendo naturalmente in conto tutte le differenze con l'attuale prezzo della moneta. Quando si può comprare un uovo o una birra con pochi soldi, non ha evidentemente importanza il nome della moneta. Anche nei casi in cui la ricchezza individuale poteva essere severamente ridotta, la ricchezza collettiva era cospicua, perché comprendeva i beni delle Gilde, delle parrocchie e, soprattutto, dei monasteri. È un elemento molto importante da tenere presente nelle successive fasi della storia inglese. L'altro fatto è che il governo locale si sviluppò, in seguito alle condizioni che si erano venute a creare, unitamente al sistema delle Gilde che era invece indipendente da quest'ultimo. Nel descrivere quella lontana società, non posso essere certamente sospettato di rappresentare un paradiso o di voler dimostrare che le fossero estranei gli errori, le lotte, i dolori che coinvolgono la vita umana in tutte le epoche e, certamente non ultima, la nostra. L'affermazione delle Gilde fu accompagnata da un incremento dei conflitti e delle sommosse; per un certo periodo di tempo vi fu una forte rivalità fra le Gilde dei mercanti che vendevano i prodotti e quelle degli artigiani, un conflitto che alla lunga vide prevalere questi ultimi. Ma, al di là di quale fosse la parte vincente, era il vertice delle Gilde a fornire gli uomini che avrebbero diretto la comunità e non viceversa. Anacronistici residui d'istituzioni un tempo sorte spontaneamente possono essere individuati nell'odierno, anomalo statuto del Lord Major e delle Associazioni londinesi d'Arti e Mestieri. Spesso ci è detto che la società dei nostri padri era governata mediante le armi; in realtà non è inutile ricordare che il vero elemento grazie al quale era regolata la vita nei suoi aspetti più quotidiani, era l'utensile con cui si lavorava. Si trattava, insomma, di una forma di governo che aveva il suo scettro negli strumenti di lavoro. Blake[3] definisce metaforicamente l'Età dell'Oro il periodo in cui l'oro e i diamanti sono tolti dall'elsa della spada per essere posti sui manici degli aratri. Qualcosa di simile accadde in questo interludio di democrazia medievale che fermentava sotto la crosta del potere aristocratico e monarchico; un periodo in cui i miglioramenti nel campo della produzione assunsero la pompa dell'araldica. Le Gilde sovente esibivano degli emblemi ostentanti in modo tanto evidente le prosaiche attività cui si riferivano, che l'unica immagine adatta cui accostarle ci sembra essere quella di tabarde cavalleresche o paramenti religiosi indossati sopra pantaloni di velluto da sterratore o di bottoni di perla comprati da un venditore ambulante. Altri due punti devono essere rapidamente aggiunti, così il ritratto di questo periodo che a noi appare tanto lontano e irreale sarà compiuto, almeno nei limiti in cui può essere fatto in questa sede. Entrambi si riferiscono ai legami tra popolo e politica

3. William Blake (1757-1827). Poeta inglese sostenitore della rivoluzione francese e delle idee di Thomas Paine sull'abolizione degli elementi ereditari nella costituzione inglese.

cui solitamente è fatta risalire la totalità degli avvenimenti storici. Il primo e per quei tempi il più importante, è la Carta. Ricorrendo ancora una volta a un parallelo con i sindacati, che è d'aiuto per il lettore contemporaneo, la Carta di una Gilda corrisponde approssimativamente a quel riconoscimento per il quale lottarono invano i sindacati dei ferrovieri e d'altre categorie alcuni anni or sono. Grazie alle Carte essi assumevano l'autorità del re e del potere centrale o nazionale; e ciò ci dimostra il grande valore morale del Medioevo che ha sempre concepito la libertà come un valore positivo e non come una negativa fuga dalla società; essi erano lontanissimi dall'identificare, come il moderno romanticismo, libertà e solitudine. La loro visione è compendiata dalla frase secondo la quale si concedeva a qualcuno la *libertà* cittadina; il che stava a indicare che non avevano alcun interesse per la libertà di cui si poteva godere, poniamo, in un deserto. Affermare che le Gilde erano legittimate anche dall'autorità della Chiesa significherebbe operare un ridimensionamento della realtà, poiché la religione pervadeva tutti gli aspetti della vita popolare del tempo, almeno fino a quando essa rimase tale. Molte società commerciali hanno avuto un santo protettore molto prima di avere il sigillo reale. Il secondo punto da sottolineare è che queste organizzazioni municipali già allora sceglievano gli uomini che le avrebbero guidate nell'ultima e più importante esperienza del Medioevo: il parlamento. A scuola ci è stato sempre detto che quando Simone di Monfort ed Edoardo I convocarono per la prima volta i Comuni, principalmente per ascoltare il loro parere sulla tassazione locale, chiamarono due *borghesi* per ogni villaggio. Se avessimo prestato maggiore attenzione a queste due semplici parole ci si sarebbe svelato il segreto della lontana società medievale. Ci saremmo solo chiesti che cosa fossero i borghesi e se essi crescessero sugli alberi. Avremmo immediatamente scoperto che l'Inghilterra era piena di piccole assemblee che andavano a formare il grande parlamento. E se è difficile credere che la grande assemblea (ancora oggi arcaicamente chiamata con la sua vecchia denominazione di Camera dei Comuni) sia la sola fra le corporazioni popolari o elettive di cui abbiamo avuto notizia nei libri di storia, la conclusione che ne dobbiamo trarre temo sia semplice e anche un po' triste. Ciò è avvenuto perché il parlamento, fra le creature del Medioevo, fu quella che tradì e uccise tutte le altre.

## IX.

# Sentimento nazionale e guerre contro la Francia

SE QUALCUNO VUOLE SAPERE COSA S'INTENDE quando si afferma che il Cristianesimo è stato ed è una cultura e una civiltà, vi è un modo abbastanza spiccio ma efficace per spiegarlo. Chiediamoci qual è il più comune o piuttosto il più diffuso fra tutti gli usi della parola Cristiano. Vi è naturalmente un significato alto, al quale se ne accompagnano molti altri. Talvolta per Cristiano s'intende un Evangelista, altre volte, in tempi più recenti, un Quacchero, oppure una persona umile che vive secondo l'esempio di Cristo. Ben Gunn, nell'*Isola del tesoro*, non dice a Jim Hawkins: "Sono stato lontano dalla civiltà", ma "non ho mangiato cibo cristiano". Le donne anziane di un villaggio quando vedono una signora con capelli corti e pantaloni non dicono: "Avvertiamo una certa distanza tra la sua cultura e la nostra", ma "perché non veste come una Cristiana?" Il fatto che quel sentimento si trovi espresso nei più banali e stupidi aspetti della vita quotidiana, dimostra con tutta evidenza che il Cristianesimo era qualcosa di molto reale. Tuttavia, era anche, come abbiamo visto, molto legato al contesto locale, soprattutto nel Medioevo. Questo forte localismo cristiano incoraggiò una tendenza a un eccessivo ed esclusivo campanilismo. Vi erano santuari e statue dedicati allo stesso santo intorno ai quali si accendevano grandi rivalità. È difficile per noi ricostruire l'inizio del processo che portò alla separazione tra i popoli europei. Si cominciò a credere che gli stranieri non mangiassero e bevessero come Cristiani e anche, quando cominciò lo scisma, a dubitare che fossero Cristiani. In realtà, stava accadendo qualcosa di molto più complesso. Mentre la struttura interna della vita medievale era fondamentalmente popolare e legata alle piccole comunità, nelle grandi questioni, anche se non in tutte, specialmente in quelle esterne, come la pace o la guerra, diveniva protagonista la monarchia. Per capire cosa rappresentassero i re dobbiamo tornare a quell'immenso sfondo lungo il quale, tra il buio e l'aurora, i primi protagonisti della nostra storia avevano già fatto la loro apparizione. Lo sfondo era la guerra contro i barbari. Nel corso di questo conflitto, il Cristianesimo non era una nazione quanto piuttosto una città, una città sotto assedio. Il Wessex non era che un muro e Parigi una torre; in un certo senso l'inglese Beda avrebbe potuto raccontare nelle sue cronache l'assedio di Parigi o il francese Abbo[1] cantare la canzone d'Alfredo. Quel che seguì fu una conquista ed una conversione; il tramonto dell'età delle tenebre, l'evangelizzazione dei barbari che caratterizzò il primo Medioevo. È un paradosso delle Crociate che, sebbene i Saraceni fossero apparentemente più civili dei Cristiani, istintivamente furono visti come barbari distruttori. Nel caso del paganesimo nordico l'opera civilizzatrice si sviluppò senza troppi ostacoli. Tuttavia, fu prima della fine del Medioevo e nelle vicinanze della Riforma, che il popolo di Prussia, stanziato in quei territori selvaggi ai confini della Germania, fu battezzato. Chi volesse essere irriverente potrebbe dire, concedendosi una similitudine piuttosto profana, che la vaccinazione non sortì alcun effetto. Il pericolo rappresentato dai barbari crebbe lentamente, passo dopo passo, anche nel caso dell'Islam. Se non fu possibile sconfiggerlo, si arrivò al-

1. Abbone di Fleury (925-1004). Letterato, astronomo e matematico, santo, scrisse una vita di Sant'Edmondo.

meno a frenarlo. Le Crociate, non ottenendo alcun risultato, divennero inutili. Quando i principi europei, che in precedenza si erano coalizzati contro gli infedeli, non ebbero più queste paure, si trovarono l'uno di fronte all'altro. Ora si trovavano di fronte ai conflitti che, di fatto, esistevano tra i loro principati; contrasti che sarebbero stati facilmente superati o che avrebbero creato qualche conflitto minore, se non vi fosse stata l'effettiva, spontanea, creatività della vita locale che aveva prodotto una reale varietà di situazioni. I re scoprirono improvvisamente d'essere re di un intero paese; molti monarchi, mentre rivendicavano il loro albero genealogico o i loro titoli di proprietà, scoprirono che si stava parlando del territorio e delle tradizioni dell'intera nazione. In Inghilterra, in particolare, questa transizione trova espressione negli avvenimenti che portarono sul trono uno degli uomini più nobili del Medioevo. Edoardo[2] esprimeva tutto lo splendore della sua epoca. Egli aveva portato la croce e combattuto contro i Saraceni, era stato l'unico avversario di valore di Simone di Monfort, in quelle guerre baronali che, come abbiamo visto, sono il primo segnale (come sempre appena percettibile) della teoria secondo la quale l'Inghilterra dovesse essere governata dai suoi baroni piuttosto che dai suoi re. Egli procedette, ancora più di Simone di Monfort, nell'opera di rafforzamento della più importante istituzione del Medioevo, il Parlamento. Come abbiamo visto, il Parlamento si sovrappose d'autorità alle istituzioni rappresentative locali già esistenti ed era semplicemente convocato per conoscere il parere delle comunità in merito alle tasse. La sua crescita fu parallela alla crescita di quella che noi oggi chiamiamo tassazione; da qui trae origine la teoria secondo la quale solo il parlamen-

2. Edoardo I (1239-1307). Figlio di Enrico III, perseguì con grande tenacia il rafforzamento della monarchia. Acquisì alla corona inglese Galles e Scozia.

to ha diritto di legiferare in materia di tasse. Tuttavia, all'inizio fu lo strumento dei re più saggi e in primo luogo d'Edoardo I. Egli ebbe spesso conflitti con il parlamento e talvolta può aver contrariato il popolo (che non è per niente la stessa cosa), ma alla fine fu un sovrano rappresentativo della Nazione. In quest'ottica può essere ricordata una curiosa e complessa questione che ebbe inizio con la conquista normanna. Non si è lontani dal vero quando si afferma che il Re mai fu tanto vicino al sentimento della Nazione come quando espulse gli Ebrei. Il fatto è talmente travisato e confuso con lo stupido odio contro una razza tanto importante per la storia umana, che conviene dedicarvi un paragrafo. Gli Ebrei nel Medioevo erano tanto potenti quanto impopolari. Erano i capitalisti del tempo e avevano certamente molto denaro da utilizzare. È noto che erano molto utili e che erano variamente utilizzati. Ma è anche giusto dire che furono utilizzati male. Ciò non vuol dire che si debba dare credito alle storie che sono superficialmente contenute in alcuni romanzi e che si possono esemplificare nel racconto secondo il quale gli furono strappati i denti. Chi crede che questa storia sia da riferirsi al re Giovanni dovrebbe anche sapere che si tratta di una storia che vuole mettere il re in cattiva luce. È una vicenda piuttosto dubbia che ha avuto vasta circolazione a causa della sua eccezionalità e che proprio per questo è sempre stata considerata poco credibile. Tuttavia, la vera ingiustizia che gli Ebrei dovevano subire era molto più profonda e dolorosa per quel popolo tanto sensibile e civile. Si è ingiustamente detto che i re, i nobili e anche i Papi e i Vescovi cristiani, utilizzavano per le loro imprese (come le Crociate o le cattedrali) i soldi che potevano essere accumulati, vista la loro gran quantità, soltanto grazie all'usura che loro stessi denunciavano come anticristiana. Quando, poi, sopraggiunsero tempi difficili, contro gli Ebrei si scatenò la furia dei poveri che nell'usura, per altri versi molto utile, vedevano la loro rovina. Gli ebrei ne furono le vittime e non c'è dubbio che si sentissero perseguitati. Sfortunatamente accadde la stessa cosa ai Cristiani che, con eguali ragioni, vedevano negli Ebrei i loro oppressori; il verificarsi di questo generale consenso avverso è da sempre causa dei problemi di quel popolo. Certamente, nel sentimento popolare l'antisemitismo non era considerato contrario alla carità cristiana ma, anzi, era visto come espressione di essa. Chaucer mise il suo anatema antisemita sulla bocca di una pia madre superiora che piangeva alla vista di un topo in trappola; ciò si verificò quando Edoardo I, rompendo la regola che voleva i potenti sempre preoccupati della buona salute dei loro banchieri, espulse dall'Inghilterra i finanzieri stranieri, mostrandosi agli occhi del suo popolo contemporaneamente sotto le vesti di un cavaliere errante e di un tenero padre. Quali che fossero le sue responsabilità in questa vicenda, il ritratto d'Edoardo che ne scaturì era lungi dall'essere falso. Egli fu il più giusto e coscienzioso re che il Medioevo abbia avuto; è esattamente questo il motivo che ci porta a studiare il percorso da lui seguito e il conflitto nel quale trovò la morte. Essendo un re giusto, era profondamente legato al Diritto. Dobbiamo tenere presente, se vogliamo evitare di leggere banalmente il passato senza capirlo, che la maggior parte delle dispute del tempo erano espresse nei termini di una causa legale; la composizione delle dispute dinastiche o feudali non era regolata in nessun altro modo. In questo contesto Edoardo fu chiamato ad arbitrare la contesa tra gli aspiranti alla corona Scozzese e sembra che lo abbia fatto nel modo più equo. Tuttavia, la sua legalitaria, o come qualcuno potrebbe osservare, pedante mentalità, lo portò ad inserire la clausola che il re di Scozia si trovava sotto la giurisdizione della corona inglese. Probabilmente, non arrivò mai a comprendere l'ostilità che in questo modo si era attirato; era un sentimento per il quale non vi era ancora un nome. Oggi lo definiamo nazionalismo. La Scozia resistette e le avventure di un fuorilegge come Wallace[3] presto diedero vita a leggende che assunsero maggiore importanza dei fatti storici. In parte, l'effetto che produssero fu facilmente visibile; il clero della Chiesa Cattolica Scozzese costituì gran parte del partito nazionalista anti inglese che tale rimase anche dopo la Riforma. Wallace fu sconfitto e giustiziato ma l'incendio non era stato domato. L'adesione alla causa nazionalista di uno dei suoi cavalieri, Bruce[4], fu interpretata dal vecchio re Edoardo come un tradimento del codice feudale. Egli morì in combattimento presso il confine scozzese, mentre tentava una nuova invasione. La sua ultima volontà fu che le sue ossa fossero bruciate sul campo di battaglia. In seguito, sulla sua tomba sarà posto un epitaffio: «Qui riposa Edoardo il Grande, il maglio degli Scozzesi». L'epitaffio corrispondeva al vero, ma in un senso esattamente opposto alle sue intenzioni. Egli fu il loro maglio perché li forgiò su un'incudine fino a trasformarli in una grande spada. La coincidenza, da tenere sempre presente in questa storia, secondo la quale, di là dalle ragioni, i nostri più potenti sovrani non dovevano mai lasciare il loro potere al sicuro, si manifestò anche nel regno successivo. Risorsero le contese baronali e il regno del nord, grazie a Bruce, conquistò la libertà con la vittoria nella battaglia di Bannockburn. D'altra parte, il regno d'Edoardo II[5] fu un semplice intervallo, come dimostra il crescente nazionalismo che ritroviamo subito dopo, le cui premesse erano state poste in precedenza. Le grandi guerre contro la Francia, con le quali l'Inghilterra conquistò tanta gloria, furono iniziate

3. William Wallace (1275-1305). Eroe nazionale scozzese, combatté eroicamente contro Edoardo I, il Plantageneto.

4. Robert Bruce. Re di Scozia dal 1306. La sua dinastia regnò sulla Scozia fino al 1371.

5. Edoardo II (1284-1327). Perse la Scozia in seguito alla rivolta guidata da Bruce, il parlamento lo obbligò ad abdicare.

da Edoardo III[6] e divennero sempre più guerre della nazione. Ma anche considerando il passaggio temporale, vediamo che Edoardo III rivolse verso la Francia le stesse rivendicazioni dinastiche e legali che il primo Edoardo aveva posto verso la Scozia. La rivendicazione fu più debole nella sostanza ma eguale nella forma. Egli rivendicava le sue ragioni in base a un diritto di proprietà; apparentemente, era una controversia che riguardava i giuristi inglesi e francesi. Leggere questi avvenimenti come se il popolo fosse un gregge di pecore, significherebbe non comprendere la storia del Medioevo: le pecore non hanno le corporazioni. L'esercito inglese doveva gran parte della sua forza al ceto dei piccoli proprietari terrieri; la vittoria della fanteria inglese, soprattutto degli arcieri, fu in larga parte dovuta a quell'elemento popolare che aveva già sconfitto la gran cavalleria francese nella battaglia di Courtrai. Il cuore della questione è questo: mentre i giuristi disquisivano sulla Legge Salica, i soldati, che una volta avrebbero parlato di diritti delle Gilde o di benefici ecclesiastici, ora parlavano di Diritto inglese e francese. I Francesi avevano già acquisito questa tendenza ad andare oltre la ristretta logica delle corporazioni, dei diritti feudali o del localismo delle comunità di villaggio. Il cambiamento può essere colto nel fatto che i francesi cominciarono a magnificare il loro paese. La Francia è stata la prima nazione e ne è rimasta il vero modello, la sola a essere nazione e nient'altro. Nell'urto con i Francesi, gli Inglesi si rafforzarono e un sincero sentimento patriottico salutò probabilmente le vittorie di Crecy e Poitiers e certamente quella successiva d'Agincourt. Si tratta comunque di un processo che si determinò soltanto in seguito a rivoluzionarie trasformazioni della nostra storia di cui ci occuperemo nelle pagine seguenti; per quanto concerne lo svilup-

6. Edoardo III (1312-1377). Regnò con il consenso del parlamento che assunse, rispetto al passato, un ruolo molto più importante.

po del nazionalismo, le guerre con la Francia giocarono un ruolo decisivo. In seguito alla battaglia d'Agincourt si sviluppò tutta una tradizione di racconti popolari. È rappresentata dalla non certo raffinata produzione poetica che precede i grandi elisabettiani. L'Enrico v di Shakespeare non è affatto l'Enrico v della storia, è ancora più storico di quello reale. In Shakespeare non è soltanto più forte e geniale ma assume anche un ruolo più rilevante. Nei racconti popolari il protagonista non è il re, ma le migliaia di uomini che combatterono con lui. Egli è confuso con le migliaia di Inglesi che combatterono ad Agincourt. In Shakespeare il personaggio esce dalla leggenda della grande impresa e assume le sembianze dell'Inglese del Medioevo. Nella realtà non parlava in versi, come l'eroe di Shakespeare, ma certamente gli sarebbe piaciuto farlo. Non potendolo fare, cantava, come spesso facevano gli Inglesi che nei racconti dei contemporanei sono descritti come un popolo dedito al canto. Erano evidentemente non soltanto cordiali ma inclini ad un'allegria persino esagerata e probabilmente non sceglievano l'arco più lungo soltanto in battaglia. Quell'immagine allegra del popolo inglese è giunta fino a noi grazie alle canzoni ed ai discorsi della gente e nasce nel momento in cui l'Inghilterra diventa una nazione, sebbene oggi il popolo, a causa dei cambiamenti imposti dal progresso economico, abbia parzialmente perso la sua originaria gaiezza. Ma in quel lontano aprile di patriottismo la nuova unità della nazione li illuminava con la sua luce e il ciabattino che combatteva nell'esercito d'Enrico v, mentre a casa sua avrebbe subito dedicato a San Crispino, protettore dei ciabattini, il giorno della vittoria, di fronte all'uragano di frecce che provocò la disfatta dell'esercito francese, gridò: «Per San Giorgio e per l'Inghilterra». Le vicende umane sono dolorosamente complesse e quella che fu la primavera del patriottismo, fu anche l'autunno della società medievale. Nel prossimo capitolo proverò ad analizzare le forze che distrussero quella civiltà. E anche qui dopo le prime vittorie, sarà necessario insistere sulla dolorosa e sconfortante sete di potere che si manifestò negli anni successivi, quando ancora si trascinava la guerra con la Francia. La Francia aveva allora ben poche ragioni per essere lieta, stretta com'era tra il tradimento dei nobili e la debolezza dei re, dolorose quasi quanto l'invasione inglese. Tuttavia, furono proprio quel dolore e quell'umiliazione, che sembravano aver tolto luce al cielo, a far risplendere la luce che anche lo storico più distaccato non potrà non definire un miracolo. È stato questo apparente miracolo a rendere apparentemente eterno il nazionalismo. Si può rischiare di affermare, sebbene l'argomento sia troppo complesso per essere affrontato in questa sede, che qualcosa della gran forza morale dell'Impero Romano si sia trasferita nel Cristianesimo, tanto che ogni avvenimento importante, al quale in seguito diede vita, fu tenuto a battesimo dalla promessa o almeno dalla speranza, di durare. Si può anche dire che ognuna di queste idee fosse, come poi la storia confermò, destinata all'immortalità. Certamente, qualcosa del genere può essere colto nella concezione che trasformò il matrimonio da un contratto in un sacramento. Ma quale ne fosse la causa è indubitabile che persino per il più cinico fra gli uomini dei nostri tempi, il rapporto con la terra dove è nato ha qualcosa di sacro. Possiamo anche dire che le bandiere sono degli stracci e le frontiere una mera invenzione ma gli stessi sostenitori di tali tesi poi vanno a morire per quello straccio e muoiono per quelle frontiere. Quando nel 1914 echeggiò il primo grido di battaglia, l'umanità si era riunita in nazioni ancora prima di rendersene conto. Se quel medesimo suono echeggerà tra mille anni, nessuno può ragionevolmente affermare che l'umanità non si comporterà nello stesso modo. E anche se questo grande e strano processo non durerà, il punto è che gli uomini lo vivono come se dovesse durare in eterno. È difficile dare una definizione della lealtà, ma forse ci avviciniamo a darla se la definiamo come un qualcosa che interviene quando sentiamo di trovarci di fronte a un dovere che non ha limiti. Il minimo del dovere richiesto a un patriota è il massimo dei doveri richiesti secondo la più appassionata concezione del matrimonio. Il patriottismo permane nel bene e nel male, è condiviso dal ricco e dal povero, nei momenti di splendore e gloria ed in quelli di disgrazia e declino di una nazione. Non significa viaggiare sulla nave dello stato come un passeggero, ma se serve andare a fondo con essa. Non c'è bisogno anche qui di raccontare quello straordinario episodio nel quale un improvviso raggio di luce sulla terra e sul cielo, sorto sopra la confusione e l'umiliazione dei re, rivelò l'imperiosa figura di una donna del popolo. Nella sua solitudine, essa compì una sua rivoluzione francese. Fu la prova che il vero potere non era nelle mani dei re, né in quelle dei nobili, ma nel popolo. Il suo senso del soprannaturale, la sua condotta paragonabile a quella di una santa, diedero un sacro sigillo al nuovo sentimento nazionale. Il fatto che ella combattesse per un paese sconfitto e che, nonostante ciò, fosse prima vittoriosa poi definitivamente sconfitta, dà l'idea di quell'oscuro sentimento di fede di cui ho appena parlato e che rende il patriottismo forte anche nei momenti di massimo sconforto. È interessante vedere le conseguenze che ebbe il sacrificio di Giovanna d'Arco sul mito e sulla realtà dell'Inghilterra. Non ho alcuna intenzione di trattare questi argomenti esaltando il mio paese con elogi tanto convenzionali quanto poco credibili, tuttavia, non si comprende l'Inghilterra se non si comprende che un episodio come questo, nel quale si trovava così chiaramente nel torto, è in ultima analisi connesso a una curiosa qualità che la pone, in modo abbastanza inusuale, dalla parte della ragione. Nessuno, che onestamente confronti le vicende del nostro paese con quelle degli altri, ci può accusare di non aver dato degna sepoltura ai profeti che ci hanno lapidato o che noi abbiamo lapidato. La nostra tradizione storica rivela una larghezza di vedute che l'ha sempre portata ad avere grande considerazione di personaggi che erano anche grandi nemici del paese. Più che di un comportamento ingiusto, si tratta di una generosità piuttosto irrazionale che, se per mera ignoranza dimentica i grandi popoli, esalta con lodi senza precedenti le grandi personalità. Si può citare più di un esempio anche in questo capitolo: Wallace è stato descritto come un uomo migliore di quello che era nella realtà e la stessa cosa, dopo di lui, accadde nei confronti di Washington che fu considerato portatore di ragioni migliori di quelle che aveva. Thackeray[7] sorride di fronte al ritratto che Jane Porter ci dà di un Wallace piangente che parte per la guerra asciugandosi le lacrime con un fazzoletto di percalle; non bisogna, però, dimenticare che la Porter ha un modo di pensare che è a un tempo molto inglese e molto rigoroso. La sua immagine idealizzata è, se non altro, più vicina al vero di quella di un Medioevo tutto alabarde e armature che ci dà Thackeray. Edoardo I, che è raffigurato come un tiranno, potrebbe aver pianto con sincero trasporto ed è probabilmente vero che Wallace pianse, con o senza fazzoletto. In ogni caso, la leggenda di Wallace coincise con la realtà del nazionalismo e la Porter ne sapeva molto di più dell'epopea dei patrioti scozzesi di quanto Thackeray sapesse dei patrioti irlandesi vissuti sotto il suo naso. Thackeray era un grand'uomo, ma in quel caso si dimostrò tanto piccolo da divenire invisibile. I casi di Wallace e Washington e dei molti altri che qui non possiamo menzionare, fanno emergere una certa, eccentrica magnanimità che sicuramente bilancia alcuni nostri pregiudizi. Abbiamo commesso molti errori, ma una cosa giusta l'abbiamo certamente fatta: la riabilitazione dei nostri peggiori nemici. Se lo ab-

7. William Makepeace Thackeray (1811-1863). Scrittore satirico, autore di *Fiera delle vanità* e *Le memorie di Barry Lindon.*

biamo fatto per un coraggioso avventuriero scozzese o per un rude schiavista della Virginia, ciò almeno dimostra che probabilmente non ci siamo sbagliati nell'elogio che abbiamo tributato a quella candida figura che emerge dal confuso palcoscenico della guerra. Mi sembra che l'Inghilterra moderna non abbia mai nascosto il suo entusiasmo per Giovanna d'Arco. Abbiamo visto un grande storico inglese scrivere un libro nel quale si polemizzava con un grande storico francese perché questi non l'aveva sufficientemente lodata. Non credo che ai giorni nostri vi possa essere un Inglese che, avendo la possibilità di vivere in quei tempi, non rinunci alla possibilità di mettersi alla guida dei lancieri di Agincourt, come un regale condottiero, per prendere il posto di quel soldato comune di cui ci parla la tradizione che ruppe la sua lancia per farne una croce in onore di Giovanna d'Arco.

# X.
# La guerra degli usurpatori

IL POETA POPE[1], BENCHÉ FOSSE AMICO del più grande fra i democratici *tory*, Bolingbroke[2], si trovò necessariamente a vivere in una società nella quale l'essere *tory* voleva dire avere anche un po' dello spirito *whig*. L'umorismo *whig* non si espresse mai con maggiore chiarezza dal punto di vista politico che nell'affermazione di Pope: «I re possono governare male per diritto divino». Si potrà avere l'impressione, nel trattare questo periodo, che io non esprima a sufficienza la mia contrarietà all'idea del diritto divino, almeno alla luce dell'interpretazione che ne hanno dato Filmer[3] e altri pedanti appartenenti al partito realista. Essi sostenevano l'ideale piuttosto astratto della *non resistenza* verso ogni potere che fosse allo stesso tempo nazionale e legittimato dalla legge; concetto che, tuttavia, non mi appare tanto privo di dignità e di logica quanto l'ideale più moderno della *non resistenza* verso un potere straniero che agisce al di fuori del-

1. Alexander Pope (1688-1744). Poeta e famoso traduttore dell'Iliade.

2. Henry St. John (1678-1751). Visconte di Bolingbroke, membro dei Comuni tra le fila dei *tories*, fu ministro e segretario di stato. Violentemente combattuto dal partito *whig*, dopo la salita al trono di Giorgio I fu costretto all'esilio perché accusato di aver concluso la Pace di Utrecht, giudicata contraria agli interessi nazionali.

3. Robert Filmer (1585-1653). Scrittore politico *tory*, fautore delle prerogative regie. In *Patriarchia or the natural power of the Kings*, criticò severamente la dottrina della sovranità popolare e della libertà.

la legge. Il diciassettesimo secolo, tuttavia, era l'età delle sette, mentre quella di cui ci stiamo occupando era piuttosto caratterizzata da entusiasmi passeggeri, come quello di Filmer e dei suoi seguaci per il diritto divino. È un'idea che affonda le sue radici nel passato e la cui origine è certamente religiosa, pur essendo anche molto legata alla realtà del tempo; sebbene si confonda con molte altre e anche opposte vicende medievali, si ramifica attraverso tutti i cambiamenti storici che ora vedremo. Il fenomeno può essere ben compreso se si utilizza il semplice epigramma di Pope che ne fa emergere innanzitutto la debolezza filosofica. L'affermazione secondo la quale i re possono governare male per diritto divino, chiaramente ispirata a un intento satirico, in realtà non ha nulla a che fare con ciò che noi intendiamo per diritto. Avere il diritto di fare qualcosa non implica affatto che si abbia ragione di farlo. Quello che Pope dice con intenti satirici del diritto divino è ciò che tutti noi seriamente diciamo a proposito del diritto umano. Se un uomo ha il diritto di votare, non ha anche quello di farlo nel modo sbagliato? Se un uomo ha il diritto di scegliersi la moglie, non ha anche il diritto di scegliere quella sbagliata? Io sento di avere il diritto di esprimere l'opinione che sto esprimendo, tuttavia esiterei ad intraprendere una disputa per sostenere che la mia opinione sia quella giusta. La monarchia medievale, benché rappresenti solo una minima parte dell'ordinamento medievale, è ben rappresentata dall'idea che chi governa ha lo stesso diritto di chi vota. Il re può governare male, in modo assolutamente orribile e sbagliato, tuttavia la sua posizione rimane all'interno del diritto; esattamente come un qualsiasi individuo che mantiene il diritto di sposarsi e di muoversi anche se compie delle scelte del tutto assurde. In realtà le cose non erano così semplici: nella società medievale non esisteva, sebbene vi sia la tendenza a crederlo, una rigida e inflessibile disciplina. Essa era, anzi, molto dialettica e complessa, tanto che è piuttosto facile, isolando alcune questioni tipo *Jus divinum* o *Primus inter pares*, giungere alle conclusioni più disparate; addirittura, vi è stato qualcuno che ha sostenuto allora non esservi altra etnia se non quella germanica. È senz'altro vero che l'influenza della Chiesa, anche se i suoi uomini non assunsero direttamente il potere, diede all'esercizio del governo un che di sacrale che fece dei monarchi degli individui terribili e tirannici. Le conseguenze negative di questo dispotismo sono abbastanza ovvie. Le conseguenze positive invece devono essere spiegate meglio, non per il loro interesse intrinseco quanto per ciò che stiamo per raccontare. Il vantaggio del *diritto divino* o della legittimità assoluta, è che spesso pone un limite alle ambizioni dei ricchi. *Roi ne puis*, il potere regio, fosse o non fosse potere divino era, da un certo punto di vista, come il potere divino. Non poteva essere comprato. Costituzionalisti ispirati da un punto di vista moralistico, hanno spesso sostenuto che un tiranno e un rivoluzionario sono egualmente immorali. È stato probabilmente messo meno in evidenza che hanno anche le medesime virtù, in particolare quella di non essere snob, anzi di quello che pensano i ricchi se ne infischiano. È vero che i tiranni talvolta sono stati visti come esseri celesti nel senso letterale del termine, ovvero come esseri discesi dai cieli; d'altra parte, un individuo comune si aspettava di diventare re non più di quanto si aspetti di divenire il vento dell'ovest o la stella mattutina. Ma almeno nessun perverso mugnaio può pensare di incatenare il vento e portarlo a soffiare solo in direzione del suo mulino; né alcun diligente scolaro può ordinare alla stella del mattino di divenire la sua lampada da tavolo. Qualcosa di molto simile accadde in Inghilterra nel tardo Medioevo e il primo segnale credo vada rintracciato nella caduta di Riccardo II[4].

4. Riccardo II (1367-1400). Figlio di Edoardo III, fu protagonista della repressione del movimento guidato da Wat Tyler. Negli ultimi an-

I lavori storici di Shakespeare sono per molti aspetti più veritieri delle opere storiche, in quanto si fondano sulla tradizione. Il ricordo vivo di molte cose è destinato a rimanere, quello di tante altre a svanire. Egli colse nel giusto individuando in Riccardo II l'incarnazione delle ragioni del diritto divino e in Bolingbroke l'ambizione baronale che infine distrusse il vecchio ordinamento medievale. L'idea del diritto divino era divenuta contemporaneamente più fredda e più fantastica già al tempo dei Tudor. Shakespeare non poteva recuperare tutto l'aspetto popolare e immediato del fenomeno perché egli si occupò dell'ultima parte del processo quando esso si era consolidato tanto da divenire il tema più rilevante nello studio del tardo medioevo. Riccardo stesso fu probabilmente un principe esasperante e capriccioso; lo si potrebbe correttamente definire l'anello debole nella grande catena dei Plantageneti. Vi può essere stato più di un motivo di condanna per il colpo di stato che egli effettuò nel 1397 e il suo parente Enrico di Bolingbroke deve aver avuto l'appoggio di forti correnti della pubblica opinione avversa al re quando, nel 1399, effettuò la prima vera usurpazione della storia inglese. Tuttavia, se vogliamo comprendere quel grande passato di cui anche Shakespeare aveva ormai perso le tracce, dobbiamo riandare a un avvenimento che accadde quando Riccardo era nei primi anni del suo regno. Fu certamente l'evento più importante del suo regno e probabilmente il più importante fra tutti quelli accaduti negli altri regni rapidamente considerati in questo libro. Il vero popolo inglese, gli uomini che vivevano grazie al lavoro delle loro braccia, si ribellarono ai loro padroni, probabilmente per la prima e certamente per l'ultima volta nella storia. La schiavitù dell'età pagana era lenta-

ni del suo regno impose un duro regime assoluto che gli causò l'ostilità dell'aristocrazia. Morì dopo essere stato imprigionato nella torre di Londra.

mente finita non tanto perché decaduta ma perché aveva dato vita a qualcosa di più evoluto. In un certo senso, più che morire venne a nuova vita. Il proprietario di schiavi era un uomo che, avendo raccolto un fascio di rami per costruire uno steccato, scopre che avevano messo le radici e si stavano trasformando in piccoli alberi. Per un verso avrebbero avuto un valore maggiore, tuttavia sarebbero stati meno maneggevoli e soprattutto meno potabili. La stessa differenza che vi è tra un ramo e un albero, vi è tra uno schiavo e un servo, ma anche tra uno schiavo e un libero contadino, condizione alla quale il servo stava rapidamente giungendo. Fu, nel significato migliore di una frase alquanto abusata, un'evoluzione sociale; e di questo fenomeno ebbe tutte le nefaste conseguenze. Il male consistette nel fatto che, se da una parte si trattò di un cambiamento senza traumi, dall'altra si trovò ancora a non essere codificato dalle leggi. L'emancipazione delle comunità locali era andata già abbastanza avanti, tuttavia non abbastanza per materializzarsi nel Diritto. Tutto si basava sulla consuetudine così come avveniva per la Costituzione britannica (entità quest'ultima in continua evoluzione, per non dire che era pressoché impossibile darne una definizione) e tutto era di conseguenza soggetto all'arbitrio dei ceti più abbienti che ora, grazie alle leggi emanate dal parlamento, potevano realizzare i loro fini. Il nuovo contadino legalmente era ancora uno schiavo e se ne rese conto grazie ad uno di quei giochi del destino che portano a confondere un'ingenua convinzione nel senso comune delle costituzioni non scritte. La guerra cominciò ad essere per l'Inghilterra un flagello pari a quello che era per la Francia. Essa si trovò senza il frutto delle sue vittorie, povertà e degrado aumentavano nelle parti più esposte della società. In conseguenza di un processo che andrebbe descritto in un intero capitolo, l'equilibrio che si era realizzato nella fase migliore del Medioevo era perduto. Infine, una terribile epidemia chiamata *morte nera*, si abbatté sul Paese come un uragano, decimando la popolazione e mandando in rovina il lavoro dell'uomo. Le braccia scarseggiavano, il lusso era destinato a diminuire e a quel punto i grandi signori fecero ciò che ci si potrebbe aspettare da loro. Divennero giuristi e difensori di un'interpretazione letterale della legge. Si appellarono a norme che già a quei tempi erano obsolete, per costringere i servi a tornare in quello stato di schiavitù nel quale si trovavano in precedenza. Annunciarono queste loro decisioni al popolo che rispose con la ribellione. Le due drammatiche storie che collegano Wat Tyler[5], se non dall'inizio almeno nella fase finale della rivolta, sono tutt'altro che irrilevanti, nonostante i prosaici storici dei nostri giorni sostengano che tutte le storie drammatiche lo siano. Il racconto della prima impresa di Tyler si rivela dall'inizio non soltanto per la sua drammaticità ma anche per un suo carattere privato. Vendicò un insulto alla famiglia e rappresentò la leggenda di una rivolta che, benché in sé deprecabile, fu una sorta di dimostrazione di virtù. Questo è un aspetto importante perché nei dibattiti moderni non lo si cita mai come esempio della dignità di un popolo; oggi bastano un funzionario pubblico, un testo stampato e poche, altisonanti parole per fare ciò che fecero i nobili allora, senza neanche correre il pericolo di farsi spaccare la testa. L'inizio della protesta, da cui prese poi le mosse la reazione feudale, fu la tassa del testatico; non fu che un aspetto di quel processo di coercizione verso il lavoro servile che spiega il linguaggio violento utilizzato da chi era al potere dopo il fallimento della rivolta; il linguaggio con il quale si minacciava di far tornare i servi nella condizione di schiavi. I fatti che hanno preceduto la sconfitta popolare sono meno noti. Il Re era poco più che

5. Guidò nel 1381 la rivolta dei contadini esasperati dalle continue imposizioni fiscali causate dalla guerra con la Francia. Fu ucciso dal sindaco di Londra William Walworth.

un ragazzo e tale la sua voce doveva risultare tra quella moltitudine. Ma la potenza dei suoi padri e la grande tradizione cristiana dalla quale proveniva attrassero su di lui uno straordinario fascino, uscendo da solo dalla schiera si rivolse al popolo e disse: «Sono il vostro capo» e promise a se stesso che tutto ciò che essi gli avessero chiesto, lo avrebbe fatto. Quella promessa in seguito non verrà mantenuta, tuttavia coloro che vi leggono un primo esempio della volubilità del giovane e frivolo monarca, si dimostrano non solo interpreti superficiali ma anche ignoranti delle tendenze di fondo di quei tempi. Il punto fondamentale è il seguente: se le cose vogliono essere viste senza ipocrisia, il Parlamento certamente incoraggiò e quasi sicuramente obbligò il Re a tradire il popolo. Dopoché i rivoltosi giubilanti furono disarmati e traditi, il Re raccomandò un onesto compromesso al Parlamento che, però, vi si oppose ferocemente. Già allora il Parlamento non era un semplice corpo di governo ma anche classe dominante. Il Parlamento del quattordicesimo secolo fu tanto sprezzante con i contadini, quanto lo fu il Parlamento del diciannovesimo secolo con i Cartisti[6]. Quest'assemblea, all'inizio convocata dal Re come corte di giustizia e molte altre cose, era già divenuta uno strumento per le ambizioni dell'aristocrazia. Vi era già un conflitto all'arma bianca tra i Comuni con la c maiuscola e i comuni con la c minuscola. A proposito di coltelli, è non privo di significato il fatto che l'assassino di Tyler non era un nobile ma un magistrato eletto dall'oligarchia mercantile londinese, sebbene sia probabilmente falso che il suo pugnale sporco di sangue figuri sullo stemma della Città di Londra. I Londinesi del Medioevo erano certamente capaci di assassinare un uomo ma non di mettere un pugnale

6. Cartismo. Movimento politico e sociale che nel primo '800 si batté per il suffragio a tutti i maschi adulti, lo scrutinio segreto, le indennità ai parlamentari.

tanto sporco nelle vicinanze della statua del loro Redentore, nel luogo dove si trova la spada di San Paolo. Ho detto sopra che il Parlamento era strumento dell'ambizione aristocratica. La verità è probabilmente più sottile, tuttavia quando gli uomini bramano di far parte delle corti giudicanti, allora vuol dire che quelle corti non sono più espressione del popolo. In ogni caso, questo è un fatto da tenere ben presente, anche se guardiamo positivamente alla caduta di Riccardo II e quindi rifiutiamo l'idea opposta di un potere al di sopra di tutto e legittimato dallo *jus divinum*. Se è vero che a detronizzarlo fu una rivolta, è altrettanto vero che si trattò di una rivolta del parlamento, ovvero di un soggetto che si dimostrò molto più spietato del Re contro la ribellione popolare. Ma non è questo il punto più significativo, quanto invece che con la cacciata di Riccardo fu per la prima volta possibile aspirare a qualcosa di più dell'essere membri del Parlamento. La transizione fu tremenda, in molti cominciarono ad ambire alla corona. Nessuno poteva essere sicuro di nulla, la corona che la casa di Lancaster manteneva grazie alla forza, poteva passare alla Casa di York nel medesimo modo[7]. L'idea della corona come qualcosa che si poneva al di fuori delle contese si era infranta; lungo tre sventurate generazioni gli avventurieri si sforzarono di scalare, senza fortuna, una scala resa scivolosa dal sangue, sopra la quale vi era qualcosa di sconosciuto all'immaginazione medievale: un trono senza re. È ovvio che l'insicurezza dei Lancaster, spiegabile per il fatto che erano degli usurpatori, è la chiave per capire molte cose, alcune delle quali, con la superficialità con la quale liquidiamo gli avvenimenti molto lontani, oggi le potremmo definire buone, altre cattive. La precarietà di quella situazione li spinse

7. Allusione alla *guerra delle Due Rose* (1455-1485), provocata dalla rivalità tra le Case di Lancaster e quella di York. Terminò con l'ascesa al trono di Enrico VII, fondatore della dinastia Tudor.

ad appoggiarsi al Parlamento, presso il quale si manifestavano i complessi problemi che abbiamo già visto. Per un verso, poteva essere positivo per la monarchia essere controllata e sfidata da un'istituzione che almeno conservava qualcosa delle antiche libertà medievali. Per il Parlamento le conseguenze furono certamente negative, in quanto consolidò ancora di più il suo legame con l'ambizione nobiliare di cui parleremo tra poco. Quell'alleanza indusse i Lancaster a imbracciare il patriottismo che, forse, era più popolare, rese per la prima volta l'inglese lingua di corte e determinò la ripresa delle guerre con la Francia in seguito agli squilli di tromba di Agincourt. Spinse, inoltre, i Lancaster ad allearsi con la Chiesa o meglio con l'alto clero che ne rappresentava l'espressione meno edificante. Una sorta di decadenza oscurò sempre più il tardo Medioevo e si manifestò in nuove e più organizzate violenze contro gli ultimi gruppi di eretici. Basta conoscere appena un po' di queste eresie per verificare lo scarso fondamento di una lettura che le interpreti come un'anticipazione della Riforma. È difficile comprendere come qualcuno abbia potuto definire Wycliffe[8] un protestante, a meno che non definisca allo stesso modo Pelagio[9] o Ario[10] e se John Ball[11] fu un riformatore, certamente la stessa cosa non può essere detta di Latimer[12]. Benché non suggeriscano l'inizio del protestan-

8. John Wycliffe (1330-1384). Teologo da molti considerato il precursore della Riforma.

9. Monaco celtico nato nel 354 ca. e morto dopo il 418. Attribuì all'uomo la capacità di operare il bene e di mantenersi immune da ogni peccato senza l'aiuto di Cristo.

10. Ario (256-336). Fondatore del movimento ereticale degli Ariani.

11. Prete e rivoluzionario, fu a fianco di Wat Tyler nel movimento contadino sorto nel corso della rivolta dei contadini.

12. Hugh Latimer (1485-1555). Brillante predicatore vicino alle posizioni protestanti, fu arcivescovo di Worchester e amico di Thomas Cromwell.

tesimo, le nuove eresie suggeriscono forse la fine del cattolicesimo inglese. Se Cobham[13] non accese neanche una candela per la Chiesa non conformista, Arundel diede fuoco a una torcia e la mise all'interno della sua stessa chiesa. L'enorme favore popolare dimostratosi ai tempi dell'attacco al vecchio ordine religioso da cui in seguito derivò la tradizione nazionale contraria alla Vergine, scaturì senza dubbio dalla malvagità dei vescovi del quindicesimo secolo. Le persecuzioni possono avere anche una comprensibile motivazione filosofica, tuttavia per alcuni di loro si può parlare di una vera e propria forma di perversione. Al di là della Manica, uno di costoro partecipò al processo contro Giovanna d'Arco. Tale perversione, tale malvagio attivismo, caratterizzarono il potere nel corso di tutta l'epoca successiva alla caduta di Riccardo II, soprattutto in quei feudi che trovarono una così singolare simbologia nelle Rose Inglesi (e nelle loro spine). Il rapido ritratto che questo libro tenta di dare della storia inglese, ci impedisce di entrare nel labirinto delle guerre tra York e Lancaster, oppure di tentare di seguire la palpitante serie di vittorie e sconfitte che segnano le vite di Warwick il *Kingmaker*[14] e della battagliera vedova di

Con l'ascesa al trono di Maria Tudor, essendosi rifiutato di abiurare dalle sue posizioni, evolutesi in senso calvinista, fu mandato al rogo.

13. John Oldcastle, Lord Cobham (1378 ca.-1417), condannato come eretico in seguito al processo intentatogli da *Thomas Fitzlan, conte di Arundel* (1353-1414). Questi, arcivescovo di Canterbury, fu cancelliere sia durante la Reggenza che quando Riccardo II raggiunse la maggiore età. Fece condannare le posizioni eretiche di Wycliffe. Dopo la vittoria di Enrico di Lancaster riassunse la carica di cancelliere fino alla morte. Secondo Chesterton la sua spietata azione repressiva rappresenta un precedente delle persecuzioni che vennero condotte contro i cattolici al tempo della Riforma.

14. Warwick the Kingmaker (1428-1471). Nobile della potente Casa di Neville, fu molto influente nel periodo della Guerra delle Due Rose. Riuscì a far salire al trono Edoardo IV di York (1461) e ripeté dieci

Enrico v[15]. Non è vero, come si è detto con esagerazione, che si combatteva per nulla o che (come il leone e l'unicorno) soltanto per la corona. La traccia che rivela diverse motivazioni morali può essere trovata anche nel tempestoso crepuscolo di un'età eroica. Ma quando abbiamo detto che i Lancaster si battevano per una nuova idea di monarchia sostenuta dal Parlamento e dal clero e gli York per conservare il vecchio ideale secondo il quale non vi doveva essere nulla tra il re e il suo popolo, abbiamo già detto tutto ciò che di politicamente interessante si può ricavare dalla somma di tutti gli archi di Barnet e di tutte le frecce di Tewkesbury. Il fatto che vi fosse qualcosa di vagamente *tory* nella casa di York, provoca almeno l'effetto di suscitare un moto d'interesse, tale da conferire un legittimo fascino a quest'ultima, grande dinastia di combattenti, la cui sconfitta pone fine alla Guerra delle Due Rose. Se vogliamo cogliere tutte le diverse sfumature del tramonto del Medioevo, capire le cause del cambiamento e non concentraci solo sulla fine della cavalleria, non vi è migliore strada dell'analizzare l'enigma rappresentato da Riccardo III. Naturalmente, egli non assomiglia affatto al ritratto che ne fece il suo meschino successore dopo la sua morte. Non era neanche gobbo, ma aveva soltanto una spalla più alta dell'altra, probabilmente in conseguenza di un'intensa attività schermistica su un corpo per sua natura fragile e debole. Se non è il suo corpo, è certamente la sua anima a perseguitarci come l'ombra deforme di un coraggioso cavaliere dei bei tempi. Non era un orco che colorava i fiumi con il sangue dei suoi nemici, al contrario di quanto fecero alcuni di coloro che uccise in quei tempi oscuri; lo stesso racconto dell'uccisione dei suoi

anni dopo la medesima operazione con Enrico VI nell'ottobre del 1470 che rimase però sul trono solo fino a maggio del 1471.

15. Si tratta di Caterina di Valois (1401-1437) figlia di Carlo VI, sposata da Enrico V dopo essersi assicurato la corona di Francia.

nipoti non è attendibile poiché ci viene raccontato dagli stessi che sostengono che al momento della nascita aveva le zanne ed era ricoperto di peli. Tuttavia, il suo ricordo evoca una nube di colore rosso poiché in quei tempi furono talmente tante le stragi che non possiamo considerarlo incapace di compiere atti dei quali può anche essere innocente. Non so se fosse o meno un brav'uomo, apparentemente fu un buon re e persino popolare, tuttavia ne abbiamo un'idea piuttosto vaga, che non ritengo sbagliata, secondo la quale egli fu un sovrano appena tollerato. Fu un precursore del Rinascimento in virtù della grande passione per l'arte e la musica e sembra tenesse agli antichi usi della religione e della carità. Non si separava mai dal pugnale e dalla spada non perché trovasse piacere solo nel tagliare gole, ma probabilmente perché vi era portato dalla sua irrequietezza. Era quella l'età cui risalgono i primi ritratti della nostra storia artistica e uno di questi, che lo raffigura, ci aiuta a dare di quest'ultimo aspetto della sua personalità una spiegazione più plausibile. Nel dipinto egli appare nell'atto di toccare e probabilmente di rigirare un anello che ha al dito; è l'immagine di un carattere straordinariamente forte che avrebbe maneggiato nervosamente anche un pugnale. Sul suo volto possiamo cogliere il motivo per cui quest'uomo attira così tanto il nostro interesse. Un'atmosfera che non ha precedenti e che non troveremo mai più in seguito. Un volto dal quale traspare un grande fascino intellettuale, ma dal quale emerge anche qualcos'altro che è difficile di per sé definire espressione del bene o del male: la morte di un'epoca, di una grande civiltà, della civiltà celebrata nel *Cantico delle Creature*, che navigò fino ai confini del mondo sulle navi della prima crociata, ma che in tempo di pace si logorò, rivolgendo le armi al suo interno, ferendo i propri fratelli, venendo meno al proprio onore, tentando di tutto pur di conquistare la corona, vivendo in modo eccessivo anche la fede. Tra le declinanti virtù di questo mondo ve n'è una in particolare: il suo valore fu l'ultimo a morire. Al di là del bene e del male che la figura di Riccardo di Gloucester può evocare, vi è un particolare che fa di lui veramente l'ultimo monarca del Medioevo. Si tratta di una parola che gridò mentre uccideva gli avversari uno dopo l'altro nella sua ultima battaglia, quella del tradimento di Bosworth. Per lui, come per i re normanni, tradimento e slealtà erano la stessa cosa e tanto più lo erano in questo caso. Quando i suoi nobili lo abbandonarono prima della battaglia, egli non interpretò questo atto come il risultato di una nuova combinazione politica, ma come il sacrilegio compiuto dal falso amico e dal servitore infedele. Usando la sua voce come se fosse la tromba di un araldo, sfidò il suo rivale a combattere come combattevano i paladini di Carlo Magno. L'altro non rispose, né era pensabile che lo facesse. Era iniziata l'età moderna. Quel grido rimase senza risposta lungo gli anni e da allora nessun altro re inglese lo ripeterà in battaglia. Morì dopo avere ucciso molti avversari, il suo esercito, decisamente inferiore, fu sbaragliato. Così si concluse la guerra degli usurpatori. Uno di loro, personaggio oscuro e insignificante, un vagabondo venuto dal Galles, un cavaliere sconosciuto, si troverà a raccogliere sotto un cespuglio di spine la corona d'Inghilterra[16].

16. Chesterton si riferisce all'ascesa al trono nel 1485 di Enrico VII (1457-1509), primo monarca della dinastia Tudor, avvenuta in seguito alla battaglia di Bosworth Fields.

## XI.
# La rivolta dei ricchi

SAN TOMMASO MORO[1] (non m'interessa in questo momento entrare nelle diatribe ideologiche nelle cui maglie è stato catturato e ucciso), può essere unanimemente considerato come il campione della nuova cultura; la grande alba di un nuovo giorno illuminato dalla ragione che a giudizio di molti fece apparire il Medioevo un'età delle tenebre. Se si può discutere sull'apprezzamento che egli espresse riguardo alla Riforma, non vi è alcun dubbio sul fatto che condivise i valori del Rinascimento. Egli fu, prima di tutto, un umanista, un umanista molto umano. Fu per molti aspetti molto moderno, cosa che taluno erroneamente potrebbe supporre coincida con l'essere umano. Egli fu umano nel senso più filantropico del termine. Elaborò un ideale, o meglio un sistema sociale immaginario che ricorda qualcosa dell'ingenuità di H.G. Wells[2] ma che rivela un'irriverenza decisamente maggiore di quella attribuita a Bernard Shaw[3]. Non

1. Tommaso Moro (1478-1535). Politico ed economista, fu decapitato dopo aver rifiutato l'adesione allo scisma anglicano.

2. Herbert George Wells (1866-1946). Autore di romanzi fantascientifici. Aderì al fabianesimo e dopo la prima guerra mondiale abbandonò la narrativa per scrivere opere d'impegno politico e sociale nelle quali propugnava l'ideale di un grande stato universale che superasse le divisioni nazionali.

3. George Bernard Shaw (1856-1950). Celebre drammaturgo e saggista irlandese, aderì al fabianesimo e sostenne il rinnovamento del tea-

è giusto dare alle sue teorie utopiche una connotazione morale; i loro contenuti, le loro suggestioni (che indicano il desiderio di un mondo migliore) denotano il suo innegabile modernismo. Così, quanto egli dice sull'immortalità degli animali si potrebbe ascrivere a quella sorta di trascendentalismo che odora d'evoluzione, così come gli scherzi che precedono il matrimonio potrebbero seriamente interessare gli studiosi d'Eugenetica. Egli proponeva una sorta di pacifismo, benché gli utopisti prediligessero dei mezzi piuttosto bizzarri per arrivarvi. In breve, sebbene satireggiasse, insieme al suo amico Erasmo[4], le licenziosità del Medioevo, oggi difficilmente si potrebbe negare che il Protestantesimo gli sarebbe risultato troppo stretto. Pur non essendo naturalmente un Protestante, pochi Protestanti gli negherebbero il titolo di Riformatore. Fu un grande innovatore in campi più seducenti per l'intelletto moderno di quanto non fosse la teologia. In parte, fu ciò che oggi potremmo definire un Neo Pagano. Il suo amico Colet[5] riassunse quella fuga dal Medioevo definendola come il passaggio da un cattivo latino a un buon greco. Nei nostri superficiali dibattiti moderni se ne parla sempre come di due fenomeni legati, invece lo studio del greco iniziò in questo periodo, mentre si era sempre tenuto in uso un latino popolare, seppure alquanto approssimativo. È molto più corretto parlare di una società bilingue piuttosto che definire il latino medievale una lingua morta. Il greco era patrimonio dei ricchi, ma a quei pochi

tro inglese sotto la lezione d'Ibsen. Sia Shaw che H.G. Wells, pur polemizzando spesse volte con Chesterton, ne furono entrambi buoni amici pur mantenendo le proprie posizioni.

4. Erasmo da Rotterdam (1466 o 1469-1536). Celebre umanista, autore d'*Elogio della Pazzia*.

5. John Colet (1466-1519). Umanista e insegnante a Oxford. Fondò la Scuola di San Paolo, seminario di cultura umanistica frequentata anche da Chesterton.

che lo possedevano doveva dare lo stesso effetto di una boccata d'aria pura. In Moro si ritrova molto dello spirito greco: l'universalismo, la tolleranza, l'equilibrio tra un intelletto entusiasta e un rigoroso desiderio di conoscenza. Probabilmente egli non era immune da quegli eccessi, da quegli errori di gusto che inevitabilmente infettarono lo splendido intellettualismo sorto in reazione al Medioevo. Possiamo immaginare che guardasse alle affettazioni del gotico come alle manifestazioni di un'arte barbarica, oppure che si appassionasse, come Sidney[6], al suono della tromba del *Chevy Chase*. La scoperta della bellezza, dell'intelligenza, dell'eroismo civile di quell'antico e straordinario mondo, in tutta la sua accecante profusione e perfezione, era stata rivelazione troppo recente perché non si possa perdonare a quegli uomini qualche ingiustizia commessa qua e là nei confronti del Medioevo. Vedendo quel mondo attraverso gli occhi di Tommaso Moro, lo cogliamo da un punto di vista che può essere considerato come uno dei più aperti del tempo; scopriamo un paesaggio inglese che per la prima volta ci appare nitidamente, come solo il primo sole del mattino sa mostrarlo. Seppe cogliere l'Inghilterra del Rinascimento. L'Inghilterra che passava dal Medioevo al Moderno. Seppe guardare lontano, vide e disse molte cose, tutte interessanti, molte argute. Ne colse una che era contemporaneamente orribile e legata alla vita quotidiana. Grazie a quella sua capacità di andare di là da ciò che appare, pronunciò questa frase: «Le pecore stanno mangiando gli uomini». Questa singolare sintesi di quella grande epoca che tanto ci fece apprendere e progredire, non è mai citata con il giusto risalto nelle stringate narrazioni storiche che si occupano di questi avvenimenti. La frase non ha niente a che vedere con le traduzioni della Bibbia o con la personalità d'Enrico

6. Philip Sidney (1554-1586). Letterato e uomo politico, nipote del conte di Leicester il favorito della regina Elisabetta.

VIII[7] o di sua moglie e tanto meno con i dibattiti triangolari tra Lutero, il Papa e lo stesso Re. Non si riferisce neanche alla pecora papista che avrebbe mangiato i protestanti, né viceversa; e neanche a Enrico che, nel breve e sconcertante periodo del suo papato, non diede martiri in pasto alle pecore, imitando a suo modo i romani che li facevano sbranare dai leoni. Ciò che Moro voleva dire, con questa curiosa espressione, era che un uso intensivo dell'agricoltura stava lasciando il passo a un uso intensivo della pastorizia. I grandi territori inglesi, fino allora destinati a terre agricole comuni, ora passavano sotto il dominio di un singolo proprietario. Il fenomeno è stato spiegato, con uno stile epigrammatico che ricorda lo stesso Moro, da John Stephens in un brillante saggio che oggi credo si possa trovare solo nelle ultime raccolte del *New Witness*.

Egli sosteneva paradossalmente che i tanto celebrati individui che erano riusciti a far crescere due fili d'erba dove ve ne era uno solo, erano degli assassini. Nel medesimo articolo, Stephens traccia il profilo morale di questo movimento che portò a un incremento della produzione agricola, determinando al contempo la morte o comunque la rovina di così tante persone. Dalla sua ricostruzione emerge sempre più chiaramente come quelle trasformazioni siano da ricondurre in primo luogo all'affermazione di una nuova sensibilità intellettuale da parte della classi che erano al potere. Il signore medievale in confronto appare uno zotico che abitava solo in un casolare più grande degli altri, essendo il più ricco tra tutti gli agricoltori. Quando poteva beveva vino, altrimenti andava bene anche la birra, né la scienza era ancora apparsa ai suoi orizzonti. In un periodo anteriore a quello che stiamo esaminando, una delle più

7. Enrico VIII (1491-1547). Sovrano della dinastia Tudor, difese prima con vigore il papato combattendo le dottrine luterane, nel 1533 la rottura con Roma in seguito al matrimonio con Anna Bolena che ripudiò pochi anni dopo.

grandi dame d'Inghilterra scrive al marito dicendogli che non lo può raggiungere perché i cavalli della sua carrozza stanno tirando l'aratro. In pieno Medioevo anche gli uomini più importanti si ispiravano a uno stile di vita alquanto semplice, tuttavia al tempo d'Enrico VIII il cambiamento era già iniziato. Per la generazione successiva diventerà ricorrente una frase che va letta come una delle chiavi del tempo e come una delle chiavi che ci permettono di capire quanto fosse diverso e più esigente l'atteggiamento verso la terra. Al nobile era richiesto di *italianizzarsi.* Questa espressione indicava un più raffinato senso estetico, un gusto che portava a privilegiare un cristallo più duttile e delicato, a vedere nell'oro e nell'argento non solo ruvide pietre ma steli e corone generatisi dalla loro fusione e specchi, oggetti di tutti i tipi, ninnoli che irradiano un senso di grazia. Era il gusto della perfezione scoperto nelle cose più insignificanti. Qualcosa di diverso dalla maestria del gotico, che era il tocco quasi inconsapevole dell'arte su tutto ciò che era importante nella vita dell'uomo. Questa era invece l'impetuosa manifestazione di un'anima che si esprimeva in un'arte appassionata e consapevole, interessata soprattutto a ciò che non era necessario. Il piacere aveva ora un'anima. Dobbiamo sottolineare questa grande sete di bellezza perché spiega e giustifica molte cose. La vecchia baronia era stata decimata dalla guerra civile conclusasi a Bosworth e danneggiata dalla parsimoniosa e furba politica messa in atto da quel re senza corona che fu Enrico VII. Anch'egli era un *uomo nuovo* e vedremo presto come costoro prenderanno il posto dell'antica nobiltà. Ma anche le famiglie più antiche avevano capito che i tempi stavano cambiando. Alcune di loro, ad esempio gli Howards, furono portatrici del nuovo ed espressione del passato. Ma in generale l'atteggiamento delle classi alte fu di progressiva apertura. L'aristocrazia inglese, il frutto più importante della Riforma, è innegabilmente degna del plauso che oggi le si riconosce in modo sempre più convinto. È sempre stata attratta dal progresso. Gli aristocratici sono accusati di essere eccessivamente fieri dei loro antenati, mentre dovrebbero essere piuttosto fieri dei loro discendenti; devono a loro se poterono aspirare a rivestire un ruolo politico sempre più importante, ad assumere una funzione sempre più rilevante nella guida della nazione e, soprattutto, a incoraggiare la nuova cultura in campo scientifico e sociale. Capirono le grandi possibilità economiche offerte dalla pastorizia, ma non trascurarono di bonificare le paludi. Si liberarono dei preti, ma furono molto vicini ai filosofi. Lungo le generazioni della casa Tudor si trasmetteranno i valori della nuova civiltà fondata sulla ragione; gli studiosi potranno studiare su testi attendibili, gli scettici criticare non più solo il Papa e i santi ma anche i filosofi pagani, gli storici studiare e interpretare il passato. Insomma, veramente «le pecore stavano mangiando gli uomini». Abbiamo visto che nel quattordicesimo secolo in Inghilterra si verificò una rivoluzione che ebbe come protagonista il popolo. Poco mancò che vincesse e riesco a pensare che, se avesse vinto, si sarebbe verificato un evento dalle conseguenze molto positive per tutti noi. Se Riccardo II fosse veramente salito sulla sella di Wat Tyler o se piuttosto il suo parlamento non lo avesse disarcionato, se egli avesse dato alle nuove libertà contadine il suggello dell'autorità reale, così come si era verificato per le Gilde, il nostro paese avrebbe probabilmente avuto una storia tanto felice, quanto almeno lo sarebbe stata nei limiti della natura umana. Il Rinascimento, quando sarebbe giunto, si sarebbe manifestato come insegnamento per il popolo e non cultura per una cerchia d'esteti. Il nuovo sapere avrebbe potuto avere un carattere popolare come lo aveva nei lontani giorni della Parigi e della Oxford medievali. La raffinata artisticità della scuola del Cellini avrebbe potuto essere l'esempio più alto del mestiere di una Gilda. I drammi shakesperiani sarebbero stati interpretati da lavoratori su palcoscenici di legno sulla strade come Punch e Judy[8], l'espressione migliore del teatro messo in atto dalle Gilde. Gli attori non avrebbero più dovuto essere *i servitori del re* ma sarebbero stati padroni di se stessi. Il Rinascimento sarebbe stato liberale e avrebbe educato alla libertà. Tutto ciò potrà forse sembrare astratto, ma non vedo come si possa disapprovare. La rivoluzione medievale fu fin dall'inizio così lontana dal realizzarsi, che nessuno ha mai sentito il bisogno di dimostrare che si è conclusa con una sconfitta. Prevalse il Parlamento espressione dei feudatari che riportò i contadini all'incerta e semi progredita condizione che occupavano in precedenza. Aggiungere altro, significherebbe anticipare avvenimenti che accaddero in un'epoca successiva. Quando Enrico VIII salì al trono, le Gilde erano forse state neutralizzate, ma apparentemente non avevano subito trasformazioni, anche i contadini avevano probabilmente riguadagnato terreno. Molti di loro erano ancora teoricamente servi, ma, di fatto, avevano a che fare con il regime proprietario tutt'altro che oppressivo della Chiesa. In definitiva, il sistema medievale ancora esisteva. Per quel che ne sappiamo, avrebbe potuto svilupparsi ancora; tuttavia, tutte queste speculazioni sono spazzate via dai nuovi eventi. Al fallimento della rivoluzione popolare, seguì una controrivoluzione questa volta vincente: la rivoluzione dei ricchi. La spiegazione apparente di questi eventi la si può trovare in alcuni avvenimenti politici e in altri di tipo meramente personale. Possiamo rozzamente riassumerli così: il matrimonio d'Enrico VIII e la questione dei monasteri. I suoi matrimoni sono stati a lungo oggetto di una piccola leggenda popolare che, come sempre in questi casi, a patto che sia sufficientemente popolare e sufficientemente trita, contiene una sorta di tradizionale verità. D'altra parte, una storia divertente non rischia mai

8. Maschere del teatro popolare.

di logorarsi, a meno che non contenga qualcosa di serio. Enrico all'inizio del suo regno fu molto popolare e anche le fonti straniere ci descrivono un giovane e glorioso principe del Rinascimento, espressione di tutte le virtù del tempo. Alla fine del suo regno era descritto come una specie di maniaco, non ispirava più amore e anche quando ispirava paura era la paura che si prova di fronte a un cane rabbioso, piuttosto che a un cane da guardia. In questo cambiamento giocò sicuramente un ruolo rilevante la sua ignominiosa e incostante condotta matrimoniale da Barbablù. Si può anche dire che, forse con l'eccezione della prima e dell'ultima, egli fu sfortunato con le sue mogli almeno quanto loro ad averlo come marito. Fu certamente la vicenda del primo divorzio a infangare il suo onore e, casualmente, a distruggere un gran numero di cose ben più importanti. Per capire il significato del suo furore dobbiamo aver chiaro che egli non si considerava un nemico ma un amico del Papa; in questo vi è un'ombra che ci riporta all'antica vicenda di Becket. Aveva sempre difeso il Papa con accortezza diplomatica e nelle varie controversie aveva sempre preso le parti della Chiesa, così quando si stancò di sua moglie e si innamorò di una delle sua damigelle, Anna Bolena, pensò di essere in diritto di ottenere da colui che considerava suo amico una concessione (in un'epoca in cui ne erano state fatte tante) che avrebbe avuto, in verità, un significato piuttosto cinico. È un esempio del labile destino che la fede cristiana subisce nelle mani dell'uomo, il fatto di non sapere mai, neanche per un istante, quando l'autorità più alta della Chiesa si comporterà come veramente tale; d'altra parte, i periodi più oscuri nella storia della Chiesa non ci incoraggiano a dire, neanche accidentalmente, qualcosa di più degno. In ogni caso, Enrico vide che i suoi desideri si andavano a infrangere contro un muro. Il Papa negò il consenso al matrimonio e il Re, in un eccesso di rabbia, pose fine all'antica amicizia. È probabile che non avesse piena consapevolezza delle conseguenze del suo comportamento e, quel che è peggio, non le abbiamo neanche noi oggi. Certamente non si considerava anticattolico e, in un'accezione che suona un po' ridicola, possiamo spingerci a dire che si considerò nemico del Papa dal momento in cui cominciò a pensare d'essere lui il Papa. Da quel giorno inizia qualcosa che avrà un ruolo importante nella storia, la moderna teoria del diritto divino dei sovrani in una versione molto diversa da quella medievale. È un problema ancora aperto che tocca la questione delle influenze cattoliche sull'anglicanesimo, in ogni caso si trattò di una grande novità e di un fatto che sembrò riportare al passato. Assoggettare la Chiesa inglese, purtroppo, non fu solo un obiettivo del Re, ma lo fu in un certo periodo anche della Chiesa di Roma. Ma lasciamo stare questo genere di controversie, il senso di questi avvenimenti è che la nostra storia subì una frattura. Enrico non solo separò l'Inghilterra dall'Europa, ma, ed è ancora più importante, la separò anche da se stessa. Il grande divorzio travolse Wolsey, il potente ministro che aveva tenuto i contatti tra l'Impero e la monarchia francese e aveva costruito il moderno equilibrio di potenze in Europa. Lo si identifica con il motto *Ego et Rex meus*, tuttavia la sua importanza nella storia è dovuta più al fatto d'essere vittima di quella frase, piuttosto che ad averla realmente pronunciata. *Ego et Rex meus* potrebbe essere il motto d'ogni odierno Primo Ministro, non dobbiamo, infatti, dimenticare che la parola ministro significa semplicemente servitore. Wolsey fu l'ultimo grande servitore che poté essere destituito, nel segno di una monarchia ancora assoluta. Un episodio che, quando si ripeterà nella Germania contemporanea, allorché Bismark sarà liquidato al pari di un maggiordomo, lascerà stupefatti gli inglesi. Un atto ancora più orrendo, rivolto contro il più nobile degli umanisti, testimoniò la disumanità del nuovo potere. Tommaso Moro, che talvolta ci appare come un epicureo al tempo d'Augusto, morì come un martire dei tempi di Diocleziano. Morì in modo glorioso e la sua morte ha rivelato la mistica beatitudine della sua anima, la sua grazia e la sua fede nella verità di Dio. Agli occhi degli umanisti la sua morte deve essere apparsa come un mostruoso sacrificio, come se a essere martirizzato fosse stato Montaigne[9]. Ed è proprio questo il punto: qualcosa che può essere giustamente definito innaturale era già penetrato nel naturalismo del Rinascimento e il Grande Cristiano vi si era ribellato. Rivoltosi al sole con lo spirito francescano di chi ama la natura senza farne un oggetto di culto, disse: «Vado in un posto dove sarò più in alto del re». Così lasciò il sole al suo sovrano, quel sole che per infiniti giorni tramonterà solo sulla sua rabbia. Il fenomeno che in modo impersonale Moro si trovò a osservare (come ho detto all'inizio di questo capitolo) è bene esposto, perché meno oscurato da controversie, in un secondo aspetto della politica d'Enrico. È il conflitto che riguardò i monasteri, un conflitto che con il tempo ci si rivela e ci si mostra in tutti i suoi aspetti. Ora, è vero che la Chiesa, nel periodo rinascimentale, aveva raggiunto un notevole livello di corruzione, ma le prove di ciò sono completamente diverse da quelle accampate sia dal dispotismo sia dalla propaganda protestante. È assolutamente scorretto, ad esempio, citare le lettere dei vescovi o d'altre autorità ecclesiastiche per denunciare i peccati, il più diffuso dei quali sarebbe la violenza, che erano consumati nei monasteri. Quelle lettere non sono più violente di quelle che San Paolo scriveva alle prime comunità cristiane, ovvero a quei primi fedeli sui quali si è da sempre idealizzato. Egli si rivolge loro come se stesse parlando a dei ladri o a degli assassini. La spiegazione,

9. Michel de Montaigne (1533-1592). Il grande umanista francese autore degli *Essays*, opera in cui sviluppa una riflessione filosofica ispirata ai temi della fede e della natura.

per chi si interessa di queste sottigliezze, la si può dare ricordando che il Cristianesimo non è una fede per gli esseri umani buoni, ma per gli esseri umani. Lettere del genere si sarebbero potute scrivere in ogni secolo, anche nel '600 e non provano affatto che chi le scrisse fu un individuo buono o cattivo. Inoltre, anche chi sostiene che i monaci fossero dei dissoluti, non crede che siano stati degli oppressori. È vero, come si può rilevare in Cobbett[10], che dove i monaci erano proprietari terrieri non pretendevano né degli affitti esorbitanti, né dimostravano di essere disinteressati al profitto. Senza dubbio, le buone istituzioni subirono un indebolimento, mentre le cattive acquistarono nuovo vigore. Questa tendenza fa parte dei peggiori accadimenti del tempo. Nella loro caduta giocò quasi sempre un ruolo importante un tradimento scaturito dall'interno, i monasteri furono distrutti perché non furono solidali tra loro. Non lo furono perché lo spirito dell'epoca (sovente il peggiore nemico di essa) portava ad accentuare le divisioni tra ricchi e poveri. Ciò provocò anche una divisione tra clero ricco e povero. Il tradimento giunse, come quasi sempre accade, da chi si professava il più fedele servitore di Cristo. Per ricorrere a un riferimento moderno, anche se il livello è decisamente inferiore, immaginiamo che un politico dei nostri tempi vada dai proprietari di grandi pub o di grandi alberghi e gli segnali l'inutilità dei piccoli esercizi commerciali. È esattamente ciò che all'inizio del secolo fecero i politici Tudor con i monasteri. Andarono dai più grandi e gli proposero la chiusura dei più piccoli. I grandi monasteri non si opposero o almeno non si opposero a sufficienza e fu la loro fine. Se gli abati dei monasteri più importanti si stavano comportando, per una volta, come i signori, ciò non li assolveva, agli occhi dei signori più grandi di loro,

10. William Cobbett (1763-1835). Giornalista e scrittore politico. Autore di *History of the Protestant Reformation in England and Ireland.*

per essersi in precedenza comportati da abati. Una momentanea adesione alla causa dei ricchi non poteva far dimenticare le tante iniziative prese in favore dei poveri. Presto capirono che non era più tempo in cui potessero concedere la loro disinteressata ospitalità e vivere secondo le loro semplici regole. I grandi monasteri, una volta isolati, furono a loro volta travolti, uno dopo l'altro. Il mendicante, che aveva utilizzato il monastero come una sorta di sacra taverna, quando, scesa la sera veniva a cercare riparo, trovò solo rovine. Una nuova filosofia dettò al mondo nuove regole che ancora lo governano. Da allora in poi le mistiche virtù degli antichi monaci, divennero grandi peccati, il più grave dei quali fu la carità. Ma il popolo che si era ribellato al tempo di Riccardo III non aveva ancora ceduto. Era abituato alla dura disciplina del lavoro, sorsero piccoli gruppi nei villaggi, nei feudi, nelle Gilde. In più della metà delle contee dell'Inghilterra il popolo si levò in rivolta e combatté lo scontro finale in nome dei valori del Medioevo. Assunse il potere un sordido individuo di nome Thomas Cromwell[11]. Costui divenne lo strumento della nuova tirannia e fece piombare la nazione nel terrore. Il movimento popolare fu sconfitto, in parte grazie alla forza. Per la prima volta si manifestò il moderno militarismo, ovvero grandi eserciti di cinici professionisti venuti da fuori che per denaro distrussero l'antico Cristianesimo inglese. Anche questa volta il popolo fu sconfitto con l'inganno. Come nel caso della precedente rivolta giudicò già una vittoria l'aver costretto i suoi nemici a un incontro. Gli altri non dovevano fare altro che utilizzare l'espediente di calmare il popolo con delle promesse che non sarebbero state mantenute. Un comportamento che ci è divenuto familiare, essendo solita-

11. Thomas Cromwell (1485-1540). Consigliere d'Enrico VIII, gli assicurò l'appoggio del Parlamento nel conflitto con Clemente VII. Caduto in disgrazia fu accusato d'alto tradimento.

mente utilizzato dai nostri politici di fronte ai grandi scioperi. La rivolta fu chiamata il *Pellegrinaggio della Grazia*, il suo programma si riassumeva praticamente nella restaurazione degli antichi usi religiosi. Sempre in base alle mie supposizioni sul futuro dell'Inghilterra, ritengo che se Tyler avesse vinto si sarebbe dimostrato che il suo trionfo, di là del fatto che avesse prodotto un processo riformatore, avrebbe, però, eliminato le condizioni per il sorgere di quel movimento che noi oggi chiamiamo Riforma. Il regime di terrore instaurato da Thomas Cromwell divenne un'inquisizione della peggiore specie. Gli storici, pur non avendo il benché minimo moto di simpatia verso le istituzioni religiose medievali, concordano che esse furono estirpate con i mezzi più orribili mai usati in Inghilterra. Al potere vi erano spie e torturatori. La distruzione dei monasteri fu condotta con una violenza che non solo ricordava le orde barbariche, ma con una meticolosità spiegabile solo con una grande bassezza morale. Come se i barbari, un tempo venuti dalla Danimarca si fossero trasformati in detective.

La debolezza del Re verso i cattolici comportò il verificarsi di nuove brutalità verso i Protestanti, una reazione questa che si spiega con ragioni di tipo teologico. Cromwell perse consenso e fu giustiziato, ma il terrore proseguì in modo tanto terribile che non lo si può spiegare con l'immagine della collera del Re. Culminò in uno strano avvenimento che simbolicamente conclude una storia di cui abbiamo parlato nelle pagine precedenti. Il tiranno si vendicò di un ribelle sul quale, dopo tre secoli, voleva far calare definitivamente il sipario. Egli oltraggiò il sepolcro più amato dagli Inglesi, il luogo celebrato da Chaucer dove Enrico II si era inginocchiato chiedendo perdono. Per tre secoli il popolo e la Chiesa avevano visto in Becket un santo, ora il Re lo definiva un traditore. Questo può apparire come il momento più alto dell'aristocrazia, ma non è così. Da allora giungerà al suo livello più alto quello strano fenomeno cui abbiamo, forse un po' fantasiosamente, accennato nelle pagine precedenti. Il grande Re era debole. Egli era incommensurabilmente più debole dei grandi monarchi medievali, di là del fatto che della sua sconfitta si sia più o meno parlato. La frattura che provocò nel corpo delle antiche dottrine determinò una tale tempesta che finì per travolgerlo. In un certo senso egli scomparve già prima della sua morte, il dramma dei suoi ultimi giorni non fu più il dramma del suo personaggio. Possiamo impostare molto più praticamente il problema dicendo che è poco utile chiedersi se Freud trovi o no delle giustificazioni per i crimini d'Enrico nel desiderio di creare una forte monarchia nazionale. Ammesso che sia stata una sua aspirazione, egli non la realizzò. Il più mediocre dei nostri principi fece sì che i Tudor lasciassero dietro di loro un consolidato stato centrale e che il periodo in cui la monarchia espresse il suo volto peggiore precedesse di una o due generazioni quello nel quale si trovò in maggiore difficoltà. Pochi anni dopo, essendo la storia andata avanti, i rapporti tra la Corona e i suoi nuovi servitori si capovolsero e provocarono degli effetti tali che tutto il mondo ne fu inorridito. La scure che era stata santificata dal sangue di Tommaso Moro e sporcata da quello di Cromwell fu fatta cadere, grazie a un ordine impartito dai discendenti di quell'essere abbietto, sulla testa di un re inglese. L'ondata che investì e sommerse il Re e la Chiesa, fu la rivolta dei ricchi o meglio dei nuovi ricchi. Si avvalsero del nome del re senza il cui potere non avrebbero mai potuto prevalere, ma l'effetto finale fu che depredarono la Corona allo stesso modo in cui essa aveva depredato i monasteri. Paradossalmente, ben poca della ricchezza accumulata rimase nelle mani del re. Il disordine fu accentuato dal fatto che Edoardo VI[12]

12. Edoardo VI (1537-1553). Figlio di Enrico VIII, rimase sul trono per solo sei anni. Durante il suo regno il protestantesimo ebbe grande diffusione.

quando salì sul trono era solo un ragazzo, d'altra parte ciò trova conferma nella difficoltà di tracciare una linea di separazione netta tra i due regni. Sposandosi con una Seymour, che gli diede un figlio, Enrico aveva consegnato al Paese una potente famiglia in grado di governarlo solo grazie a saccheggi e violenze. Un'indicibile tragedia, l'uccisione di uno dei Seymour da parte di suo fratello, è da addebitare alla debolezza del giovane re. Il Seymour vittorioso volle presentarsi come il Lord Protettore, sebbene difficilmente avrebbe potuto dire cosa dovesse proteggere, dal momento che si poteva escludere la sua stessa famiglia. Comunque, non è eccessivo dire che gli uomini e le loro cose furono lasciati senza protezione di fronte alla cannibalica ingordigia di un tale protettore. Si parla della distruzione dei monasteri, ma ciò che si verificò fu la fine di una civiltà. Avvocati, adulatori e usurai, le figure peggiori tra coloro che fecero fortuna in quegli anni, saccheggiarono l'arte e l'economia medievali come ladri che rubano in una chiesa. I loro nomi, quando non li cambiarono, divennero quelli dei grandi duchi e marchesi dei nostri giorni. Se consideriamo gli avvenimenti precedenti e successivi della nostra storia, forse il momento decisivo lo si ebbe quando gli armati di Seymour, insieme ad altri della loro risma, passarono dal saccheggio dei monasteri a quello delle Gilde. Le associazioni medievali furono colpite a morte, i loro edifici distrutti dai soldati, le loro ricchezze spartite tra i nuovi nobili. Questi eventi indicano che evidentemente le Gilde, come tutte le istituzioni del tempo, non vivevano il loro periodo migliore, tuttavia bisogna interpretare questi fatti nelle loro giuste proporzioni. Può essere, infatti, vero che Cesare non si sentisse bene quella mattina delle Idi di Marzo, ma dire che le Gilde si esaurirono dopo un lento declino è tanto vicino al vero quanto l'affermare che Cesare venne a mancare per cause naturali ai piedi della statua di Pompeo.

XII.

# La Spagna e lo Scisma delle Nazioni

LA RIVOLUZIONE SVILUPPATASI dal cosiddetto Rinascimento, che in alcune nazioni creerà la cosiddetta Riforma, comportò per le vicende interne dell'Inghilterra un esito drastico e definitivo: la dissoluzione delle istituzioni popolari. Non si trattò della sola conseguenza ma certamente della più visibile. Costituì il presupposto di tutti i problemi che oggi si possono ricollegare al conflitto tra Capitale e Lavoro. Quanto le diverse teorie teologiche abbiano avuto parte in queste vicende è argomento che si presta alle più diverse interpretazioni. È, però, innegabile, se si seguono i fatti, che le tendenze di fondo cui si deve lo scisma religioso, produssero anche l'incontrastato strapotere dei ricchi. Anche il protestante più estremista sarà probabilmente concorde nell'ammettere che il protestantesimo servì a mascherare questi processi, piuttosto che esserne il motivo principale. Il cattolico più estremista sarà probabilmente contento di ammettere che il protestantesimo non va visto come il peccato ma piuttosto come la punizione. Il processo trovò compimento, nella sua forma più intensa e vergognosa, solo alla fine del diciottesimo secolo quando il protestantesimo stava già declinando nello scetticismo. Non è lontano dalla verità il paradosso secondo il quale il puritanesimo al suo inizio e alla sua fine sia stato una maschera dietro la quale si è nascosto il paganesimo. Scaturì dalla sete di novità manifestata dalla nobiltà del cinquecento e si concluse all'*Hell Fire Club*[1]. Comunque, il risultato della Riforma fu un nuovo ed abnorme potere dell'aristocrazia che progressivamente distrusse tutto ciò che il popolo aveva conquistato *nonostante* lei. Un fatto che ebbe un'importanza decisiva nel proseguimento della storia inglese. L'altro punto concerne il ruolo della corona. Il Re, in realtà, era già stato sopraffatto per opera dei cortigiani ben prima che la tempesta scoppiasse. Il Re era stato estromesso in seguito alla lotta per la conquista della nuova ricchezza ed era già del tutto isolato. La prova più convincente di questo fenomeno ci viene, dopo il caos che si verificò nel regno d'Edoardo VI, dal sovrano successivo. Maria Tudor, figlia divorziata della regina Caterina, ha una pessima reputazione nei racconti popolari, i cui pregiudizi hanno generalmente maggior valore delle fumisterie della storiografia accademica. I suoi nemici furono largamente in errore nel valutare il personaggio, non lo furono, tuttavia, nel valutare gli effetti che avrebbe prodotto. Fu, nel senso più ristretto del termine, una buona persona, seria, coscienziosa, mite. È, però, innegabile che fu una pessima regina. Lo fu per molti aspetti ma lo fu soprattutto rispetto alla causa nella quale fu tanto impegnata. È vero, infatti, che si spese senza risparmio per cancellare l'avversione al papato che, invece, rimase più forte che mai. Il suo fanatismo degenerò in una tale crudeltà, soprattutto per il fatto di essersi concentrato in un determinato periodo ed in determinati luoghi, che rimase indelebile. Fu il primo di una serie di grandi avvenimenti storici che marcheranno la distanza tra la pubblica opinione e l'antico regime. La morte dei tre famosi martiri di Oxford ne è un po' la sintesi; almeno uno di loro, Latimer[2],

1. Organizzazione conviviale fondata da Francis Dashwood verso la metà del XVIII secolo a Medmenham nel Buckingamshire.

2. Hugh Latimer (1485 ca.-1555). Dapprima avversario della Riforma, si orientò in seguito verso il protestantesimo in polemica contro la corruzione della Chiesa. Accolto a corte da Enrico VIII e amico di Tho-

era un riformatore di solida tempra, mentre un altro Cranmer[3], come consigliere di Enrico VIII si distinse per un comportamento così sordidamente servile, che al confronto Thomas Cromwell sembra una semplice comparsa. Ma di quella che si può definire la tradizione di Latimer, la migliore del protestantesimo, parlerò in seguito. A quel tempo, probabilmente, gli stessi martiri di Oxford ispirarono minori pietà e reazioni dei roghi sui quali furono bruciati molti altri protestanti poveri e ignoranti e per ciò tali da far apparire la loro lotta più popolare di quanto non fosse nella realtà. Quest'ultimo aspetto ebbe una grande importanza e produsse così tanto odio, in modo più o meno consapevole, a causa del fondamentale avvenimento di cui ho già parlato e che rappresenta il passaggio fondamentale di questo periodo di transizione. La differenza sta nel fatto che anche nel pieno di questo cattolicissimo regno le proprietà della Chiesa non potevano essere restituite. Nonostante Maria fosse una cattolica fanatica, un atto di giustizia rimase sempre un sogno: questo è il fondamentale elemento da cogliere. Nonostante fosse tanto invasata da commettere dei grandi errori in nome della Chiesa, la regina non ebbe mai il coraggio sufficiente per rivendicare i diritti della Chiesa. È un segno dei tempi. Si permise di privare della vita dei poveri uomini ma non arrivò mai a privare i ricchi delle loro proprietà che, peraltro, erano state sottratte ai legittimi proprietari. Punì l'eresia ma non il sacrilegio. Arrivò

mas Cromwell, condivise le teorie di Zwingli. Salita al trono Maria I Tudor, nel clima di reazione cattolica che ne seguì, fu condannato a morte come eretico.

3. Thomas Cranmer (1489-1556). Primo arcivescovo anglicano di Canterbury, fu chiamato a corte da Enrico VIII e divenne ardente fautore del rafforzamento dei diritti monarchici. Fu accusato di aver partecipato al complotto per impedire l'ascesa al trono di Maria I Tudor; dopo tre anni di carcere fu condannato al rogo.

al punto di uccidere coloro che non erano andati in Chiesa e a risparmiarne altri che vi erano andati per rubarne gli ornamenti. Cosa la portò a questo? Non certo il suo sentimento religioso che era di una sincerità maniacale, né la pubblica opinione che le dimostrò molta più simpatia per l'umanesimo religioso che non restaurò, piuttosto che per i delitti perpetrati in nome della religione. A influenzarla fu, naturalmente, la nuova nobiltà che rifiutò di abbandonare la ricchezza appena conquistata a riprova del fatto che già allora era più forte della Corona. Lo scettro servì soltanto come grimaldello per aprire la porta dei forzieri, dopodiché anch'esso sarà spezzato o per lo meno piegato, con un semplice soffio di vento. Vi deve essere del vero, inoltre, nella leggenda secondo la quale Maria avesse *Calais* scritto sul cuore, allorché l'ultima reliquia delle conquiste del Medioevo si diresse verso la Francia. Maria è un esempio della solitaria ed eroica mezza virtù dei Tudor. Era una patriota, una qualità che, però, spesso porta a essere pateticamente anacronistici poiché porta a combattere i vecchi nemici senza riuscire a riconoscere i nuovi. Anni dopo Cromwell darà prova dello stesso errore, continuando a guardare con occhio ostile la Spagna senza accorgersi che il vero nemico era la Francia. Ai giorni nostri i fanatici sciovinisti di Fashoda[4] guardano ostilmente alla Francia, mentre dovrebbero riservare le loro attenzioni alla Germania. Senza una particolare volontà antinazionale, Maria assunse una posizione contraria alla sua nazione nel più terribile conflitto internazionale che il suo popolo si sia trovato ad affrontare. È la seconda coincidenza che confermò i cambiamenti avvenuti nel sedicesimo secolo e il suo nome è Spagna. La figlia di una regina di Spagna andò in sposa a un principe del suo

4. Allusione all'incidente del 1898 tra Francia e Inghilterra a causa dell'occupazione da parte delle truppe coloniali francesi della località di Fashoda nel Sudan.

paese e fino allora probabilmente in tale unione non vide altro che il compimento della volontà di suo padre. Ma quando fu la volta della regina Elisabetta, che era piuttosto fredda verso il cattolicesimo (benché non fosse attratta che in misura minima dal protestantesimo), essendo caduta la possibilità di un nuovo matrimonio con un nobile spagnolo, si pensò a qualcosa di più importante e ambizioso di un'unione con un principe. Gli Inglesi, nella solitudine della loro piccola isola che dava loro la sensazione di essere come su una piccola barca, sentirono subito calare su di sé l'ombra di una grande nave. I luoghi comuni di Wooden sulla nascita dell'Impero britannico e sulle grandi gesta della regina Elisabetta non hanno semplicemente oscurato ma addirittura contraddetto la verità. Seguendo questi racconti sembra quasi che l'Inghilterra, attratta dal desiderio dell'Impero, si sia resa conto per la prima volta della sua grandezza. Sarebbe più giusto dire che per la prima volta si rese conto della sua debolezza. Il grande poeta che ha cantato quei fatti non esalta l'Inghilterra per la sua forza ma per la sua fragilità che somiglia a quella di un diamante. L'idea di un'espansione universale non fece la sua comparsa che nel diciottesimo secolo e anche quando si affermerà non avrà mai lo stesso fascino e la stessa intensità di ciò che accadde nel sedicesimo secolo. Non si trattò di imperialismo ma di antimperialismo. All'Inghilterra capitò di vivere, all'inizio della sua storia moderna, un'esperienza che la mente umana associa sempre all'eroismo: la vittoria di un piccolo popolo su un grande esercito. La vittoria sull'Invincibile Armata fu per l'Inghilterra ciò che Bannockbourn fu per gli scozzesi o Majuba per i boeri. Dall'altra parte vi era l'imperialismo nella sua espressione più imponente e compiuta dai tempi di Roma. Rappresentava, non sembri eccessivo, l'intera civiltà. La gloria dell'Inghilterra coincise con la grandezza della Spagna. Soltanto quando capiremo che gli Inglesi erano altrettanto rozzi, arretrati e chiusi dei boeri di oggi, potremo apprezzare il valore della loro impresa o il fatto che straordinariamente riuscirono a sopravvivere. Possiamo afferrarlo soltanto se teniamo presente che per una gran parte degli europei *l'Armada* era vista come un esercito cosmopolita impegnato in una crociata. Il Papa aveva dichiarato Elisabetta illegittima, né d'altra parte è difficile immaginare cos'altro avrebbe potuto fare avendo in precedenza dichiarato non valido il matrimonio di sua madre. È stato forse il colpo finale che ha portato alla separazione dell'Inghilterra dal resto del mondo. Contemporaneamente, questi pittoreschi marinai inglesi che avevano così duramente colpito l'Impero spagnolo del Nuovo Mondo erano descritti in Europa come dei pirati, cosa che tecnicamente era anche vera. Solo successivamente questa tecnica di guerra sarà giustamente considerata l'unica risorsa a disposizione del più debole. La Spagna, o meglio l'Impero di cui era il centro, come se volesse dare un'imperitura dimostrazione della sua forza, mise in campo una flotta che, come quella leggendaria di Serse, sembrò coprire tutto il mare. Piombò su quella sventurata isola con tutto il peso e la solennità del giorno del giudizio. I marinai, o pirati inglesi, la colpirono con le loro piccole navi che si insinuavano sotto gli enormi cannoni, lanciando palle infuocate costruite con qualsiasi materiale, quando, nel pieno della battaglia, montò una grande tempesta che percorse tutta l'isola cacciando via quell'immane flotta. La misteriosa pienezza e il repentino silenzio che inghiottirono questo prodigio toccarono un nervo che non ha ancora cessato di vibrare. La speranza dell'Inghilterra ha inizio in questi disperati momenti, poiché non vi è nessuna vera speranza che non sia stata, almeno per un momento, una speranza disperata. La sconfitta di quel grande esercito stava a dimostrare che la piccola Inghilterra sarebbe sopravvissuta alla grandezza della Spagna. Inoltre, vi è probabilmente del vero nel dire che non saremo mai più così forti, né così deboli. La splendida luce dell'età elisabettiana, cui di solito si dà il significato di un'alba, fu per molti aspetti la luce di un tramonto. Sia si consideri come la fine del Rinascimento che come la fine del Medioevo, nessuno storico onesto potrà negare che si tratta di un periodo la cui magnificenza si conclude con esso. Se il lettore si chiede cosa più lo colpisce della grandezza elisabettiana, si renderà facilmente conto che si tratta di cose delle quali nel Medioevo vi erano già almeno alcune tracce divenute, in età moderna, molto più tenui. Il teatro elisabettiano sembra seguire le orme delle sue stesse tragiche storie: la sua fiamma così intensa sarà spenta dai puritani. Non c'è bisogno di dire che la vera tragedia fu la morte della commedia. La commedia che si sviluppò in Inghilterra dopo la restaurazione appare al confronto lontana e fredda. Nel migliore dei casi celebra l'umorismo, non la felicità. Si può notare che nelle storie d'amore di Shakespeare quasi tutti coloro che portano buone notizie, che siano fate o frati, appartengono a un'epoca che stava finendo. Lo stesso accade con i più importanti ideali del periodo elisabettiano di cui il teatro dà rappresentazione. La devozione nazionale verso la Regina Vergine non deve essere screditata per il suo contrasto con il carattere ruvido e scaltro della Elisabetta storica. I suoi critici potrebbero dire che i riformatori inglesi, quando hanno messo al posto della Vergine Maria la Vergine Elisabetta, hanno semplicemente scambiato una vergine vera con una che non lo era, tuttavia, ciò non vuol dire che non si trattasse di un culto autentico, per quanto limitato. Al di là delle opinioni che si possono avere sulla regina, le tragiche eroine del tempo offrirono un'intera serie di regine vergini. Ed è indubbio che gli uomini del Medioevo avrebbero capito molto meglio dei moderni il martirio che compare in *Measure for Measure.* Sia nel caso della Vergine che in quello della Regina. La concezione mistica della monarchia è esaltata in *Riccar-*

*do II*[5]. Gli stessi puritani che distruggevano le corone di cartone degli attori erano capaci anche di strappare le corone, in questo caso vere, dei monarchi che pure erano dalla loro parte. Le pantomime erano proibite e l'intera monarchia appariva come una pantomima. Shakespeare morì nel giorno di San Giorgio e molto di ciò che il Santo aveva rappresentato morì con lui. Non voglio dire che fosse morto il patriottismo di Shakespeare o dell'Inghilterra che, anzi, resistette e assunse le vesti del nobilissimo orgoglio dei tempi avvenire. Ma l'immagine di San Giorgio consacrata all'Inghilterra tanti anni prima in Palestina da Riccardo Cuor di Leone, evocava qualcosa di più del patriottismo. Il Santo impersonava una concezione medievale unica e insostituibile. Era l'idea che il cambiamento può avvenire senza conflitti. I sette apostoli del Cristianesimo si erano moltiplicati settanta volte sette nei santi protettori dei villaggi, delle Gilde, dei più diversi tipi sociali. L'idea che fossero tutti santi escludeva la possibilità che potessero essere tra loro rivali. Le Gilde dei fabbricanti di scarpe o conciatori, mentre portavano le insegne di San Crispino o San Bartolomeo potevano anche venire alle mani nelle strade, ma non avrebbero mai ritenuto possibile che i loro santi si combattessero l'un l'altro nei cieli. Così gli inglesi potevano anche combattere in nome di San Giorgio ed i francesi in quello di San Dionigi, ma nessuno dei due popoli credette mai che un santo odiasse l'altro. Giovanna d'Arco, che dal punto di vista patriottico fu ciò che molti oggi definirebbero una grande fanatica, era nello stesso tempo ciò che molti definirebbero una mente illuminata. Non si può negare che, con lo scisma religioso, si determinò un'altra e più disumana divisione. Non si trattò più di un conflitto tra i seguaci di santi che erano tra loro in pace, ma di una guerra tra se-

5. *Measure for Measure* e *Riccardo II*. Drammi di Shakespeare.

guaci di religioni che erano a loro volta in guerra. Che le grandi navi spagnole prendessero il loro nome da San Francesco o San Filippo, non aveva un grande significato per gli Inglesi. Presto tutto ciò assunse il significato di uno scontro universale, come se il loro nome fosse stato Baal o Thor[6]. Si tratta soltanto di simboli, tuttavia il processo che rappresentano fu estremamente reale e merita di essere seriamente studiato. Cominciò a diffondersi con le guerre di religione l'idea che le scienze naturali applicano ai conflitti razziali, ovvero che le *guerre naturali* non nascono da particolari controversie ma dalla natura dei popoli in conflitto. L'ombra di una sorta di fatalismo razziale venne per la prima volta a incrociare il cammino della nostra gente, dalle tenebre del passato tornarono delle cose che erano state dimenticate. Un tempo, oltre i confini del declinante Impero Romano vi erano quelle terre lontane dominate dai venti e dalle correnti che erano state protagoniste delle guerre barbariche. La maggior parte di loro era divenuta, almeno formalmente, cristiana, la civiltà, però, era appena agli inizi. Si era sedimentato, su quella loro selvaggia vitalità, come una leggera coltre di brina, un vago timore per la cultura proveniente dal mondo mediterraneo. Questi territori semicivilizzati erano rimasti fermi per lungo tempo, a un certo punto iniziarono a sognare. Nella generazione successiva a Elisabetta, Martin Lutero, un grande personaggio ma soprattutto un grande, violento, visionario, aveva interrotto con la sua voce impetuosa quel lungo silenzio, condannando i cattivi costumi della Chiesa e in misura ancora maggiore delle opere pie. La generazione postelisabettiana avrebbe assistito alla diffusione, all'interno di quei territori anticamente selvaggi, di nuove, bellicose teorie che avrebbero risucchiato l'Europa centrale in cicliche guerre di reli-

6. Baal. Dio della mitologia fenicia. Thor. Divinità della mitologia scandinava.

gione. Questi conflitti videro l'Austria, la terra ove secondo la leggenda era sorto il Sacro Romano Impero e alleato germanico della Spagna, combattere in nome della tradizione e contro una lega di altri stati tedeschi che si batteva in favore della nuova religione. La politica europea si trovava in una fase di grande confusione che aumentò quando si dissolse il sogno di recuperare l'unità religiosa. Il tutto era reso ancora più complicato dalla volontà della Francia di essere Nazione nel senso moderno del termine, ovvero di mantenersi libera ed estranea a tutte le alleanze.

Una scelta che la portò, mentre perseguitava i protestanti che aveva in casa, a dare il suo appoggio a quelli stranieri, semplicemente perché ciò le consentiva di preservare un equilibrio di potere contro l'imponente federazione Austro-Spagnola. A complicare ulteriormente la situazione venne l'affermazione nei Paesi Bassi di un potere calvinista aggressivo, estremamente pragmatico, fondato sul commercio e intenzionato a difendere a tutti i costi la sua indipendenza dalla Spagna. Nella cosiddetta Guerra dei Trent'anni è corretto vedere la prima manifestazione dei problemi posti dal moderno scenario internazionale, sia che vi si colga la rivolta di un mondo semipagano contro il Sacro Romano Impero, sia che la si interpreti come l'avvento dal nord di un nuova cultura etica, scientifica e filosofica. La Svezia mise piede nel conflitto e inviò, in aiuto dei riformatori tedeschi, un suo eroico condottiero. Ma l'eroismo militare di cui tutti diedero prova determinò una strana combinazione di raffinata scienza guerresca e cruda, selvaggia violenza. Altri paesi, oltre alla Svezia, pensarono bene di partecipare a quella carneficina. Dai lontani territori a Nord-Est, territori desolatamente paludosi, una piccola e ambiziosa famiglia di usurai trasformatisi nel tempo in ricchi, potenti e avidi proprietari terrieri aderì, senza neanche troppa convinzione, alle teorie di Lutero e iniziò a mandare i suoi semi selvaggi contadini a combattere a fianco dei Protestanti. Nel tempo saranno ricompensati per questo loro aiuto. Al momento il loro principato non andava oltre la vecchia Marca del Brandeburgo. Il loro nome era Hoenzollern.

## XIII.
# L'età dei Puritani

IMMAGINO SIA ESTREMAMENTE SECCANTE, mentre si sta leggendo un libro che tratta di argomenti o di avventure particolarmente avvincenti, accorgersi che al posto dei veri nomi degli argomenti o dei personaggi sono state messe parole senza alcun significato. Non si capirebbe più contro chi abbia combattuto un certo monarca o chi abbia sconfitto e perché il popolo in una qualche occasione si sia ribellato. Qualcosa di molto simile si verifica quando, ai giorni nostri, si tenta di raccontare i conflitti teologici del sedicesimo o diciassettesimo secolo, tenendo conto del diffuso disinteresse per simili questioni dimostrato dalle attuali generazioni. I Puritani, come suggerisce il loro stesso nome, erano fautori di quella che pensavano fosse la forma più pura di religione. Di frequente cercavano di imporla agli altri, altre volte desideravano soltanto essere liberi di praticarla. Ma non gli renderemmo assolutamente giustizia, per ciò che pur di buono vi era in loro (soprattutto dal punto di vista della dottrina), se non ci chiedessimo cosa volessero imporre o essere liberi di fare. Vi erano degli aspetti estremamente positivi in molti Puritani che sono completamente ignoti ai loro attuali ammiratori. Sono apprezzati per cose, come la libertà religiosa, verso le quali erano indifferenti oppure erano cordialmente avversi. Mentre sono non sufficientemente compresi o sottovalutati per cose nelle quali si impegnarono a fondo, come il Calvinismo. Sui Puritani si è affermata, grazie a racconti e testi teatrali che loro avrebbero praticamente bruciato, un'immagine pittoresca che sarebbe stata oggetto del loro violento ripudio. Ci interessa tutto di loro, meno le sole cose cui erano realmente interessati.

Abbiamo visto come inizialmente le nuove dottrine religiose non fossero altro che scuse per soprusi perpetrati in nome del denaro, ma su questo argomento non si può affermare null'altro di certo. Tutto ciò rimarrà sullo sfondo ancora per una o due generazioni successive, per le quali la vittoria sull'Invincibile Armata aveva già assunto il significato della leggendaria liberazione dal papato; questa impresa, fu tanto miracolosa quanto sufficientemente lontana, che ai loro occhi divenne accostabile alle vicissitudini del popolo ebraico descritte in modo così realistico in quel Vecchio Testamento di cui avevano fatto appena scoperta. Certamente, il caso della vittoria sulla Spagna può aver coinciso fin troppo bene con ciò che con tanta passione leggevano nelle antiche scritture. Tale evento può aver soddisfatto un certo sentimento, maturato dalla consuetudine con il Vecchio Testamento, che considerava l'Inglese un popolo eletto sul quale la volontà del signore si sarebbe manifestata con la tempesta di terra e di mare. Quel sentimento dopo poco tempo sarà fatto proprio con una convinzione decisamente maggiore dalle popolazioni germaniche e darà vita a un'eresia ispirata da un orgoglio tribale. In tal modo un paese civile si trasformò da Nazione Cristiana in Popolo Eletto. Pur se il nazionalismo germanico aveva in sé degli elementi tali da farlo apparire pericoloso a giudizio delle altre nazioni europee, era pur sempre nazionalismo. Dal primo fino all'ultimo i Puritani erano patrioti, un punto sul quale marcano una netta superiorità rispetto agli Ugonotti francesi. Politicamente, erano una componente di quella classe abbiente che aveva defraudato la Chiesa dei suoi averi e stava per fare la stessa cosa con la Corona. Tuttavia, molti di loro, pur essendo il prodotto di quel grande sopruso non ne erano pienamente consapevoli. Molti di loro erano aristocratici, ma la maggior parte proveniva dalla borghesia, soprattutto di provincia. Dalla grande massa di contadini che costituiva ancora la maggior parte della popolazione essi erano derisi e detestati. Ciò lo si può vedere, ad esempio, nel fatto che, sebbene si possa dire controllassero la nazione, non produssero niente che eguagliasse le intense atmosfere di quello che, in modo un po' pedante, è definito folklore. La tradizione popolare di poesie, proverbi, canzoni, motti, è tutta Realista. Sui Puritani non abbiamo grandi leggende, ci dobbiamo accontentare di ciò che dice la grande letteratura. Si tratta naturalmente di tutte cose che testimoniano del modo in cui erano visti dagli altri, non certo di ciò che pensavano di loro stessi. L'anima del movimento era in due idee o meglio in due livelli: il primo si riferisce al processo morale che li portò alla loro idea principale, il secondo all'idea stessa. Cominceremo dal primo perché determinò tutti i comportamenti sociali che tanto attirarono l'attenzione dei contemporanei. L'onesto Puritano, cresciuto in un mondo stravolto dai grandi saccheggi, possedeva anch'egli due o tre principi fondamentali che sono frequenti nella mente dell'uomo. Il primo è il principio secondo il quale l'uomo può dialogare direttamente con Dio. In sintesi, può essere definito il principio antisacramentale. Lo si può applicare a molte altre cose, oltre che naturalmente ai sacramenti della Chiesa. Si può indifferentemente applicare all'arte, alla letteratura, alla storia locale, alla musica, e persino alle buone maniere. Lo slogan «nessun prete tra l'uomo e Dio» è solo un riduttivo frammento di una complessa dottrina filosofica. Per il vero Puritano era assolutamente chiaro che nessun cantore, narratore o violinista doveva cercare di tradurre in termini di bellezza mondana la voce di Dio. È significativo che un geniale Puritano di anni più vicini ai nostri, Tolstoj, accettò senza riserve tale principio; condannò la musica definendola una droga e intimò ai suoi ammiratori di non leggere i suoi stessi racconti. I Puritani inglesi, oltre a essere puritani, erano anche inglesi, cosa che certamente non sempre li aiutava ad avere idee chiare; come vedremo, il vero puritanesimo fu un fenomeno più scozzese che inglese, almeno per quanto riguarda le sue linee guida. Dal punto di vista dottrinario è un fenomeno abbastanza serio, anche se non gli è estraneo un pizzico di follia. La verità intellettuale era l'unica promessa che avrebbe consentito di comprendere la verità universale. Il prossimo passo che faremo sarà quello di vedere quale fosse per i Puritani la verità riguardo alla verità universale. La loro ragione individualistica, libera dall'istinto e dalla tradizione, gli suggeriva l'idea dell'onnipotenza divina che stava semplicemente a significare l'impotenza umana. In Lutero, il più blando protestantesimo degli inizi arrivò al punto di sostenere che niente avrebbe potuto soccorrere l'uomo se non la professione di fede in Cristo. In Calvino arrivò alle sue logiche conseguenze e affermò che neanche la fede poteva aiutarlo una volta che l'Onnipotenza divina avesse predeterminato il suo destino; il genere umano era stato creato per la salvezza e la dannazione. Nei termini astratti in cui l'ho descritta, questa logica emergeva chiaramente, poi, però, ci troviamo a leggere questi concetti in oscure trasposizioni che ricordano le formule legali o parlamentari. Quando si legge, «il partito puritano esigeva che la Chiesa venisse riformata», si deve intendere, «il partito puritano esigeva che nel modo più chiaro si affermasse che gli uomini sono stati creati per la loro dannazione o salvezza». Quando leggiamo, «l'esercito puritano selezionava i suoi componenti in base alla loro religiosità», dobbiamo intendere, «l'esercito puritano selezionava quegli uomini che erano più convinti di essere stati creati per la loro salvezza o dannazione». Bisogna aggiungere che il Puritanesimo non era una tendenza che si manifestò solo nei paesi protestanti. Alcuni grandi studiosi di cose romane ne hanno trovato traccia anche a Roma. Era lo spirito del tempo e si dovrebbe essere molto attenti a non confonderlo con l'eterno spirito dell'uomo. Sono pochi i cattolici o i non cattolici che, guardando al Calvinismo che era in grado di catturare Canterbury e persino Roma grazie al genio di Pascal e Milton, non gridino, come certi personaggi di Bernard Shaw, *Splendido! Eccezionale!*

L'altro aspetto da mettere in evidenza è che la concezione puritana della Chiesa come autogoverno era veramente tale, anche se in seguito tenderà a divenire una concezione piuttosto egoistica. Una concezione al tempo stesso egoistica ed elitaria. Al suo interno il sinodo o conventicola puritana tendeva a essere una Repubblica composta da pochissimi membri. Vista dall'esterno, la conventicola più che una Repubblica era un'aristocrazia. Era la peggiore fra tutte le aristocrazie, quella degli eletti da Dio. Era un diritto precedente alla nascita che, unica fra tutte le forme di nobiltà, non tornava a essere polvere. D'altra parte, abbiamo nei primi puritani, un richiamo alle virtù repubblicane, la condanna dei tiranni, la rivendicazione della dignità umana, ma soprattutto un appello alla prima fra tutte le virtù repubblicane, il disprezzo per la segretezza. Uno dei regicidi, nel corso del processo in cui si decideva della sua vita, pronunciò una frase che, pur con tutta la sua mancanza di umanità, non è priva di una certa umanità: «Questo non fu un atto compiuto nelle segrete stanze». Tuttavia, il loro idealismo estremistico non diede un solo raggio di luce all'umanità, non affermò l'idea di una fratellanza fra tutti gli esseri umani che avevano avuto il battesimo. Essi erano come quel terribile patibolo che il regicida non aveva avuto paura di affrontare. Si rivolgevano apertamente al popolo, ma ne rimanevano molto lontani. Sembra quasi che non abbiano mai avvertito la necessità di essere vicini al popolo. L'Inghilterra non fu mai così povera di democrazia come nel breve periodo in cui fu una repubblica. Il conflitto con gli Stuart, che sarà il passaggio successivo nella nostra storia, nacque da un'alleanza, piuttosto estemporanea, tra due elementi. Il primo riguarda il fascino intellettuale che il calvinismo riuscì a esercitare, un fascino simile a quello esercitato oggi dal Collettivismo. Il secondo concerne l'antico avvenimento che determinò la nascita di quella fede e forse anche di quella cultura: la rivolta aristocratica durante gli ultimi anni di regno Tudor. Fu la storia, potremmo dire, di un padre e di un figlio che trascinarono verso il basso le sacre e preziose raffigurazioni: il figlio per antico odio verso l'idolatria, il padre per amore verso l'oro. È un po' la tragedia e il paradosso dell'Inghilterra l'aver visto l'esaurimento dei valori più eterni e il consolidamento di quelli terrestri. Se ciò è vero per l'Inghilterra, lo sarà molto meno per la Scozia. È questo il significato del conflitto fra i due paesi che avrà la sua conclusione a Worchester. Il primo cambiamento aveva avuto la medesima, materialistica causa in entrambi i casi: il brigantaggio praticato dai baroni. Lo stesso John Knox[1], in seguito divenuto un eroe nazionale, era un politico assolutamente contrario alla nazione scozzese. Il vero partito nazionalista di Scozia era quello del cardinale Beaton[2] e di Maria Stuart. Nonostante ciò, nelle pianure scozzesi la nuova religione divenne popolare assumendo un significato positivo ancora sconosciuto da noi. In Scozia il Parlamento fu la componente fondamentale alla quale si unirono le oligarchie, compresa quella parlamen-

1. John Knox (1505 o 1513/1514-1572). Riformatore scozzese, seguace del calvinismo. Chesterton si riferisce al fatto che nella visione di Knox il momento religioso prevaleva su quello politico.

2. David Beaton (1494-1546). Cardinale, uomo politico scozzese, si oppose al dilagare della Riforma nel paese e cercò di rafforzare, in opposizione all'Inghilterra, l'alleanza con la Francia. Con l'avvento del partito protestante e la conseguente repressione anticattolica, morì assassinato dai partigiani di G. Wishart.

tare. In Inghilterra, il ruolo principale lo giocarono le oligarchie parlamentari, alle quali si associò il Puritanesimo. Quando la tempesta cominciò a montare sopra il capo di Carlo I[3], dopo il periodo più o meno transitorio in cui regnò il padre, il successore scozzese di Elisabetta, ogni esempio che si può citare attesta la differenza tra il carattere democratico della religione e quello aristocratico della politica. La leggenda scozzese dell'epoca è quella di Jenny Geddes, la povera donna che scagliò uno sgabello contro il Papa. La leggenda inglese è invece quella di John Hampden, il grande proprietario terriero e nobile che sollevò una contea contro il re. Il movimento parlamentarista in Inghilterra riguardò essenzialmente i nobili delle province e i loro nuovi alleati, i mercanti. Essi si ritenevano i veri nuovi leader dell'Inghilterra, tuttavia erano leader che non ammettevano alcun ammutinamento tra le loro fila. Certamente a nessun paese fu dato il nome di Hampden. Gli Stuart, come si può supporre, portarono dalla Scozia una visione medievale del loro ruolo. Per le caratteristiche della loro nazione era un dato abbastanza logico. Mentre è noto che Giacomo I[4] era scozzese e pedante, la stessa cosa non si può dire di Carlo I che, pur essendo assolutamente scozzese, pedante non lo era affatto. Aveva le tipiche virtù di uno scozzese: il coraggio, una istintiva dignità, l'interesse per le questioni intellettuali. Essendo così scozzese, era completamente *ininglese* nel riuscire a sostenere i compromessi.

3. Carlo I Stuart (1600-1649). Re d'Inghilterra, Scozia e Irlanda, secondogenito di Giacomo I. Il suo regno si caratterizza per lo scontro con il Parlamento che presentò nel 1628 la *Petizione dei diritti* che limitava le prerogative della corona. Fu sconfitto dall'esercito protestante guidato da Oliver Cromwell (si veda p. 170 n. 6).

4. Giacomo I Stuart (1566-1625). Primo sovrano della dinastia Stuart a regnare sull'Inghilterra, succedette a Elisabetta I nel 1603. Attuò una politica di duro anglicanesimo che lo portò a perseguitare puritani e cattolici.

Provò a spezzare il capello in quattro ma l'impressione che diede fu che non stesse mantenendo i suoi impegni. Sarebbe stato sicuramente meno incoerente se avesse avuto minori certezze, ma egli era uno di quegli uomini che dividono tutto in bianco e nero, anzi, viene soprattutto ricordato per il nero. Innanzi tutto, cercò sempre di difendersi dal Parlamento che considerava, oltreché straniero, un suo avversario. La conclusione è apparentemente nota, così non abbiamo alcuna necessità di prestarvi la stessa partecipe attenzione del lettore che desidera assolutamente finire il capitolo di un libro per scoprire cosa sia accaduto a Carlo I. Il suo ministro, il grande Strafford[5], si segnalò per il tentativo di creare intono a lui il fascino dei monarchi francesi, ma morì sul patibolo, come un Richelieu cui non era stato dato il tempo di divenire tale. Il Parlamento rivendicava il potere della spesa, Carlo si appellava a quello della spada e all'inizio riuscì ad avere il popolo con sé. La vittoria arrise a quel potente e ricco ceto che era rappresentato in Parlamento, alla sua organizzazione militare, alla pazienza e al genio di Cromwell[6]. A Carlo non rimase altro che la tragica fine del suo illustre servitore. Storicamente, il conflitto si risolse seguendo un percorso i cui particolari di solito sono studiati più di quanto meritino; si tratta della grande, moderna controversia sulla possibilità che ha il re di imporre le tasse senza il consenso del suo parlamento. L'esempio

5. Thomas Wentworth, conte di Strafford (1593-1641). Dapprima oppositore di Giacomo I e Carlo I, in seguitò si avvicinò alla monarchia. Divenuto consigliere di Carlo I, propose al sovrano di arrestare i capi dell'opposizione parlamentare che si opponevano alla guerra contro la Scozia. Messo in stato d'accusa dai Comuni nel 1640, fu condannato a morte e decapitato.

6. Oliver Cromwell (1599-1658). Lord Protettore d'Inghilterra, Scozia e Irlanda. Protagonista della sconfitta della monarchia, della Chiesa Anglicana e dell'aristocrazia, impose al Paese, seppure per un breve periodo, un regime ispirato al puritanesimo repubblicano.

solitamente citato era quello di Hampden, il grande magnate del Buckinghamshire che contestò la legalità di una tassa imposta da Carlo I per finanziare la marina. Come tutti gli innovatori che tendono sempre a santificare il passato, i Puritani fecero della *Magna Charta* una leggenda e non avevano tutti i torti perché, come abbiamo visto, la carta concessa dal re Giovanni era realmente antidispotica senza essere democratica. Queste due verità spiegano due aspetti della caduta degli Stuart alquanto diversi fra loro e che vanno considerati separatamente. Riguardo al primo, la democrazia, ci sentiamo di affermare che nessuno che valuti i fatti in buona fede ne possa riscontrare l'esistenza. È plausibile ritenere che il parlamento del '600 stesse combattendo per una causa nella quale credeva, non è però credibile affermare che stesse combattendo per gli interessi del popolo. Dopo l'autunno del Medioevo il Parlamento fu sempre attivamente aristocratico e attivamente antipopolare. L'istituzione che aveva proibito a Carlo I di imporre la tassa per finanziare le sue navi, era la stessa che aveva impedito a Riccardo II di dare la libertà ai servi. Coloro che rivendicarono il carbone e altri ricchi minerali da Carlo I, in seguito rivendicheranno le terre comuni dai villaggi. Era la stessa istituzione che solo due generazioni prima tanto aveva contribuito alla distruzione non solo di quei luoghi vicini al sentimento popolare che erano i monasteri, ma anche di strumenti di pubblica utilità quali le Gilde, le parrocchie, l'autogoverno locale. L'operato dei grandi aristocratici può aver avuto, e certamente ebbe, anche altre e più patriottiche implicazioni, tuttavia era null'altro che l'operato di una ristretta cerchia di potenti che agiva per mezzo del Parlamento. Anche la Camera dei Comuni è stata Camera dei Lord. Ma quando volgiamo lo sguardo all'altro antidispotico aspetto della guerra contro gli Stuart, ci troviamo al cospetto di qualcosa di più difficile da spiegare e ancor più da giustificare. Mentre contro gli Stuart sono state dette le più assurde stupidaggini, la posizione dei loro nemici è stata spiegata molto meno; ciò perché si ricollega a una componente sempre particolarmente trascurata dalla nostra storiografia: il ruolo del continente. Si dovrebbe ricordare che, sebbene gli Stuart fossero sconfitti in Inghilterra, essi si batterono in conseguenza di avvenimenti che si erano svolti in Europa. Erano i brutali effetti della controriforma che all'onesto protestante facevano scorgere nel cattolicesimo degli Stuart non l'ultimo bagliore di un fuoco antico, quanto gli effetti di un'esplosione. Carlo II[7], ad esempio, era uomo intellettualmente solido, benché tendente allo scetticismo e ad una certa umoralità. Egli era quasi certamente convinto, pur con una certa riluttanza, che il cattolicesimo fosse una filosofia. L'altro punto decisivo da ricordare è l'orribile autocrazia, una sorta di Bastiglia, edificata in Francia in questo periodo. Era un regime per molti aspetti più equo e più equilibrato di quanto non fosse quello identificabile nell'oligarchia inglese ma che di fronte a ribellioni e resistenze si trasformò in tirannide. Non prevedeva alcuna delle pur approssimative regole inglesi che garantivano l'indipendenza dei tribunali, né alcuno dei virtuosi usi dell'antica *Common Law*. Vi era la *Lettre de cachet*[8] che doveva essere accolta senza repliche, come se fosse la parola divina. Gli Inglesi che non osservavano la legge stavano sicuramente meglio rispetto ai Francesi, anche se un acuto polemista francese potrebbe replicare che

7. Carlo II Stuart (1630-1685). Fu il sovrano della Restaurazione monarchica avvenuta nel 1660. Durante il ministero Darnby iniziò ad affermarsi una certa indipendenza del governo dalla Corona, in seguito alla quale si fa risalire l'origine della monarchia costituzionale inglese. Nel corso del suo regno (1679) fu varata la legge sull'*Habeas Corpus*.

8. La lettera con la quale il re di Francia convocava i corpi giudiziari. Poteva contenere qualsiasi genere di provvedimento ma è nota soprattutto per gli ordini di incarcerazione ed esilio.

erano gli Inglesi obbedienti alle leggi a stare molto peggio. Nella vita quotidiana l'ordine era tenuto dagli *Squires* che quando assumevano le vesti di magistrati tenevano un comportamento molto più imparziale di quanto non facessero di solito. Erano molto più forti come capi della comunità che come agenti del re. Nel difendere questo stato di cose gli *whigs* non avevano certamente intenzione di difendere la democrazia, quanto invece di difendere la libertà. In tal modo difendevano anche ciò che era rimasto delle libertà medievali, anche se non negli aspetti più importanti. Difendevano i tribunali ma non le corporazioni. Lo stesso feudalesimo implicava un localismo cui non erano estranei elementi di liberalismo che si erano mantenuti nel sistema aristocratico. Coloro che erano affascinati da questo tipo di cose dovettero guardare con grande allarme al Leviatano che, per Hobbes, era una specie di mostro, mentre in Francia era un uomo in carne e ossa. Analizzando i fatti, non si può non ravvisare che il puritanesimo, con tutta la sua purezza ideale, era ormai superato. La dimostrazione del cambiamento in corso la si può rintracciare in quello straordinario personaggio che viene generalmente considerato come colui che determinò la vittoria. Oliver Cromwell storicamente fu molto meno il leader dei Protestanti di quanto non ne fosse il domatore. Ciò indubbiamente, più nel corso della sua giovinezza che in quello della sua intera vita. Ma quanto più se ne ravvisa l'importanza tanto più emerge attraverso la sua figura il positivismo degli Inglesi piuttosto che il puritanesimo degli Scozzesi. Era il tipico proprietario terriero divenuto Puritano, rimanendo, però, sempre molto più legato alla sua condizione sociale che non a quella religiosa. È il protagonista di quel processo che porterà l'aristocrazia a perdere ogni motivazione religiosa. È questa la chiave per capire gli elogi e le critiche di cui fu fatto oggetto. La chiave per mettere a confronto l'intelligenza, il carattere illuminato, il senso moderno dell'efficienza di tante sue scelte con il carattere rozzo, volgare, cinico, privo di umanità di tante altre. Era l'opposto di un idealista, anzi sarebbe assurdo soltanto ritenere che possa aver avuto qualche ideale, però, come molti *Squires*, era un vero carattere inglese cui non era estraneo l'interesse per la cosa pubblica, né tanto meno il patriottismo. La sua affermazione personale, che distrusse un'idea neutra e impersonale di potere, nella sua lucida follia era tipicamente inglese. L'uccisione del re, a mio parere, non fu una sua decisione esclusiva. Fu una concessione al violento estremismo di un gruppo ristretto di Puritani con i quali inizialmente stabilì un compromesso ma poi entrò in conflitto. Fu una scelta dettata dal calcolo più che dalla crudeltà, da non ricollegare interamente a Cromwell che invece si dimostrò disumanamente crudele nei confronti degli Irlandesi. Costoro, dal nuovo spiritualismo elitario dei protestanti erano considerati al pari delle bestie o, utilizzando un moderno eufemismo, al pari degli aborigeni. La praticità del suo temperamento lo portava a essere molto più incline a una strage compiuta in quelli che gli apparivano territori ai margini della civiltà, piuttosto che all'uccisione di un uomo nel cuore di essa.

Cromwell non era un vero regicida, nel senso che volava molto più in basso. Il vero regicida opera come se fosse in trance o in preda a una visione. Egli invece era tutt'altro che turbato da apparizioni. Il vero conflitto tra la componente spiritualistica e quella razionalista del '600 simbolicamente lo si ebbe nel giorno della grande battaglia di Dunbar, quando i predicatori scozzesi, avendo messo in minoranza Leslie[9], lo costrinsero a entrare in quella valle nella quale rimarrà vittima del buon senso cromwelliano. Cromwell disse che Dio li aveva condotti nelle sue mani, in

9. David Leslie (1601-1682). Comandante dell'esercito scozzese, noto per la sua abilità come capo militare che, tuttavia, non gli impedì di essere sconfitto dal *New Model Army* guidato da Cromwell.

realtà tale esito era stato segnato dal cupo e disumano Dio dei calvinisti, un Dio opprimente come un incubo, un Dio prossimo alla sua fine. Quel giorno i veri trionfatori furono gli *whigs*, non i Puritani. A vincere furono gli Inglesi e il loro compromesso aristocratico; anche dopo la morte di Cromwell la restaurazione che ne seguì fu un compromesso guidato dagli aristocratici, un compromesso sul quale era forte l'impronta *whig*. Il popolo poteva entusiasmarsi come al cospetto di un re medievale, ma il Protettorato e la restaurazione portavano a ben altro, e non lo capì. Anche negli aspetti più esteriori per i quali poteva apparire un ritorno al passato, in realtà si rivelò una fase di passaggio. Il regime puritano aveva potuto affermarsi grazie a un'organizzazione militare completamente diversa da quella medievale. Soldati di professione, addestrati duramente ma ben pagati rappresentavano il nuovo modello di esercito di cui i Puritani divennero maestri. Quando il loro esercito fu sciolto, sia *tories* che *whigs* si opposero sempre a che venisse ricostituito, tuttavia il loro ritorno sembrò sempre imminente perché era nello spirito del nuovo, rigido, mondo scaturito dalla Guerra dei Trent'anni. Una scoperta è come una malattia incurabile, si era infatti scoperto che una massa di persone poteva essere trasformata in un millepiedi d'acciaio in grado di schiacciare masse più grandi ma meno organizzate. I resti del Natale erano stati salvati dalla furia dei Puritani, in seguito Dickens li salverà dagli Utilitaristi come qualcun altro in futuro potrebbe salvarli da vegetariani e astemi. Lo strano esercito passò e scomparve rapidamente, come un'invasione musulmana, tuttavia aveva fatto la differenza, una differenza legata al valore militare che alla fine risulterà tutt'altro che negativa. Si era a un punto di svolta della nostra storia, una svolta che rappresentò la conclusione di tante cose, prima fra tutte le ribellioni popolari. È suggestivo ritenere, ma nulla più, che questi uomini abbiano fatto nascere la Nuova Inghilterra al di là dell'oceano, in realtà essi provarono a fondarla qui. Paradossalmente, vi era qualcosa di preistorico nella grossolanità del loro essere uomini nuovi. Anche le vecchie e selvagge cose che essi invocavano, diventavano sempre più selvagge mano a mano che se ne percepiva la novità. Considerando le regole del cosiddetto Sabato Ebraico, avrebbero sottoposto a lapidazione anche l'ebreo più osservante. D'altra parte, i Puritani (e in generale tutta la loro epoca) trasformarono la caccia alle streghe da un episodio in un'epidemia. Devastatori e devastazioni scomparvero insieme. Il loro ricordo permane, tuttavia, in esempi più nobili del balbettante legalismo di qualche cinico *whig* che ne continuò l'opera. I Puritani erano innanzitutto contro la storia, come i futuristi italiani, ed erano anche interpreti di un'inconscia grandezza, in virtù della quale il loro sacrilegio aveva la solennità di un sacramento. Erano ritualistici e al tempo stesso iconoclasti. Un esempio, in verità piuttosto secondario, del loro inusitato e violento primitivismo è in ciò che fece un puritano di fronte a una imponente folla riunitasi a Whitehall[10]: costui recise la testa coronata che in quel momento rappresentava la religione dell'uomo del Medioevo. Un altro di loro, a ovest, lontano da Londra, recideva la spina di Glastonbury da cui aveva avuto inizio l'intera storia britannica.

10. I palazzi del governo a Londra.

# XIV.
# Il trionfo degli *whigs*

Se vi può essere qualche dubbio sul fatto che la Riforma abbia realmente riformato, vi sono pochi dubbi sul fatto che la Restaurazione abbia realmente restaurato qualcosa. Carlo II non fu mai un re alla vecchia maniera, egli fu il leader dell'opposizione ai suoi stessi ministri. Essendo un politico molto abile riuscì a conservare la corona, mentre suo fratello che gli succedette, essendo politicamente un imbecille, la perse, sebbene il trono non fosse già che una fra le diverse cariche istituzionali[1]. Da un certo punto di vista, Carlo II si adattò bene al nuovo mondo che stava iniziando, fu più un uomo del settecento che del secolo precedente. Era brillante come sa esserlo solo un personaggio teatrale, il suo era già il teatro di Sheridan, non più quello di Shakespeare. Appoggiò il puro sperimentalismo della Royal Society[2], dimostrando in questo ancora di più la sua modernità, e prestò avidamente il suo interesse ai primi, sperimentali apparecchi che si sarebbero poi trasformati nei terribili congegni della scienza. Lui e suo fratello erano le-

1. Allusione a Giacomo II che, dopo aver tentato di imporre all'Inghilterra un regime assoluto cattolico alleato della Francia, fu costretto alla fuga dopo lo sbarco in Inghilterra di Guglielmo d'Orange; questi, grazie al sostegno dell'aristocrazia, salì poco dopo al trono.

2. Società scientifica fondata con rescritto reale nel 1660.

gati per due ragioni a quella che in Inghilterra era allora la parte perdente; la rottura di questo legame provocherà la sconfitta della causa dinastica. La prima ragione, la cui importanza diminuiva a mano a mano che il tempo passava, era, naturalmente, l'odio nei confronti della religione. La seconda, sempre più rilevante tanto più ci si avvicinava al nuovo secolo, era la vicinanza alla monarchia francese. Ci occuperemo delle polemiche religiose prima di trattare la successiva fase storica nella quale l'interesse per la religione sarà largamente inferiore; si tratta, tuttavia, di un groviglio nel quale sarà difficile districarsi. I Tudor avevano iniziato a perseguitare la vecchia religione prima di cessare di appartenervi. Contraddizioni che spiegano la complessità di una fase di transizione come questa. Una persona del tipo e del tempo di Elisabetta avrebbe ritenuto fondamentale, e persino irrinunciabile, che i preti fossero celibi, contemporaneamente, però, perseguitava e sottoponeva a torture chiunque fosse sorpreso a parlare con i soli preti che fossero celibi. Questo mistero, spiegabile in vari modi, riguardò la Chiesa d'Inghilterra e in larga misura anche il popolo inglese. Che lo si definisca «la continuità cattolica dell'anglicanesimo» o semplicemente «la lenta estirpazione di esso», non vi è alcun dubbio che un pastore come Herrick[3], per fare un esempio, nel periodo più tardo della guerra civile, era pervaso di superstizioni che noi oggi definiremmo continentali. Analogamente, altri pastori erano già mossi da opposte e parallele passioni e guardavano al cattolicesimo continentale non come la Chiesa errante di Cristo ma, come la vera e propria Chiesa dell'Anticristo. È molto difficile stabilire oggi quale fosse la reale consistenza dei Protestanti, ma non vi è alcun dubbio della loro presenza in centri di grande importanza come Londra. Al tempo di Carlo

3. Robert Herrick (1591-1674). Poeta autore di composizioni a carattere sacro nelle quali prevale il modello dei classici latini.

II, dopo l'epurazione del terrore puritano, il protestantesimo era almeno divenuto qualcosa di più umano e connesso ai tempi di cui stiamo parlando, di quanto non fosse l'elitarismo calvinista o l'abilità dei nobili Tudor. La rivolta di Monmouth[4] mostrò che poteva contare su un sostegno popolare, benché insufficiente.

Gli antipapisti erano una folla che non riuscì mai a divenire popolo. Una folla che, probabilmente, era il prodotto dello sviluppo urbano e per ciò esposta a quelle epidemie di particolare allucinazione che ai nostri giorni il giornalismo è capace di provocare. Uno di questi scoop (se proprio non si vuole utilizzare la meno tecnica definizione di menzogne) in grado di scatenare un panico generalizzato, fu il cosiddetto complotto papista, un uragano cui Carlo II seppe resistere abilmente[5].

Un altro fu il cosiddetto *Racconto dello scaldaletto*[6] o del falso erede al trono che, infine, spazzò via Giacomo II. Un evento, quest'ultimo, che difficilmente sarebbe potuto ac-

4. James Scott, duca di Momnouth (1649-1685). Figlio naturale di Carlo II e di Lucy Walters. Dopo aver organizzato un complotto filo protestante, fu mandato in esilio dallo stesso sovrano. Nel 1685, essendo salito al trono Giacomo II, sbarcò in Inghilterra alla guida di un piccolo esercito proclamandosi re, tuttavia il suo tentativo non fu appoggiato dall'aristocrazia. In luglio i suoi soldati furono sconfitti e dispersi a Sedgmoor, Momnouth fu catturato e decapitato.

5. Riferimento all'"affare Oates" scoppiato nel 1678 in seguito alle rivelazioni calunniose di un avventuriero su un presunto complotto papista. La psicosi che si scatenò nel paese costrinse il ministero Danby alle dimissioni e fu causa di una violenta reazione protestante cui Carlo II dovette piegarsi. L'episodio segna l'inizio della diffidenza nei confronti della monarchia che portò, nel 1679, all'approvazione della legge dell'*Habeas Corpus*.

6. Il racconto del *Warming Pan* (scaldaletto), allude al figlio che Giacomo II ebbe dalla sua seconda moglie, la cattolica Maria di Modena che gli Inglesi credettero non gli appartenesse in quanto frutto di un complotto ordito dai gesuiti.

cadere se non fosse stato per uno di quegli irrazionali, ma quasi amabili localismi cui il temperamento inglese è incline. Il dibattito sulla Chiesa d'Inghilterra, allora come adesso, ha una caratteristica che lo distingue da tutti gli altri. Non si dibatte su ciò che quell'istituzione avrebbe potuto essere, ma su ciò che è attualmente. A una parte, allora come ai giorni nostri, interessava perché cattolica, all'altra perché protestante. Qualcosa di straordinario era accaduto agli Inglesi, così come agli Scozzesi e agli Irlandesi. Una gran quantità di gente comune ha amato la Chiesa d'Inghilterra senza aver chiaro cosa realmente fosse. Si determinò così un'unfluenza diversa da quella svolta dalla Chiesa durante il Medioevo, diversa anche dallo sterile prestigio di cui, aggrappandosi a essa nel secolo seguente, godette l'aristocrazia. Macaulay[7], da un punto di vista completamente diverso, utilizza alcune pagine per dimostrare che nel '600 il clero anglicano era, socialmente, paragonabile ad un servitore. Probabilmente ha ragione, ma non dice, però, che si trattava nient'altro che della sciagurata continuità con il più democratico clero medievale. Un prete non era trattato come un gentiluomo, un contadino, invece, era trattato come un prete. D'altra parte, nell'Inghilterra di allora, come nell'Europa di oggi, in molti si compiacevano dell'idea che il clero costituisse una classe superiore all'aristocrazia. In breve, la Chiesa d'Inghilterra allora era veramente nazionale, nel senso del coinvolgimento che riusciva a suscitare, mentre era piuttosto vaga la sua identità intellettuale. Quando Giacomo II sembrò minacciare questo concreto legame con la Nazione, egli destò qualcosa di molto più profondo della semplice suscettibilità dei nobili *whigs*. A ciò bisogna aggiungere un dato che generalmente si dimen-

7. Thomas Babington Macaulay (1800-1859). Membro dei Comuni, avvocato, storico e giornalista. Autore di *History of England from the accession of James II*.

tica. Mi riferisco all'influenza papista che allora era considerata come assolutamente rivoluzionaria. Il gesuita appariva agli Inglesi non come un mero cospiratore ma come una sorta di anarchico. Per molti Inglesi nelle astratte speculazioni dei gesuiti vi era qualcosa di terribile; gli astratti ragionamenti dei gesuiti portavano a quella cosa inaudita e impensabile che era la democrazia. Le proposte sulla tolleranza religiosa degli ultimi Stuart apparivano ai più tanto enormi e vuote da assimilarle all'ateismo. I soli Inglesi del '600 che non furono estranei a queste astrazioni trascendentali furono i Quaccheri; in Inghilterra si era realizzato un tranquillo compromesso che rischiava di venire meno nel momento in cui queste due forze si incontrarono. A metterle in contatto non era un intrigo stuardista, ma la loro comune origine filosofica che determinò l'alleanza fra lo stanco ma pur sempre umorale Carlo II e il sottile e libero spirito di William Penn[8].

Molti Inglesi, allora, furono realmente impauriti dalle idee sulla tolleranza religiosa degli Stuart che gli apparivano astratte e del tutto irrealizzabili. Erano idee troppo avanzate per quei tempi o, per usare un linguaggio più alto, troppo raffinate ed eteree per quel clima. A questo amore degli Inglesi per la concretezza, si deve aggiungere, non saprei in quale proporzione, un odio pressoché maniacale ma sincero verso il papato. Il potere si era da tempo trasformato, come abbiamo visto, in una macchina persecutoria nei confronti dei preti e di chi fosse loro amico. Si parla della revoca dell'Editto di Nantes[9], ma i persecutori Inglesi non

8. William Penn (1644-1718). Il fondatore della Pennsylvania, nel 1677 sbarcò in America alla guida di duecento Quaccheri. Poco dopo ereditò dal padre il territorio di Pennsylvania che era stato concesso da Carlo II alla sua famiglia come ricompensa per i prestiti ottenuti.

9. Firmato nel 1598 da Enrico IV, riconosceva ai protestanti francesi la libertà di culto.

ebbero mai editto più tollerante da revocare. Vi è da dire che, almeno da questo momento in poi, sia in Inghilterra, sia in Francia fu perseguitata una minoranza. Sfortunatamente vi era un'altra provincia del regno ove a essere perseguitata era una maggioranza. In questa fase, infatti, arrivò al suo culmine quel crimine permanente cui si dà l'appellativo di governo dell'Irlanda. Impiegherei troppo tempo per spiegare dettagliatamente la serie di immonde leggi da cui quel paese fu oppresso verso la fine del diciottesimo secolo; basti dire che l'atteggiamento verso gli Irlandesi fu simbolicamente incarnato, andandosi a collegare con l'espulsione degli Stuart, da uno di quegli eventi la cui memoria non si potrà mai perdere. Giacomo I, fuggendo in seguito all'ostilità che nei suoi confronti era montata a Londra, e forse in tutta l'Inghilterra, fuggì in Irlanda che scelse di scendere in guerra dalla sua parte. Il principe di Orange[10], salito al trono grazie all'aristocrazia, sbarcò in Irlanda alla guida di un esercito composto da Inglesi e Olandesi, vinse la battaglia di Boyne, ma prima di giungere a Limerick vide il suo esercito bloccato dal genio militare di Patrick Sarsfield[11]. Si arrivò a una situazione di stallo che fu risolta accordando agli Irlandesi, in cambio della resa di Limerick, la piena libertà religiosa. Gli Inglesi occuparono la città e immediatamente ruppero i patti. Non vi è molto altro da di-

10. Guglielmo III d'Orange - Nassau (1650-1702). *Statolder* delle Province Unite e dei Paesi Bassi ed in seguito Re d'Inghilterra, Scozia e Irlanda. Il pericolo che l'Inghilterra, per influsso di Giacomo II, potesse diventare cattolica e schierarsi così contro le Province Unite, lo indusse ad accettare l'invito dell'opposizione protestante inglese. Nel 1689, dopo aver ratificato il *Bill of Rights* che stabiliva i principi del regime costituzionale, fu proclamato re.

11. Patrick Sarsfield, conte di Lucan (1650-1693). Generale irlandese fedele alla causa giacobita dopo la rivoluzione del 1688. Riuscì a prolungare la resistenza della città di Limerick che cadde in mano agli orangisti nel 1691.

re. Per gli Irlandesi non dimenticarsi di questi fatti fu una tragica necessità; tuttavia, è molto più tragico il fatto che gli Inglesi lo abbiano dimenticato perché chi non rammenta i suoi peccati tende sempre a ripeterli. Ancora una volta la posizione degli Stuart dimostrava la sua debolezza dal punto di vista della politica secolare, soprattutto riguardo alla politica estera. Gli aristocratici, che dopo la rivoluzione erano gli effettivi detentori del potere, avevano già abbandonato il loro fervore protestante e anticattolico; tuttavia, credevano fortemente nell'Inghilterra e avevano una forte avversione per la Francia, in primo luogo in riferimento ai due diversi modelli istituzionali che governavano i due paesi. Costoro, quanto di più antimedievale si potesse immaginare, si vantavano di aver conservato libertà medievali come la *Magna Charta*, il Parlamento, i tribunali popolari e non mancavano di appellarsi a una leggenda medievale per giustificare la guerra con la Francia. Un tipico oligarca del '700 come Horace Walpole arrivava a lamentarsi perché in un'antica chiesa una guida, mentre lui era interessato ai resti di Giovanni di Gaunt[12], lo annoiava con le irrilevanti vicende riguardanti qualche santo. Lo affermava con tutta la *naiveté* del suo scetticismo, senza capire quanto quel suo atteggiamento fosse lontano da Giovanni di Gaunt. Sebbene la loro nozione della storia medievale fosse simile a un vero e proprio ballo in maschera, ciò non impediva a chi andava a combattere contro la Francia di indossare ancora come ornamento l'armatura del Principe Nero[13] o la corona di Enrico di

12. Giovanni di Gaunt (1340-1399). È considerato il capostipite del ramo Lancaster della dinastia degli Angiò-Plantageneti.

13. Edoardo, il Principe Nero (1330-1376). Figlio di Edoardo III. Soldato eccellente, fu uno dei maggiori condottieri del suo tempo. Ammalatosi gravemente dopo la campagna di Castiglia, rinunciò a ogni sua attività. Lasciò un unico figlio, Riccardo II, che nel 1377 divenne re.

Momnouth[14]. In questo caso è abbastanza logico ritenere che i nobili avessero il favore del popolo, come lo ha sempre chi combatte in nome della patria.

È altrettanto vero che gli ultimi Stuart erano anch'essi animati da un forte patriottismo: Giacomo II[15], in particolare, può essere considerato il fondatore della marina britannica. Tuttavia, tra tutti gli altri paesi stranieri, le loro simpatie andavano alla Francia; si rifugiarono entrambi lì: il maggiore prima, il più giovane dopo il suo periodo di regno. La Francia appoggiò i successivi tentativi Giacobiti di restaurare la monarchia. Per la nuova Inghilterra, innanzi tutto per la sua aristocrazia, la Francia era il nemico. La trasformazione che alla fine del '600 interessò le relazioni internazionali inglesi è simboleggiata da due diversi avvenimenti: il primo è l'ascesa al trono di un re olandese, il secondo di un re tedesco. Nel primo erano presenti tutte le combinazioni che rendono normale un evento che nomale non è. Nel secondo si produsse una situazione nella quale, anche ciò che a malapena può definirsi normale, si giunge a considerarlo necessario. Guglielmo d'Orange fu il cannone che aprì la breccia sul muro; un cannone straniero per giunta che fece fuoco in una controversia più straniera che inglese, ma nella quale gli Inglesi, in primo luogo l'aristocrazia, potevano giocare un ruolo fondamentale. Giorgio di

14. Enrico V (1387-1422). Re d'Inghilterra, figlio e successore di Enrico IV di Lancaster. Molto attivo in politica estera, nel 1420 ottenne la reggenza di Francia e la mano della principessa Caterina, figlia di Carlo VI; ammalatosi gravemente poco dopo lasciò la reggenza al fratello Giovanni.

15. Giacomo II (1633-1701). Inviso all'aristocrazia *whig* già prima di salire al trono per la sua conversione al cattolicesimo, nel 1678 fu costretto all'esilio in seguito all'"affare Oates". Salito al trono nel 1685 scelse la strada dello scontro con il Parlamento che non venne mai convocato. Dopo la fallita rivolta guidata da suo nipote Momnouth, attuò una feroce repressione che gli attirò ulteriormente l'ostilità dell'opinione pubblica.

Hannover[16] fu solo un ammasso di rifiuti che i nobili inglesi, per loro piena ammissione, utilizzarono per coprire le falle che si erano prodotte nel muro. Per molti aspetti Guglielmo, cinico com'era, continuò la leggenda del grande e severo puritanesimo. Intimamente era un calvinista, mentre Giorgio nessuno sapeva cosa fosse, a parte che non era cattolico. Guglielmo in patria era stato in parte il continuatore di quel valoroso esperimento repubblicano che aveva rappresentato uno degli ideali più nobili del secolo. Giorgio in patria si dimostrò abbastanza simile al re delle isole cannibali, protagonista di una selvaggia gestione del potere, troppo illogica per essere considerata dispotica. Guglielmo era uomo di acuta e sottile intelligenza, Giorgio ne era, invece, sprovvisto. Considerando gli effetti più visibili, Guglielmo sposò una Stuart e salì al trono insieme a lei: una figura familiare entrava a far parte della famiglia reale. Con Giorgio penetrò in Inghilterra qualcosa di nuovo, qualcosa che nella letteratura medievale e rinascimentale non trova altra definizione che quella di Ottentotto, il barbaro proveniente dall'altra sponda del Reno. Il regno della regina Anna[17], che copre il periodo intercorso tra questi due re, costituisce una fase di transizione. Rappresenta il ponte tra il periodo in cui gli aristocratici erano tanto deboli da dover

16. Giorgio I (1660-1727). Fondatore della dinastia Hannover, fu sempre poco amato dagli Inglesi sia per la sua assoluta mancanza di maniere regali, sia per l'abitudine di distribuire ricche prebende a parenti, amici e alle numerose amanti. Poiché non capiva la lingua dei suoi ministri, finì per non partecipare più alle loro riunioni; venne così a formarsi il "governo di gabinetto" che diventò l'organo supremo dell'esecutivo scavalcando le competenze del Consiglio Privato e contribuendo in modo decisivo alla creazione di istituzioni veramente parlamentari.

17. Anna Stuart (1665-1714). Figlia di Giacomo II, sposò il principe Giorgio di Danimarca e visse in relativo isolamento fino alla rivoluzione del 1688 che portò sul trono d'Inghilterra sua sorella Maria II e il marito di lei Guglielmo d'Orange. Salì al trono nel 1702.

ricorrere all'aiuto di un uomo forte e tanto forti da dover ricorrere all'aiuto di un debole. Le metafore portano sempre a semplificare, forse troppo; tuttavia, il tutto può essere raffigurato come lo scontro tra due grandi personaggi, gentiluomini e geniali, coraggiosi e sicuri dei propri intenti, per il resto in totale, violento contrasto. Uno era Henry St. John, Lord Bolingbroke, l'altro John Churchill, il famoso duca di Marlborough[18]. La storia di Churchill coincide con la vittoria della rivoluzione, quella di Bolingbroke con la sconfitta della controrivoluzione. Churchill è uno straordinario uomo del suo tempo, in grado di combinare la presenza di gloria e l'assenza di onore. Quando, alcune generazioni dopo, la nuova aristocrazia sarà divenuta parte integrante della Nazione, registreremo la presenza di personaggi non solo aristocratici ma educati secondo le regole della cavalleria. La rivoluzione fece sì che il paese fosse interamente retto da gentiluomini. Le università e le scuole popolari del Medioevo, le Gilde e le abbazie, erano state confiscate per essere trasformate in ciò che sono ora: catene di montaggio di gentiluomini se non semplicemente di snob. È difficile credere che quelle che ora chiamiamo Scuole Pubbliche, una volta lo fossero effettivamente. Dopo la rivoluzione cominciarono a divenire private, come lo sono tuttora. Nel '700 vi erano dei grandi gentiluomini, nel significato alto, forse anche troppo che viene dato ora a questo titolo. Gente non solo onesta, ma persino temeraria

18. John Churchill, duca di Marlborough (1650-1722). Generale e uomo politico noto per la sua abilità e spregiudicatezza, appoggiò dapprima Giacomo II per poi schierarsi, nel corso della crisi del 1688, con Guglielmo d'Orange in nome della difesa della Chiesa anglicana. Negli anni seguenti, come molti nobili *tories*, continuò ad avere rapporti con Giacomo II, cosa che nel 1692 lo fece cadere in disgrazia. Favorevole all'impegno militare inglese sul continente, finì per avvicinarsi al partito *whig* senza, tuttavia, riuscire ad accordarsi con i più estremisti fra loro, noti col nome di *junto*.

e romantica nella sua onestà, il cui ricordo è legato ai nomi di Nelson e Fox[19]. Abbiamo visto come i primi riformatori, in nome del fanatismo, abbiano distrutto le Chiese che i loro immediati successori distruggeranno solo per avidità. Similmente, gli *whigs* del '700 spesso lodarono, con grande magnanimità, quanto fatto dai loro predecessori del secolo precedente con grande meschinità. L'effettivo grado di tale meschinità lo si può percepire se si considera che chi passava per eroe militare mancava dell'elementare virtù dell'obbedienza verso i suoi superiori e della fedeltà alla bandiera al punto da agire, nelle campagne che ne avrebbero reso immortale il nome, come un subdolo profittatore al seguito del suo esercito[20]. Quando Guglielmo sbarcò a Torbay chiamato dagli altri nobili *whigs*, Churchill, quasi volesse aggiungere un tocco di idealismo all'imitazione di Giuda Iscariota, andò da Giacomo Stuart facendo esagerate professioni di amore e lealtà, prese le armi come se dovesse difendere il paese da un'invasione e, senza scomporsi, le consegnò all'invasore. A parte rare eccezioni, ben pochi politici del tempo della rivoluzione avevano una caratura morale superiore a quella che abbiamo appena visto. Mentre si stringevano intorno al trono di Giacomo, in pochi non erano in corrispondenza con Guglielmo. Quando in seguito si stringeranno intorno al trono di Guglielmo, po-

19. Charles James Fox (1749-1806). Esponente *whig*, attaccò la politica del gabinetto North verso le colonie americane. In seguito si dichiarò favorevole alla rivoluzione francese, sostenendo il principio del non intervento. Tentò invano di concludere la pace con Napoleone e appoggiò la legge che prevedeva l'abolizione della tratta dei negri.

20. Chesterton si riferisce al comportamento delle truppe inglesi nelle campagne militari nel corso del '700. In proposito si veda quanto scritto da Benjamin Franklin nella sua *Autobiografia*: «Anche durante il primo tratto della marcia, dal luogo in cui erano sbarcati fin oltre le zone abitate, avevano derubato e spogliato gli abitanti, causando la totale rovina di alcune famiglie povere, oltre ad avere insultato e offeso e addirittura confinato quelli che avevano tentato di ribellarsi».

chi di loro non lo saranno con Giacomo. Furono uomini di questa levatura a sconfiggere il giacobitismo irlandese con il tradimento di Limerick[21] e furono questi stessi uomini a sconfiggere il giacobitismo scozzese con il tradimento di Glencoe[22]. La strana, splendida storia del '700 inglese costituisce uno di quei casi in cui la grandezza si manifesta negli aspetti più miseri, come una piramide che si regga in un solo punto. Cambiando metafora, la nuova oligarchia mercantile può essere simboleggiata dalle fattezze esteriori della sua grande sorella: l'oligarchia mercantile veneziana. La solidità era tutta nella parte superiore, le oscillazioni in basso. Il grande tempio di Chatham e Warren Hastings[23] fu eretto su basi instabili quanto l'acqua e inconsistenti quanto la schiuma. Naturalmente si tratta solo di una considerazione di fantasia per collegare l'elemento di instabilità che caratterizza i nostri signori dei mari con la loro irrequietezza e ambiguità. Vi era un qualcosa nell'origine, se non nelle successive generazioni della nostra aristocrazia mercantile, di troppo mercantile; qualcosa che ci rimanda a un esempio più antico di essa, la cosiddetta *punica fides*. Strafford, il grande realista, mentre ormai privo di illusioni si avviava verso la mor-

21. Limerick fu l'ultima roccaforte giacobita a cadere nelle mani degli orangisti nel 1691.

22. Il massacro di Glencoe si verificò nel 1692, quando l'insubordinazione delle *Highlands* scozzesi costrinse il governo di Guglielmo III a obbligare tutti i capiclan a prestare giuramento di fedeltà e obbedienza. Macdonald di Glencoe si presentò con sei giorni di ritardo. Il conte di Stair, pensando che solo il terrore potesse sottomettere quelle popolazioni, lo fece massacrare con il suo seguito dal reggimento di Archibald Campbell, nemico di Macdonald. Il massacro, compiuto all'insaputa di Londra, accrebbe l'ostilità scozzese nei riguardi della monarchia inglese.

23. William Pitt il Vecchio Lord Chatham (1708-1778). Vincitore della guerra dei sette anni, restaurò la potenza britannica in India e in America. *Warren Hastings* (1732-1818). Primo governatore generale delle Indie, fu uno degli artefici della presenza coloniale inglese nell'area.

te, disse: «Non riponete la vostra fiducia nei principi» e Bolingbroke, anch'egli sostenitore della corona, sembra abbia aggiunto: «E meno che mai nei principi che fanno i mercanti». Bolingbroke occupa, per un insieme innegabile di motivi, un posto considerevole nella storia inglese, tuttavia, in seguito ai recenti, tormentati sviluppi, sembra sia andato quasi scomparendo. Se non capiamo questo non riusciremo a comprendere il nostro passato e, mi viene da aggiungere, il nostro futuro. È abbastanza curioso che, mentre i migliori autori del '700 ne hanno piena consapevolezza, i contemporanei non riescano ad afferrarlo. Per Johnson[24] questi concetti erano molto chiari; lo si vede quando denuncia l'oppressione patita dal popolo irlandese, oppure quando afferma che il primo *whig* fu il diavolo. Lo stesso vale per Goldsmith[25] che intorno a questi temi fa ruotare il suo *Villaggio abbandonato* e, con grande humour e lucidità, *Il Vicario di Wakefield*. Swift[26], invece, lo espresse considerandosi, dal punto di vista intellettuale, un compagno d'armi dello stesso Bolingbroke. Al tempo della regina Anna era probabilmente questa l'opinione della maggior parte degli Inglesi. Non soltanto in Irlanda vi era al potere una minoranza. Quest'affermazione, brillantemente argomentata da Bolingbroke, comporta numerose implicazioni, la più immediata è probabilmente quella che considera la distanza una delle virtù di un despota. Chi avvelena veramente la vita degli uomini è infatti il

24. Samuel Johnson (1709-1784). Poeta e commediografo, uno dei più importanti intellettuali inglesi del Settecento, verso cui Chesterton nutriva una profonda ammirazione.

25. Oliver Goldsmith (1728-1774). Scrittore e poeta, la sua opera più famosa è il romanzo *Il vicario di Wakefield.*

26. Jonathan Swift (1667-1745). Uno dei massimi scrittori del settecento inglese. Nei suoi romanzi, tra cui *Gulliver's Travels*, si sviluppa la satira nei confronti della società del suo tempo e della vana ricerca del potere cui tende la natura umana.

"piccolo tiranno di campagna". Questa tesi comporta verosimilmente che un buon re non solo è cosa auspicabile, ma anche priva di alternative; implica anche il paradosso che persino un cattivo re è buono se opprime la nobiltà e mitiga la pressione sul popolo. Un tiranno tende a torturare i torturatori e se è vero che Nerone non trasse dall'omicidio della madre un grande merito per la sua anima, certamente non fu una grande perdita per il suo impero. Bolingbroke sviluppò un'interpretazione tutta razionalistica del Giacobitismo. Egli era, in definitiva, un tipico e brillante prodotto dell'intellettualità settecentesca. Deista e raffinato saggista, era un uomo dotato di spirito d'avventura e di grande coraggio politico. Fece un ultimo tentativo in favore degli Stuart. Fu sconfitto dai nobili *whigs* che formavano un'élite del nuovo regime; se si guarda a chi lo sconfisse è quasi inutile aggiungere che fu vittima di un inganno. Il piccolo principe tedesco salì al trono, o meglio vi fu posto come un fantoccio, mentre l'illustre realista inglese andò in esilio. Venti anni dopo egli farà ritorno e riaffermerà la sua profonda e coerente volontà in una monarchia che fosse realmente espressione della Nazione. È indicativo per capire il livello del personaggio, il fatto che egli fosse disposto, in nome del suo ideale, a sostenere l'erede del Re contro il quale aveva lottato. Bolingbroke fu un realista, ma mai un Giacobita. A interessarlo era l'istituzione monarchica, non la famiglia reale. Vi dedicò un libro, *Il Re Patriota*, che scrisse in esilio. Quando capì che il nipote di Giorgio era un buon patriota, si augurò che da re lo fosse ancora di più. In tarda età fece un altro tentativo, il cui esito fu tutt'altro che positivo, utilizzando come materiale umano Giorgio III e Lord Bute[27]; quando l'esperimento fallì, seppe mori-

27. John Stuart III conte di Bute (1713-1792). Fu il responsabile dell'educazione di Giorgio III e poi membro del suo Consiglio privato. Nel 1761 partecipò al ministero guidato da William Pitt e gli succedet-

re con tutta la dignità del *sed victa Catoni*. La grande aristocrazia mercantile dimostrò tutta la sua statura, tuttavia, se vogliamo veramente cogliere gli aspetti positivi e negativi della sua ascesa non vi è migliore riassunto del periodo che intercorre tra il primo e l'ultimo *coup d'état* di Bolingbroke. Nel primo caso la sua politica portò alla pace con la Francia ed alla rottura del legame con l'Austria; nel secondo alla pace con la Francia ed alla rottura dell'alleanza con la Prussia. In questo periodo, infatti, il seme che aveva dato ai proprietari terrieri prussiani era enormemente cresciuto, dando così vita a quel prodigio che costituirà un problema enorme nella storia europea. Alla fine di questo periodo Chatham, che incarnava essendone anche simbolicamente l'artefice, tutto ciò che noi oggi definiamo Impero Britannico, era nel momento di massimo splendore suo e del paese. Egli rappresentava in tutto la Nuova Inghilterra sorta dalla rivoluzione, in primo luogo riguardo alla dinamica contraddittoria che per molti aveva quella fase, peraltro così chiara nei suoi scopi sociali. Chatham era uno *whig* che in qualche modo potremmo definire liberale, come suo figlio che gli succedette, ma fu anche un imperialista di quelli che oggi chiameremmo *jingo*[28]; d'altra parte, il partito *whig* era sostanzialmente il partito *jingo*. Era un nobile come lo erano tutti gli uomini politici, ma fu anche quello che un po' enfaticamente chiamiamo un affarista, o meglio ancora, un cartaginese. Nella comunanza di questi aspetti egli rappresentava forse una versione più umana, pur senza mai agire da ostacolo del progetto aristocratico. Mi riferisco al fatto che riuscì a coinvolgervi le classi medie. Fu, infatti, un giovane soldato proveniente da quel ce-

te come primo ministro. Dopo il trattato di Parigi (1763) che concludeva la guerra dei sette anni (1756-1763), fu costretto, in conseguenza delle proteste popolari, a dimettersi.

28. Termine indicante i nazionalisti estremisti.

to, James Wolfe[29], a guidare gloriosamente il Quèbec fuori dall'orbita francese e fu un giovane impiegato della *East India Company*, Robert Clive[30], ad aprire all'Inghilterra i dorati cancelli dell'India. Una delle grandi prerogative dell'aristocrazia settecentesca fu di riuscire a governare senza scontrarsi con la sempre più influente *bourgeoisie*; lo scontro tra le due classi si produrrà in altri momenti. Chatham fu anche un brillante oratore parlamentare e, pur essendo il Parlamento inglese troppo ristretto per essere considerato un Senato, egli ne era uno dei grandi senatori. Una parola quest'ultima che richiama il suono di quelle nobili frasi romane allora così frequentemente utilizzate; frasi che a ragione definiamo classiche e a torto consideriamo fredde. Niente potrebbe essere più lontano da tutta questa impetuosa fioritura di cultura, da tutta questa raffinatezza aristocratica, da tutta quest'aria di libertà e avventura per i mari, del piccolo, isolato stato dei cupi sergenti di Potsdam che tentavano di trasformare dei poveri selvaggi in soldati. Il loro grande capo fu una sorta di ombra di Chatham proiettata dall'altra parte del mondo, un'ombra che ne è allo stesso tempo un ingrandimento e una caricatura. I nobili inglesi, il cui anticattolicesimo fu nobilitato dal patriottismo, vi videro come una lunga e sottile traccia delle loro teorie. L'anticattolicesimo di Chatham era l'ateismo di Federico il Grande. Nel primo caso si trattava di patriottismo, nel secondo di un qualcosa che poteva definirsi in nes-

29. James Wolfe (1727-1759). Generale protagonista dell'affermazione militare inglese in Canada, ove, nel corso della spedizione contro il Quebec, morì in combattimento.

30. Robert Clive (1725-1744). Fondatore dell'Impero dell'India britannica, accumulò un'immensa fortuna che gli consentì di comprare la metà dei seggi elettorali dello Shropshire. Le inchieste seguite alle polemiche sorte sul suo conto, pur vedendolo assolto, lo portarono a togliersi la vita.

sun altro modo che prussianismo. La cannibalesca teoria secondo la quale una Nazione arriva per sua stessa natura a divorare altre nazioni, era ormai entrata nella cristianità. L'autocrazia prussiana e la nostra aristocrazia procedettero insieme e si trovarono a essere sempre più vicine; a un certo punto sembrò persino che si stessero per unire in matrimonio. Non prima, però, che il grande Bolingbroke, con il suo gesto di morte, ne proibisse il bando.

## XV.
# La guerra con le grandi repubbliche

NON POTREMO CAPIRE IL DICIOTTESIMO secolo fino a quando riterremo l'arte retorica il mero risultato di un artificio. Verso nessun'altra manifestazione artistica abbiamo un atteggiamento così assurdo. Di un tizio che accenna un motivo sui tasti d'avorio di un pianoforte di legno siamo capaci di parlare di *grande sensibilità*, così pure di un altro che ci fa mostra dei moti della sua anima grattando su corde di minugia dopo un allenamento accurato quanto quello di un trapezista. Nonostante ciò, siamo condizionati dal pregiudizio che la forma non sia in qualche modo frutto di sincerità, mentre rappresenta il legame con cose assolutamente reali come un uomo e una folla. Siamo diffidenti riguardo all'autenticità degli oratori vecchio stampo perché il loro stile è talmente armonioso e perfetto che ci sembra impossibile possa esprimere i loro veri sentimenti. Prima di parlare di tutte le critiche che pure possono essere mosse nei confronti del '700, dobbiamo premettere che si tratta di manifestazioni d'autentica artisticità. L'oratoria del tempo era come una poesia senza rima e aveva tutta l'umanità della poesia. Non gli era per niente estranea la metrica. In quel secolo furono pronunciate tante frasi importanti, spesso in occasione di grandi avvenimenti storici, nelle quali vi è il fremito e l'incedere del canto come se chi le pronunciasse avesse in quel momento in mente una melodia. Nella frase di Nelson[1]: «vinsi con onore e morirò con onore, insieme con loro», vi è più ritmo che in tanti versi liberi. Quando Patrick Henry[2] dice: «datemi la morte o datemi la libertà», potremmo anche essere di fronte ad un grande verso di Walt Whitman[3]. Una delle più curiose bizzarrie degli Inglesi è l'essere convinti di essere dei pessimi oratori. È, però, indubbio che il '700 inglese ne può vantare molti e brillanti. In Francia vi erano degli scrittori molto validi, ma non degli oratori pari a quelli Inglesi. Il Parlamento aveva molte cadute ma era abbastanza sincero da potersi permettere di far sfoggio di retorica. Il Parlamento era corrotto, come lo è anche oggi, sebbene gli esempi di corruzione allora fossero spesso realmente considerati come tali, ovvero come degli ammonimenti, mentre ora non scuotono nessuno. Il Parlamento era indifferente agli elettori, come lo è anche oggi, sebbene gli elettori lo fossero molto meno nei suoi confronti. Il Parlamento era snob, come lo è anche oggi, benché fosse forse più rispettoso delle differenze di classe che non di quelle di ricchezza. Tuttavia, il Parlamento era veramente un Parlamento, legittimava il suo nome e i suoi compiti grazie ai discorsi che vi si pronunciavano, discorsi che ognuno si sforzava di fare nel miglior modo possibile. Non evitavano di prendere talune decisioni semplicemente perché non sopportavano che si affrontassero certi argomenti, come ac-

1. Horatio Nelson (1758-1805). Il più popolare eroe inglese. Il suo nome è legato alla vittoria di Trafalgar (1805) nella quale sconfisse la flotta franco-spagnola, affermando definitivamente il dominio inglese sui mari.

2. Patrick Henry (1736-1799). Uomo politico americano, aderì alla lotta per l'indipendenza degli Stati Uniti. Durante il periodo di redazione e ratifica della Costituzione fu a capo degli antifederalisti per poi aderire a posizioni più moderate.

3. Walt Whitman (1819-1892). Celebre poeta americano, nella sua opera la trasposizione degli ideali democratici e il rifiuto dei condizionamenti imposti dalla società industriale.

cade oggi. In quegli anni, a eterna gloria del nostro paese, l'Inghilterra era una grande *bottega* della parola, non uno di quei negozi che vendono informazioni finanziarie. La cura che gli uomini del diciottesimo secolo dedicavano all'oratoria, come per ogni artista, è una prova della loro sincerità, non il contrario. Un entusiastico discorso elogiativo di Burke[4] è complesso ed elaborato quanto un sonetto d'amore e ciò perché il suo autore lo pronunciava con la passione di un innamorato. Una sulfurea frase di Junius[5] è calibrata con la stessa attenzione di un veleno rinascimentale e ciò perché il suo autore era iracondo quanto un avvelenatore. Nessuno che abbia compreso questa verità psicologica, può avere dubbi sull'amore che i nobili inglesi del '700 avevano nei confronti della libertà. Le loro voci quando pronunciavano quella parola si levavano come trombe. Quale che fosse il significato che le davano i loro antenati, questi uomini credevano realmente in ciò che dicevano quando parlavano della leggenda di Hampden o della sacralità della *Magna Charta*. Questi patrioti che Walpole[6] chiamava *i ragazzi*, in parte erano veramente dei patrioti, e anche qualcosa di più, in parte veramente dei ragazzi. La si potrebbe mettere così: tra i nobili *whigs* molti erano realmente *whigs*. *Whigs* nel senso ideale del termine, ovvero il partito a difesa della legge contro tiranni e cortigiani. Ma se qualcuno ne volesse dedurre che, pur essendo gli aristocratici *whigs* degli

4. Edmund Burke (1729-1797). Uomo politico e scrittore *whig*. Si distinse all'interno del suo stesso schieramento parlamentare per le sue posizioni accesamente anti-francesi. La sua opera più nota è *Considerazioni sulla Rivoluzione Francese*.

5. Pseudonimo di William Pitt, il Vecchio.

6. Horace Walpole (1717-1797). Scrittore e deputato ai Comuni, diede avvio alla moda letteraria del "gotico" con *Il castello d'Otranto*. Scettico, raffinato, eclettico si cimentò anche con la saggistica storica e politica.

*whigs*, non vi è alcun dubbio sul fatto che fossero aristocratici, come può dimostrare qualche esempio concreto: le leggi da loro approvate sulla caccia e sulle recinzioni, le rigide regole sui duelli e il richiamo insistito al senso dell'onore. Se, tuttavia, vogliamo chiederci se erano realmente nel giusto quando definiscono aristocratico il loro mondo e democratico il suo contrario, il test storico da fare è il seguente: quando il repubblicanesimo divenne una concreta possibilità, essi vi combatterono contro due grandi guerre o, se preferiamo, i repubblicani le combatterono contro di loro. L'America e la Francia colsero allora la vera natura del parlamento inglese. Il ghiaccio può brillare ma un bagliore prolungato dimostrerà che è soltanto ghiaccio. Così quando la rossa fiamma della rivoluzione entrò in contatto con l'algido splendore degli *whigs*, si verificò all'istante lo stridore di un conflitto; si poté udire il sibilo della fiamma che viene a contatto con il ghiaccio e dell'acqua che spegne il fuoco. È stato sottolineato che una virtù dell'aristocrazia *whigs* era la libertà, la *loro* libertà. Si dovrebbe anche dire che un'altra delle loro virtù era il cinismo. Non avrebbero affatto condiviso la nostra incondizionata ammirazione, un po' rigida e stereotipata a dire il vero, per personaggi positivi come Washington[7] e per altri negativi come Boney. Potevano al massimo essere convinti che la causa di Washington non era così univocamente giusta, né quella di Napoleone così univocamente sbagliata come tanti libri in circolazione vorrebbero farci credere. Avevano un'istintiva ammirazione per il genio militare di entrambi, unito al più profondo disprezzo per la famiglia reale germanica. Tuttavia era-

7. George Washington (1732-1799). Delegato della Virginia alla Convenzione di Filadelfia, in seguito primo Presidente degli Stati Uniti (1789); in questa veste fu assertore dell'interpretazione federalista della costituzione propugnata dal sottosegretario al Tesoro Alexander Hamilton.

no, in quanto classe, non solo contrari sia a Washington che a Napoleone, ma lo erano verso entrambi per la medesima ragione. Ciò perché entrambi si battevano per la democrazia. L'errore nel comprendere questa fondamentale differenza, soprattutto nel caso dell'America, ha reso un grave torto all'aristocrazia che governava l'Inghilterra in quel periodo. Si collega a questo un atteggiamento assolutamente distorto da parte degli Inglesi secondo il quale, mentre spesso (come nel caso dell'Irlanda) si considerano nel giusto quando hanno assolutamente torto, si convincono facilmente (come nel caso dell'America) di essere assolutamente in errore quando, almeno in parte, potrebbero avere ragione. Durante il regno di Giorgio III[8] il Parlamento decise di mettere alcune tasse sulle colonie della costa orientale. Nulla proibiva, né precedenti avvenimenti, né leggi, alla madrepatria di imporre tasse ai coloni. Né si trattava di tasse particolarmente oppressive, come avviene nei casi che solitamente provocano delle rivoluzioni. L'oligarchia *whig* aveva le sue colpe, ma certamente tra queste non può essere annoverata la mancanza di attaccamento alla libertà e ciò valeva in primo luogo per le comunità che vivevano oltreoceano. Chatham[9], il campione di questa nuova nobiltà nazionale, nel suo rifiuto di compiere restrizioni delle libertà o ritorsioni verso le colonie ne esprimeva in pieno l'orientamento. Burke, allora eloquente portavoce del partito *whig* e in seguito destinato a dimostrarne l'identità aristocratica, naturalmente andò anche oltre. Anche North[10] era favorevole

8. Giorgio III (1738-1820). Considerato il primo monarca veramente britannico della dinastia Hannover. Tese a restaurare le prerogative regie e fu ostile al governo dei partiti, tuttavia, non riuscì a raccogliere intorno a sé il consenso del paese.

9. Riferimento a William Pitt il Vecchio.

10. Frederich North, secondo conte di Guilford (1732-1792). Primo ministro quando scoppiò la rivolta nelle colonie nordamericane alle

a un compromesso con le colonie e, benché Giorgio III, sciocco com'era, si sarebbe potuto rifiutare di scendere a patti con i rivoltosi, egli aveva già fallito nell'impresa di attuare il piano di Bolingbroke che prevedeva la restituzione del potere reale. Il vero motivo per cui gli Americani scelsero lo scontro andava al di là del fatto immediato. Essi si contrapponevano non a una monarchia declinante ma a un'aristocrazia in pieno fulgore. Scelsero di dichiarare guerra a qualcosa di molto più importante e grande del povero re Giorgio. La tradizione popolare, soprattutto in America, l'ha invece sempre descritta come una guerra tra Giorgio III e Washington e, come abbiamo sottolineato più di una volta, tali ritratti, benché semplifichino, raramente sono falsi. La testa di re Giorgio più che sul trono sarebbe stata molto meglio sull'insegna di una taverna, tuttavia anche quell'insegna sarebbe stata un segno, un segno dei tempi. Un segno su una taverna che non vendeva birra inglese ma tedesca, un segno riconducibile a quella componente della politica *whig* di cui Chatham fu interprete quando si dimostrò prima tollerante nei confronti degli americani, poi intollerante quando questi si allearono con la Francia. Un segno che vorrebbe rappresentare, in sintesi, il legame con Federico il Grande[II], un segno di quell'alleanza anglo-germanica che, in una successiva fase storica, si sarebbe trasformata nell'idea di una grande Razza Teutonica. Per dirla francamente, gli Americani esasperarono il conflitto. Volevano separarsi, il che esprimeva niente altro che il desiderio di

quali, contrariamente all'atteggiamento inflessibile di Giorgio III, avrebbe voluto fare delle concessioni.

II. Federico il Grande (1712-1786). Re di Prussia, artefice dell'ascesa del suo paese dopo il fortunato esito della guerra dei sette anni. Famoso per l'abilità nell'arte militare, operò importanti interventi sia in campo amministrativo, sia economico-finanziario.

essere liberi. Non pensavano ai loro doveri come colonia ma già ai loro diritti come repubblica. L'eventuale effetto negativo esercitato da una differenza tanto sottile non avrebbe mai potuto cambiare il mondo senza il positivo effetto di un grande ideale, o meglio di una grande religione. Il punto è che i coloni aspiravano a qualcosa che, nella realtà, l'Inghilterra non gli avrebbe mai potuto dare. L'Inghilterra gli avrebbe forse potuto dare ogni sorta di concessioni e privilegi costituzionali, tuttavia mai gli avrebbe potuto concedere l'eguaglianza. Non solo l'eguaglianza con l'Inghilterra, ma nell'ambito della loro società. Chatham avrebbe potuto raggiungere un compromesso con Washington poiché questi era un gentiluomo, ma difficilmente avrebbe potuto convincere un Paese che non fosse governato da gentiluomini. Burke apparentemente sembrava disposto a concedere tutto, meno ciò che l'America conquistò da sola. Di fronte alla democrazia americana egli si sarebbe ritratto sgomento come al cospetto della democrazia francese e di qualsiasi altro genere di democrazia. Detto in una parola, gli *whigs* erano aristocratici aperti e liberali, ma rimanevano aristocratici. Questo è il motivo per cui le loro concessioni furono vane come le loro conquiste. Della indipendenza americana e del discutibile ruolo che vi abbiamo avuto, solitamente parliamo con un senso di umiliazione che non ci è abituale. Se ciò incrementi o no l'umiliazione non saprei, ma ho il forte sospetto che la faccenda ci riguardi pochissimo. Non abbiamo fatto nulla per spingere via le colonie americane, né esse si fecero spingere.

Vi furono condotte da una luce accesasi anni prima. Una luce proveniente dalla Francia, come l'esercito di Lafayette[12] accorso in aiuto di Washington. In Francia già ri-

12. Joseph Paul Yves, marchese di Lafayette (1757-1834). Generale e uomo politico francese, partecipò all'insurrezione americana del 1776-

bolliva quell'immane rivoluzione spirituale che presto avrebbe dato un nuovo volto al mondo. La sua ideologia, distruttiva e creativa al tempo stesso, sia ai suoi tempi che in larga parte ancora oggi, fu completamente fraintesa, nonostante fosse formulata con splendida chiarezza di stile sia da Rousseau[13] nel *Contratto Sociale* che da Jefferson[14] nella *Dichiarazione d'Indipendenza*. Pronunciate la parola *uguaglianza* in qualsiasi paese moderno e vedrete che almeno quattrocento idioti salteranno in piedi a spiegarvi che, dopo attento esame, ci sono uomini più alti e più belli di altri. Come se Danton[15] non sapesse di essere più alto di Robespierre[16] e Washington più bello di Frank-

1777. Propugnatore delle riforme politiche, dopo l'89 si farà interprete di una conciliazione fra monarchia e rivoluzione. Fondatore con Barnave del partito dei foglianti, la sua attività politica si protrarrà ben oltre il periodo rivoluzionario; nei primi anni della monarchia di luglio riceverà da Luigi Filippo l'incarico di presiedere il governo.

13. Jean-Jacques Rousseau (1712-1778). Il grande filosofo illuminista teorico della "volontà generale" come fondamento della sovranità dello Stato che si configura come una comunità alla quale l'individuo, educato secondo natura, partecipa spontaneamente.

14. Thomas Jefferson (1743-1826). Terzo Presidente degli Stati Uniti, redasse la Dichiarazione d'Indipendenza. Nei primi anni '90 si dedicò a fondare il partito antifederalista (democratico-repubblicano) in opposizione a Hamilton.

15. Georges-Jacques Danton (1759-1794). Fondatore del club dei giacobini. Deputato alla Convenzione del 1792, divenne uno dei capi montagnardi, anche se si oppose all'estremismo del suo partito. Nel 1793 fece istituire il Comitato di salute pubblica, entrando poco dopo in contrasto con Robespierre in quanto contrario al proseguimento del Terrore. Accusato di tradimento, fu ghigliottinato.

16. Maximilien de Robespierre (1758-1794). Deputato montagnardo alla Convenzione del 1792, entrò poi nel Comitato di salute pubblica. Protagonista del Terrore, represse prima la fazione di sinistra degli hebertisti e successivamente quella moderata degli indulgenti. Isolatosi all'interno del Comitato e visto con sospetto dalla maggioranza della Convenzione, fu arrestato insieme ai suoi seguaci e ghigliottinato.

lin[17]. Non è questa la sede per analizzare una filosofia, basterà dire, a mo' di parabola, che quando diciamo che tutti i penny sono uguali non intendiamo dire che hanno tutti il medesimo aspetto. Intendiamo solo dire che sono assolutamente uguali in senso assoluto, nelle cose più importanti che li identificano. Mettendo la questione in modo più pratico, possiamo dire che sono tutte monete di un medesimo valore, dodici delle quali fanno uno scellino. Mettendola sul piano simbolico, e anche mistico, si può dire che tutte contengono l'immagine del re, esattamente come ogni uomo è fatto a immagine del Re dei Re; un concetto mistico che sintetizza perfettamente l'idea di eguaglianza. È naturalmente vero che quest'idea ha attraversato a lungo tutta la cristianità, anche in contesti meno legati al momento popolare di quanto non fossero, ad esempio, i Comuni medievali italiani. Un ideale che afferma l'eguaglianza di doveri e diritti. Non conosco alcuna autorità ecclesiastica in grado di negare che l'uccisione di un povero non sia altrettanto grave di quella di un ricco, oppure che svaligiare una casa poveramente arredata non lo sia quanto svaligiarne una particolarmente elegante. Con il passare del tempo il mondo si è allontanato da queste semplici verità e nessuno ne era tanto lontano quanto gli aristocratici inglesi del '700. È proprio l'idea dell'importanza del singolo individuo che sembra sorprendente e inaccettabile a una società che del *gentiluomo* aveva fatto il suo mito. L'eguaglianza gli appariva uno scandalo pari all'entrare nudi in Parlamento. Non è questo il luogo per sviluppare seriamente ragionamenti di carattere morale, ma quanto detto mi sembra sufficiente

17. Benjamin Franklin (1706-1790). Scrittore, uomo di stato e diplomatico nordamericano. Deputato alla Convenzione di Filadelfia (1787), fautore del monocameralismo, è uno dei padri della costituzione degli Stati Uniti.

per dimostrare che tutti i critici preoccupati di classificare gli uomini o di distinguerne le capacità, non fanno altro che perdere il loro tempo. Se arrivano ad accettare che due monete possono avere lo stesso valore, pur essendo una splendente e l'altra opaca, possono forse comprendere come due uomini possono votare allo stesso modo, benché uno sia intelligente e l'altro non lo sia. Se poi continuano a ritenere valida la loro obiezione secondo la quale alcuni uomini sono poco intelligenti, io non posso fare altro che dirmi d'accordo. Pochi anni dopo il suo ritorno in patria, avendo contribuito a fondare una Repubblica in America, Lafayette fu costretto all'esilio per avere opposto la sua resistenza a che la Francia diventasse anch'essa una repubblica. Tanto forte fu l'impatto dei nuovi ideali rivoluzionari che i repubblicani del nuovo mondo apparivano reazionari nel vecchio. Nel momento in cui la Francia passò dalla teoria alla pratica, la questione si pose in modo del tutto nuovo da come si era presentata quando ad attuare l'esperimento repubblicano era un piccolo gruppo di coloni della costa orientale. La più potente monarchia del globo si liquefece, come un immane mostro d'acciaio, in una fornace appena più grande di lei, per poi riapparire enorme come era in precedenza ma in una forma che gli uomini non erano in grado di comprendere. Molti di loro, almeno, non erano in grado di capirlo e meno che mai l'aristocrazia liberale inglese. Vi erano, ovviamente, motivi concreti per non modificare una politica estera ostile nei confronti della Francia, fosse essa monarchica o repubblicana. Vi era innanzitutto il desiderio di scoraggiare chiunque tentasse di invaderci partendo dalla costa fiamminga e vi era, pur in misura molto inferiore, la rivalità coloniale durante la quale gli Inglesi, grazie alla leadership di Chatham e alla guida militare di Wolfe e Clive, avevano conquistato così tanta gloria. La principale ragione si è ritorta su di noi in modo curiosamente ironico, infatti, essendo tanto preoccupati di tenere i Francesi lontani dalle Fiandre, ci siamo rivolti con crescente entusiasmo ai Tedeschi. Abbiamo volutamente allevato e blandito quel potere che in futuro avrebbe divorato il Belgio, come i Francesi mai avrebbero fatto, e che ci avrebbe portato una terribile minaccia dal mare, come mai i Francesi si sarebbero sognati di fare. Tuttavia, ci unisce alla Francia qualcosa di molto profondo, prima e dopo la rivoluzione. Dal dispotismo alla democrazia non vi è che un piccolo passo, nella logica come nella storia, mentre l'oligarchia è molto lontana da entrambi. Gli Inglesi videro nella presa della Bastiglia il despota trasformatosi in *demos.* Il giovane Bonaparte si stava affermando e agli Inglesi sembrò che ancora una volta il *demos* si fosse incarnato nel despota. Non erano affatto in errore nel dare un significato allotropico a quel medesimo e per loro misterioso fenomeno: quel fenomeno si chiamava uguaglianza. D'ora in poi milioni di uomini sarebbero stati soggetti alla stessa legge e poco importava se sarebbero stati anche soggetti a un capo da cui quella legge proveniva. La vita sociale avrebbe avuto uno svolgimento uniforme. Una cosa gli Inglesi non hanno mai capito di Napoleone, in tutte le miriadi di studi che hanno dedicato alla sua misteriosa personalità: la sua impersonalità. Stavo quasi dicendo la sua scarsa importanza. Disse di se stesso: «Passerò alla storia grazie al codice che porta il mio nome». Considerando gli effetti pratici, mettendone da parte il nome e la fama, sarebbe più giusto dire che a passare alla storia è stato il suo codice con la firma, peraltro del tutto illeggibile, che egli vi appose. Da allora la legislazione napoleonica in materia di testamenti ha distrutto grandi proprietà e dato forza a contadini benestanti in luoghi nei quali il nome del suo codice è maledetto e in altri in cui è praticamente sconosciuto. In vita, naturalmente, era inevitabile che l'annichilente splendore delle sue vittorie militari attirasse la vista come il bagliore di un fulmine, la sua pioggia, invece, cadde più lentamente, tuttavia il sollievo che produsse rimase. Non c'è bisogno di dire che dopo aver sconfitto più di una coalizione mondiale in battaglie che sono dei capolavori di arte militare, egli fu messo in crisi da due avvenimenti, entrambi di origine popolare: la resistenza della Russia e della Spagna. Nel primo caso, come quasi tutto ciò che riguarda quel paese, giocò un ruolo importante la componente religiosa. Nel secondo abbiamo la dimostrazione, in relazione a ciò che ci interessa in questa sede, del grande spirito nazionale inglese del diciottesimo secolo. La lunga campagna di Spagna segnò il trionfo di un grande soldato irlandese, anni dopo a tutti noto col nome di Wellington[18]. Egli, dopo aver sconfitto Napoleone a Waterloo, diventerà il personaggio simbolo dell'Inghilterra. Wellington, benché fosse troppo razionale per essere veramente inglese, era per molti aspetti un tipico aristocratico. Era uno spirito libero e ironico. Se vogliamo veramente comprendere quanto uomini di tal fatta restassero chiusi nella loro classe e quanto poco sapessero del loro tempo, è sufficiente notare che Wellington dà l'impressione di aver creduto di liquidare Napoleone perché questi non era un vero gentiluomo. Se un cinese, immaginiamo che sia un cinese intelligente e navigato, dicesse di un Gordon cinese[19]: «Non è un vero mandarino», dovremmo pensare che

18. Arthur Wellington (1769-1852). Generale e uomo politico, combatté dapprima in India, poi contro la Francia fino alla decisiva vittoria di Waterloo. In seguito divenne uno degli esponenti di punta del conservatorismo *tory*.

19. Riferimento a Charles Gordon (1833-1885), che nel 1860 partecipò alla spedizione anglofrancese in Cina e nel 1864, al servizio dell'imperatore cinese, comandò le truppe che schiacciarono il movimento insurrezionale del Taiping.

il sistema cinese sia degno della sua fama di chiusura e arretratezza. Ma il solo nome di Wellington suggerisce un'altra considerazione dalla quale deriva il monito secondo il quale ciò che lui pensava, benché corrispondente al vero, sia perlomeno inadeguato a spiegare i fatti. Vi è certamente qualcosa di vero nell'affermazione che vuole gli Inglesi mai così inglesi come quando si trovano fuori dell'Inghilterra e mai così saldi al suolo come quando sono in mare. Vi è un filo che corre nella nostra psicologia nazionale che non saprei spiegare in altro modo se non grazie all'eccentrico e straordinario nome di Robinson Crusoe, nome tanto inglese da non esistere in Inghilterra. Non credo che un giovane francese o tedesco desideri che la sua terra colma di vigneti e di grano sia un deserto. Molti giovani inglesi hanno desiderato che la loro fosse un'isola deserta. Si potrebbe anche aggiungere che l'inglese è troppo insulare per vivere in un'isola. Egli divenne pienamente consapevole della vita solo quando la sua isola si divise dal resto del mondo e rimase in orbita come un pianeta e in volo come un uccello. Paradossalmente, la vera forza degli Inglesi era la marina. I più coraggiosi fra loro si sparsero in un arcipelago di navi sul quale ancora splende, come una luce inesauribile, la leggenda dell'*Armada*. Era una grande flotta, la cui gloria era di essere stata un tempo molto piccola. Molto prima che Wellington potesse solo pensare di vedere Waterloo, le navi inglesi avevano fatto il loro dovere sconfiggendo la marina francese nei mari di Spagna e lasciando a splendere, come una luce sopra il mare, l'immagine di Nelson che morì con le medaglie sul petto e il cuore nelle mani. Non si può ricordare Nelson in altro modo se non definendolo un mito. L'ora della sua morte e il nome della sua nave dimostrano quell'epica grandezza che gli storici definiscono la lunga mano della coincidenza e i profeti la mano di Dio. I suoi errori, le sue sconfitte, tutto in lui fu eroico, nel senso classico del termine. Ebbe una fine simile a quella di un eroe della mitologia, reso debole da una donna, ma non fu piegato da nessun avversario. Nelson rimane l'incarnazione del più poetico spirito inglese che immagina di essere migliaia di cose, talvolta anche prosaiche. In tempi relativamente recenti, nell'età della ragione, in un paese che già si percepiva tristemente dominato dal denaro, un paese nel quale già dominavano i cappelli a cilindro e le ciminiere che già iniziavano a levarsi come torri di funeraria efficienza, questo figlio di un prete di campagna andò in cielo su una nuvola luminosa e diede vita a una storia magica. Egli rimarrà come un monito per tutti coloro che non comprendono l'Inghilterra e un mistero per tutti coloro che credono di comprenderla. Condusse le sue navi alla vittoria e morì in un mare straniero, ma simbolicamente creò qualcosa di difficile da descrivere, qualcosa di intimo che ha il suono di un proverbio delle nostre terre. Egli fu l'uomo che diede fuoco alle sue navi e incendiò di fuoco perenne le acque del Tamigi.

## XVI.
# Aristocrazia e malcontento

LA PECULIARITÀ DI TANTE COSE BANALI è data dal fatto che di per sé sono piacevoli, mentre è soltanto il loro ripetersi in modo meccanico a renderle noiose. Chiunque veda la prima luce del giorno passare attraverso le finestre sa che non è solo bella ma ha anche qualcosa di misterioso, come il chiaro di luna. La luce del giorno è talmente acuta che sembra non avere colore. Così il patriottismo, in particolare quello inglese, divulgato da interi volumi grazie ai quali si è creata una cortina fumogena di parole, evoca ancora qualcosa di fragile e tenero. Il nome di Nelson, con il quale si è concluso il precedente capitolo, può ben sintetizzare il problema. Il suo nome risuona come se fosse un barattolo vuoto, mentre il suo animo aveva la fragilità e la finezza di un vaso del settecento. Se si considerano alcuni fra gli aspetti più banali del nostro tempo e si ricollegano a lui, si vedrà che tornano ad assumere il tono e il significato del suo tempo, benché dal nostro punto di vista siano spesso degenerati in giochi senza più senso. L'espressione «cuore di quercia», non è affatto una frase poco felice, almeno per quella componente più raffinata della società inglese di cui egli era la migliore espressione. Anche considerandola nel suo significato materiale la metafora esprime bene ciò che voglio dire; con il legno di quercia non si costruivano soltanto i randelli o le navi da guerra, né la nobiltà inglese ne aveva una visione solo prosaica, come la potrebbe avere una mera torma di bruti. Il solo nominare la quercia ci riporta, come in un sogno, a quegli oscuri ma affascinanti interni dei college e delle case di campagne, dove i grandi signori, non ancora degenerati, fecero del latino quasi una lingua inglese e del Porto un vino nazionale. Qualcosa di quel mondo sopravviverà, i suoi colori autunnali rivivranno sul pennello dei grandi ritrattisti inglesi che, più di ogni altro, ebbero la possibilità di celebrare quell'umanità così liberale che viveva nel nostro paese, immortalandone i gesti caldi e semplici come i loro dipinti. Viene naturale, da un punto di vista emotivo, notare, di fronte a un dipinto di Gainsborough[1], che ritrae delle giovani donne come se fossero un paesaggio, così splendide e inconsapevoli nella loro serenità, con quanta finezza l'artista abbia dato, a un fluente abito raffigurato in primo piano qualcosa della divina qualità della distanza. Solo a quel punto vi diverrà chiaro il significato di un'altra, usurata frase le cui parole furono pronunciate in mari lontani. Si leveranno ancora vive davanti a noi, accompagnate da un ritmo musicale, come se fossero parole che non avete mai udito prima: «Per l'Inghilterra, la patria, la bellezza». Quando penso a queste grandi cose, non ho alcuna intenzione di lamentarmi della grande aristocrazia che intraprese la grande guerra combattuta dai nostri padri. In verità, le difficoltà che si trovarono di fronte furono tanto grandi che non si possono liquidare con qualche borbottio. Era una classe elitaria che, però, non conduceva una vita d'élite. Si interessava di tutto, anche di cose che non erano alla portata di tutti. D'altra parte, le cose che avrebbe potuto evitare di fare, nell'ambito di questo intermezzo razionalista tra il Medioevo e il misticismo moderno, non ci colpiscono per la loro superficiale disumanità. Il loro più

1. Thomas Gainsborough (1727-1788). È considerato il più tipico pittore inglese per la raffinata eleganza dei soggetti e per l'equilibrio nella resa del paesaggio.

grande limite, ammesso che possa parlarsi di un limite, era il totale e compiacente paganesimo. La loro morale si fondava sulla convinzione che l'antica fede fosse ormai morta. Coloro che vi continuavano a credere, come il grande Johnson, erano considerati degli eccentrici. La Rivoluzione Francese fu una rivolta che interruppe il funerale molto formale del Cristianesimo, cui seguirono varie altre complicazioni, compreso il ritorno in vita del caro estinto. Lo scetticismo non era, però, solo un piacere dell'oligarchia e non era confinato all'*Hell Fire Club* che, in virtù del suo inequivocabile nome, dovrebbe essere considerato espressione di una certa ortodossia. Era presente, nella mite atmosfera del ceto medio. Come in quel capolavoro borghese che è Northanger Abbey[2], che colleghiamo subito a un luogo antico senza ricordarci dell'abbazia. In ogni caso non vi è esempio migliore di quello che potremmo definire l'ateismo di Jane Austen. Sfortunatamente si potrebbe dire senza tema di errore che l'onore del gentiluomo inglese, come quello di un altro individuo parimenti elegante e cortese, aveva le sue radici nel disonore. Egli si trovava in una posizione simile a quella di un aristocratico in un romanzo, la cui magnificenza copre l'oscura traccia di un segreto, di una sorta di ricatto. Tanto per cominciare, vi era un fastidioso paradosso nella trama del suo pedigree. Molti eroi si sono vantati di discendere dagli dei, da esseri più grandi di loro. Gli *whigs*, invece, erano molto più eroici dei loro antenati. La loro gloria non derivava affatto dalle Crociate ma dalla Grande Rapina. I loro padri non erano venuti al seguito di Guglielmo il Conquistatore, ma avevano solo assistito, in modo peraltro non molto convinto, all'arrivo di Guglielmo d'Orange[3]. Le loro imprese, nelle città dei sultani india-

2. Northanger Abbey. Romanzo di Jane Austen nel quale si descrive l'ambiente delle classi possidenti inglesi.

3. Riferimento alla reazione antiassolutistica che portò l'aristocrazia inglese ad appoggiare lo *Statolder* delle Province unite.

ni o sulle imbarcazioni di legno della marina da guerra, spesso furono veramente romantiche. Erano le gesta dei lontani capostipiti delle loro famiglie a essere penosamente realistiche. In questo la grande aristocrazia era in una posizione simile a quella dei Marescialli di Napoleone, piuttosto che in quella, certamente preferibile, dei cavalieri normanni. I Marescialli francesi potevano discendere da contadini o commercianti, mentre i padri della nostra oligarchia erano ladri e usurai. Questo, nel bene o nel male, il paradosso dell'Inghilterra, l'aristocrazia era composta da gente che veniva dal nulla. Ma il segreto conteneva altro; non solo i fondatori delle loro famiglie avevano praticato il furto, ma continuavano a praticarlo anche i loro discendenti. È tristemente vero che lungo tutto il diciottesimo secolo, mentre erano pronunciati i grandi discorsi *whig* sulla libertà e i grandi discorsi *tory* sul patriottismo, nel pieno del periodo di avvenimenti come Wanderwash e Plassy, Trafalgar e Waterloo, un processo andava tenacemente avanti nel Senato che operava nel cuore della Nazione. Il Parlamento approvava, legge dopo legge, per volontà dei grandi proprietari, progetti tesi a impadronirsi di quanto rimaneva del grande sistema comunale del Medioevo. È molto più di un gioco di parole, è il grande paradosso della nostra storia che fossero i Comuni a distruggere le terre comuni. La stessa parola *comune* perse, come abbiamo già notato, il suo grande significato etico per divenire un semplice termine topografico per indicare i resti di terra difficilmente coltivabile o arida che non era stata giudicata abbastanza redditizia da essere arraffata. Nel settecento questi ultimi residui di terre comuni sono connessi a certi racconti sui banditi di strada che tuttora permangono nella nostra letteratura. Storie di rapinatori, anche se i protagonisti non avevano l'aspetto di fuorilegge. È questo il misterioso peccato dei nobili inglesi: loro rimasero umani ma mandarono in rovina l'umanità intorno a loro. I loro ideali, anzi il loro stesso stile di vita era certamente più generoso e intelligente dell'ottusa brutalità degli ufficiali Puritani o dei nobili prussiani, tuttavia la terra sotto il loro sorriso avvizzì come se fosse sotto lo sguardo severo di uno straniero. Essendo ancora almeno inglesi, conservavano un'attitudine fondamentalmente buona, però la loro non era una posizione sincera e la mancanza di sincerità conduce dalla bontà alla brutalità. La Rivoluzione Francese impose agli *whigs* di decidere tra l'essere veramente democratici o il dichiararsi fino in fondo aristocratici. Il risultato fu il Terrore Bianco, la fase della repressione antigiacobina che rivelò, al di là delle imprese militari compiute all'estero, da quale parte scegliessero di porsi. Cobbett, l'ultimo e il più illustre di questa classe di piccoli proprietari terrieri che i grandi latifondisti giornalmente divoravano, fu mandato in prigione semplicemente per aver protestato contro la fustigazione dei soldati inglesi per opera di mercenari tedeschi. I soldati inglesi, da parte loro, erano entrati in azione, comportandosi alla stessa stregua dei mercenari tedeschi, in quella brutale repressione di un pacifico comizio meglio nota come il Massacro di Peterloo[4]. Ed è un fatto amaramente paradossale e anche un dato di lunga durata della nostra storia che la soppressione dell'antico spirito *yeoman*[5] sia avvenuto da parte di soldati che ancora portavano il nome di *yeomanry*. Cobbett ha in questo periodo un ruolo molto importante, tanto importante che generalmente si dimentica. Cobbett fu il solo ad accorger-

4. Il luogo dove si svolse l'agitazione promossa dalla popolazione di Manchester contro il sistema elettorale vigente che escludeva una città tanto rilevante dal punto di vista economico da ogni rappresentanza diretta in Parlamento, obbligandola a delegare la difesa dei suoi interessi ai lords provenienti dal suo territorio. Nel 1819 un'immensa folla approvò una petizione al Parlamento, ma venne sciolta con la violenza.

5. Piccolo proprietario terriero che in tempo di guerra aveva l'obbligo di prestare servizio militare.

si delle tendenze dell'epoca e fu anche il solo che cercasse di opporvisi, conseguentemente fu un isolato. È una caratteristica di tutta la nostra storia moderna quella di tenere buono il popolo creando un conflitto fittizio. Molti di noi sanno che da questo momento in poi il sistema fondato sui partiti è stato popolare come lo può essere una partita di football. La contrapposizione al tempo di Cobbett era probabilmente molto più spontanea ma quasi altrettanto superficiale. Era il diverso sentimento che nei confronti degli stranieri divideva la vecchia *gentry* rurale del diciottesimo secolo dalla nuova *gentry* mercantile del diciannovesimo. Lungo la prima metà dell'Ottocento vi fu un forte conflitto tra proprietari terrieri e mercanti. Il ceto mercantile propugnava le nuove idee sul libero mercato e accusava i proprietari di affamare i poveri per conservare i loro privilegi agrari. In seguito, il ceto agrario ricambierà, non a torto, accusando gli industriali di brutalizzare i poveri costringendoli a un lavoro massacrante nelle fabbriche per conservare i loro privilegi commerciali. L'approvazione dei *Factory Acts*, le leggi per l'industria, era l'implicita confessione della crudeltà che si nascondeva dietro il nuovo sistema di produzione, così come le *Corn Laws*, le leggi sui cereali, erano in confronto l'ammissione della debolezza e impopolarità dell'aristocrazia terriera che aveva distrutto gli ultimi residui degli usi dell'antica società contadina che avrebbe potuto difendere la campagna contro le fabbriche. Questi conflitti, forse solo in parte reali, ci porterebbero nel cuore dell'epoca Vittoriana. Molto prima di essa, Cobbett aveva capito e detto che si trattava di conflitti solo in parte reali. O meglio avrebbe detto, nel suo linguaggio più immediato, che la pentola agricola e la padella industriale si stavano reciprocamente accusando di essere nere, quando invece entrambe erano annerite nella medesima cucina. E avrebbe avuto sostanzialmente ragione, infatti la vicenda del grande discepolo del bollitore, James

Watt[6] (che grazie a esso capì come avrebbe potuto funzionare la macchina a vapore), è tipica del periodo. Egli capì che le Gilde erano troppo chiuse e prive di contatto con i nuovi tempi per aiutarlo nella sua scoperta, tanto che dovette ricorrere alla ricca minoranza che le aveva combattute fin dai tempi della Riforma. Non vi era alcuna pentola agraria, contrariamente a quanto auspicato da Enrico di Navarra[7], in grado di allearsi con il bollitore. In altre parole, non vi era alcun interesse comune da salvaguardare proprio perché l'interesse, mentre diveniva sempre più tale, era sempre meno comune. Che fosse un merito o una colpa, la scienza applicata all'industria e lo spirito imprenditoriale rappresentavano la nuova avventura della vecchia oligarchia. Essa si era sempre dimostrata aperta a nuovi esperimenti, a cominciare dalla Riforma. È tipico della lucidità intellettuale di Cobbett, qualità insospettata in un carattere tanto impetuoso, aver colto nella Riforma la radice comune dell'oligarchia agraria e industriale e aver esortato il popolo a liberarsi di entrambe. Il popolo, in nome di questi obiettivi, fece molti più sforzi di quanto comunemente si pensi. Ci sono così tanti silenzi nella nostra storia, spesso raccontata dal punto di vista dei potenti, che le classi colte sono riuscite persino a cancellare il ricordo di una rivolta popolare, come se non fosse mai accaduta. È successo per alcuni dei principali momenti della grande rivoluzione medievale, il cui tradimento costituì il vero punto di svolta della nostra storia. Accadde nel caso delle rivolte con-

6. James Watt (1736-1819). Inventore scozzese. Apportò modifiche alla macchina a vapore, creò l'indicatore che ancora porta il suo nome, introdusse l'unità di potenza chiamata cavallo a vapore inglese.

7. Enrico IV di Navarra (1553-1610). Primo esponente della dinastia borbone a salire sul trono, è considerato il vero fondatore della potenza francese, in quanto fu colui che liberò la Francia dalle guerre di religione e dall'ipoteca straniera. Protestante, inaugurò nel 1598 un regime di tolleranza religiosa promulgando l'Editto di Nantes.

tro la politica religiosa di Enrico VIII e si ripeté con gli incendi dei granai e le distruzioni delle macchine al tempo di Cobbett. Le masse ricompariranno un'altra volta nella nostra storia, abbastanza a lungo per mostrare quello che ne è uno dei segni immortali: il ritualismo. Non vi è nulla dell'azione democratica diretta che colpisce tanto profondamente gli ideologi antidemocratici quanto la vanità e l'assurdo di cose fatte seriamente alla luce del sole. La Rivoluzione Francese si abbatté come un uragano su una prigione vuota, semplicemente perché appariva indistruttibile ed era anche il simbolo dell'oligarchia che da sempre stritolava i poveri. Essi misero anche l'odioso scherano di qualche signore su un carro e lo portarono in giro per la campagna, semplicemente per mostrare al cielo e alla terra quanto fosse indegno. Subito dopo lo lasciarono andare, segno forse, nel bene e nel male, di una variante tutta inglese del movimento. È tipica della rivoluzione nella sua versione inglese la presenza del carro al posto della ghigliottina. In ogni caso, queste escandescenze del periodo rivoluzionario furono represse brutalmente. La macina continuò (e continua) a soggiogare i poveri nel modo biblico che abbiamo appena descritto e, da allora, nella maggior parte delle crisi politiche, fu il popolo a ritrovarsi sul carro. Naturalmente in Inghilterra, sia la rivolta che la repressione, non erano altro che delle pallide copie degli orrendi avvenimenti che parallelamente si verificarono in Irlanda. Qui il terrorismo, che per gli aristocratici inglesi non era stato altro che uno strumento da utilizzare in un momento di disperazione (non essendo considerato uno strumento di giustizia e non essendo affatto consono al loro temperamento che nulla aveva della crudeltà e della morbosità, né della fredda logica e determinazione proprie del terrorismo), divenne, in un'atmosfera più spirituale, una spada infuocata di follia religiosa e razziale. Pitt, il figlio di Chatham, era inadatto a colmare il vuoto lasciato da suo padre e inadatto (concedetemelo) a occupare il posto che la storia gli aveva automaticamente assegnato. Ma se lui si è pienamente meritato l'immortalità, non altrettanto si può dire delle sue imprese in Irlanda, sebbene nell'immediato appaiano giustificabili. Era sinceramente convinto della necessità per l'Inghilterra di far parte delle coalizioni antifrancesi e per ciò trasferì parte della ricchezza commerciale di cui allora godeva il paese ai suoi più poveri alleati, realizzando il tutto con indiscutibile capacità e pertinacia. Contemporaneamente, dovette affrontare la rivolta dell'Irlanda e un altro parziale o potenziale avversario: il parlamento irlandese. Quest'ultimo fu debellato grazie al più ignobile utilizzo della corruzione, la rivolta, invece, grazie al più ignobile utilizzo della violenza, tanto che non avrebbe demeritato per queste sue imprese il titolo di tiranno. Creare una situazione di panico non era soltanto un suo espediente ma (questo lo si è compreso molto meno) la sola arma di difesa di cui gli Irlandesi potessero disporre. Era disposto a fare concessioni ai cattolici, non essendo la bigotteria religiosa un vizio dell'oligarchia. Egli non voleva assolutamente fare dell'Irlanda un suo proselite, ma semplicemente renderla innocua come si fa con un nemico. Ne consegue che il suo tentativo di accordo partì con il piede sbagliato. L'unione non è mai stata una necessità. Non ha mai assunto il significato di tutti in uno, né nessuno ne diede mai questa interpretazione. Non solo non siamo mai riusciti a rendere l'Irlanda inglese, come la Borgogna è stata resa francese, ma non abbiamo mai neanche tentato. La Borgogna può andare fiera di Corneille[8], sebbene questi sia normanno, mentre noi ci metteremmo a ridere se gli irlandesi si vantassero di Shakespeare. La nostra vanità ci ha messi in contraddizione perché abbiamo cerca-

8. Corneille (1606-1684). Drammaturgo francese, autore di tragedie di ambientazione classica. Godette di seconda fortuna durante l'età romantica.

to di conciliare spirito di identificazione e superiorità. È semplicemente da stolti sogghignare se un irlandese pretende di essere inglese e poi punirlo se si dichiara irlandese. L'unione non ha mai comportato l'applicazione all'Irlanda delle leggi inglesi ma soltanto vessazioni e concessioni concepite espressamente per essa. Questa incauta alternanza è andata ininterrottamente avanti dai tempi di Pitt fino ai giorni nostri, dai tempi in cui il grande O'Connell[9], con le sue oceaniche adunate costrinse il nostro governo a dare ascolto alle rivendicazioni dei Cattolici, a quelli in cui il grande Parnell[10], con il suo ostruzionismo, lo costrinse ad accettare l'*Home Rule*[11]. Il nostro esitante equilibrismo si è mantenuto costante nonostante i colpi che gli erano assestati dall'esterno. Verso la fine del secolo scorso cominciò a prevalere un atteggiamento più conciliante verso l'Irlanda. Gladstone[12], un liberale inconcludente e incline all'idealismo si rese conto, piuttosto tardivamente, che le libertà per le quali tanto si infervorava in Grecia e in Italia, trovavano le loro ragioni anche più vicino a casa, scoprendo così, grazie alla retorica e all'enfasi di cui adornò la sua conversazione, una seconda giovinezza quando era ormai ad un pas-

9. Daniel O'Connell (1775-1847). Avvocato e uomo politico, membro dei Comuni. Si dichiarò contrario all'Atto di Unione con l'Inghilterra e più tardi guidò il movimento che portò all'emancipazione dei cattolici irlandesi; ovvero alla loro possibilità di accesso a tutte le cariche militari e civili salvo il vicereame d'Irlanda e il cancellierato sia d'Inghilterra che di Irlanda.

10. Charles Stewart Parnell (1846-1891). Deputato ai Comuni e leader nazionalista irlandese. Nel 1886 presentò in parlamento l'*Home Rule.*

11. Il regime d'autonomia rivendicato dagli irlandesi per il loro territorio tra il 1870 e il 1914.

12. William Ewart Gladstone (1809-1898). Primo ministro inglese. Chesterton allude al suo quarto ed ultimo gabinetto (1892-1894), nel corso del quale presentò un progetto di *Home Rule* che fu respinto dai lord.

so dalla tomba. Contemporaneamente, uno statista che si poneva su un versante politico opposto (in questo consiste il suo valore), ebbe la sensibilità di vedere che se l'Irlanda era una nazione, era ancora più il luogo dove viveva un popolo di contadini. George Wyndham[13], personaggio veramente disinteressato e geniale, un vero uomo in mezzo a tanti politici, capì che la lenta agonia dell'agricoltura irlandese, segnata da sfratti, riserve di caccia ed affitti esorbitanti, avrebbe avuto fine se gli Irlandesi, come avrebbe detto Parnell, ne avessero potuto avere il pieno controllo. La sua iniziativa rappresenta la quasi romanzesca conclusione della tragica ribellione contro Pitt e segna anche il solo modo per riparare a tutto il sangue vergognosamente versato al momento della caduta di Fitzgerald[14]. L'effetto che tutto ciò provocò in Inghilterra fu meno tragico, anzi, da un certo punto di vista, fu addirittura comico. Wellington, anch'egli irlandese, sebbene di un partito meno ostile, era in primo luogo realista e, come molti altri suoi compatrioti, guardava gli Inglesi con grande realismo. Sosteneva che l'esercito da lui comandato era composto dalla feccia della terra, affermazione che non può essere considerata meno valida per il fatto che l'esercito stesso dimostrò di essere tanto utile da meritarsi l'appellativo di *sale* della terra. Da questo punto di vista l'esercito era il simbolo del nostro paese e il custode, per così dire, di un segreto nazionale. Vi è un paradosso sugli Inglesi, che li distingue da Scozzesi e Irlandesi, che rende inevitabilmente ingiusta nei loro riguardi

13. George Wyndham (1863-1913). Uomo politico e letterato inglese, fu segretario privato di Arthur Balfour, segretario per l'Irlanda. Dal 1900 al 1905 resse la carica di Ministro per l'Irlanda.

14. Edward Fitzgerald (1763-1798). Patriota irlandese. Nel 1798 fu protagonista del tentativo di sollevamento antiinglese promosso dagli *United Irishmen* nel corso del quale fu ferito e arrestato. Morì in prigione alcune settimane dopo.

ogni formale spiegazione dei loro progetti e principi. L'Inghilterra, non soltanto costruisce le sue armi di difesa con i rifiuti ma riesce a difendersi con ciò che lei stessa ha gettato via considerandolo un rifiuto. Se è un modo per affermare che anche i suoi errori si sono rivelati dei successi, bisogna ammettere che questa affermazione contiene del vero. Alcune di quelle che diverranno le migliori colonie inglesi erano in origine luoghi abbandonati cui destinare i detenuti. L'esercito era inizialmente formato da avanzi di galera cui era stata promessa la libertà. Ciò nonostante, fu un buon esercito composto da pessimi uomini, anzi, un allegro esercito di uomini sfortunati. È questo il colore e il carattere che hanno percorso la storia inglese e che è difficile rendere attraverso un libro, meno che mai un libro di storia. Se ne possono rinvenire le tracce nella nostra letteratura e nelle canzoni popolari, ma il mezzo migliore per la loro trasmissione è la conversazione. Il termine follia è forse il solo che ne dà la giusta definizione. Sopravvive un po' ovunque nello spirito inglese un'ilarità illogica che resiste a tutto. Sopravvisse, forse con troppa tolleranza, al periodo del terrorismo durante il quale gli Irlandesi più illuminati si ribellarono. Quegli anni erano percorsi da una sorta di curiosa tirannia per adeguarsi alla quale l'umorismo degli Inglesi fu costretto a fare miracoli di equilibrio. Spesso gli toccava di ricevere in qualche corte di giustizia delle sentenze piuttosto irrazionali secondo le quali chi si era macchiato di un reato doveva provarne le conseguenze su se stesso. Accadde anche che, durante il regime repressivo di Pitt[15], un individuo fu mandato in prigione per avere affermato che Giorgio IV[16]

15. William Pitt il Giovane (1759-1806). Figlio di Lord Chatham, fu Primo Ministro negli anni delle guerre contro Napoleone; ricoprì la carica per ben diciotto anni di seguito.

16. In realtà si tratta di Giorgio III (1738-1820) che divenne re nel 1760.

era grasso. Una volta in prigione deve essere stato, seppure in parte, confortato dall'artistica contemplazione di quanto lo fosse realmente. Lo spirito libero, l'umanità degli Inglesi, sopravvissero nonostante tutti i rivolgimenti e gli influssi contrari di un nefasto sistema economico, le angherie di un periodo reazionario, l'ancor più desolante minaccia del materialismo scientifico personificata dal Nuovo Puritanesimo, purificatosi anche della religione. Lungo tutto questo processo, l'aspetto più negativo è che l'umorista inglese è sceso sempre più in basso nella scala sociale. Falstaff[17] era un cavaliere, Sam Weller[18] il servitore di un gentiluomo, anche se alcuni recenti provvedimenti sembrano aver relegato quest'ultimo al livello di Artful Dodger[19]. Buon per noi che qualche disprezzata tradizione, qualche vago ricordo della "felice Inghilterra" è rimasto. Buon per noi, come vedremo, che tutta la nostra scienza sociale ha fallito e che con lei sono andati in rovina i nostri politici. Doveva pur arrivare il suono di una tromba e quel terribile giorno in cui i lavoratori di una triste civiltà sarebbero stati chiamati fuori dalle loro case, da quelle loro tane, come se dovessero risorgere dopo la morte, per essere lasciati nudi sotto un sole straniero senza altra religione che il loro *sense of humour*. Allora il mondo, se solo avesse udito in Francia e nelle Fiandre i nostri ragazzi gridare, come si fa a teatro, *Early Doors!*[20], mentre così presto per la loro età andavano ad

17. Personaggio che Shakespeare introdusse nell'*Enrico IV* per poi farne il protagonista de *Le allegre comari di Windsor*. Mangione, beone, fannullone, codardo, rappresenta una sorta di antieroe che attraversa con cinica e ironica saggezza l'Inghilterra violenta e sanguinaria della guerra dei Cento anni.

18. Personaggio del *Circolo Pickwick* di Dickens.

19. Personaggio del *Circolo Pickwick*.

20. Esclamazione della folla quando entra in teatro.

abbattere le porte della morte, avrebbe saputo in quale paese era nato Shakespeare, lo scrittore che nella più cupa passione delle sue tragedie inseriva scherzi e giochi di parole.

## XVII.
# Il ritorno dei barbari

IL SOLO MODO PER SCRIVERE DI STORIA da un punto di vista veramente popolare è, come ho già detto in precedenza, quello di scriverla al contrario. Si dovrebbero prendere degli oggetti comuni della nostra vita quotidiana e narrare come sono divenuti tali. A scopo immediato può essere utile prenderne in esame un paio conosciuti da tutti noi e considerati simboli di stile o di rispettabilità. Il primo, divenuto di recente meno in uso, è a tutti noto come il cappello a cilindro. Il secondo, ancora d'uso comune, riguarda i pantaloni. La loro divertente storia ci può veramente fornire una chiave di lettura su ciò che è avvenuto in Inghilterra nell'ultimo secolo. Non è necessario essere degli esteti per rilevare la bruttezza di entrambi, almeno dal punto di vista di ciò che si può definire il lato razionale della bellezza. Le linee degli arti umani possono essere definite belle, così come quelle di una tenda sciolta, ma non quelle di un cilindro, troppo indefinite per rientrare nel primo caso, troppo pronunciate per rientrare nel secondo. Né bisogna essere dotati di un particolare senso dell'armonia per comprendere che, mentre vi sono centinaia di cappelli ben proporzionati, un cappello tanto alto ha un che di eccessivo. Ma ciò che comunemente si dimentica è che questi due fantastici oggetti, che ora ci appaiono normali, una volta erano considerati delle assolute stranezze. I nostri antenati, rendiamo loro giustizia almeno in questo, non li ritenevano per niente usuali, anzi, li ritenevano se non ridicoli, almeno espressione di un gusto rococò. Il cilindro era considerato ai tempi della Reggenza[1] il massimo del Dandismo e i pantaloni erano indossati soltanto dagli zerbinotti, mentre gli uomini d'affari preferivano indossare brache che arrivavano solo fino al ginocchio. Non è errato vedere nei pantaloni un tocco d'oriente che anche in tarda età romana era considerato sintomo di effeminatezza; d'altra parte, l'oriente è presente in eclatanti prodotti di quegli anni come la poesia di Byron[2] o i Padiglioni di Brighton. La cosa interessante è che per un intero secolo queste estemporanee stravaganze sono restate dei fossili. In quel periodo carnevalesco che fu la Reggenza, pochi sciocchi si misero a indossare vestiti eccentrici e tutti ci siamo poi ritrovati vestiti eccentricamente. O in ogni modo, se abbiamo mantenuto i vestiti, abbiamo perso la consapevolezza di essere eccentrici. È un tratto tipico dell'età Vittoriana, il cui dato di maggiore rilevanza consiste nel fatto che non vi accadde nulla. Il gran rumore prodotto dai cambiamenti del Paese in cose di poco conto, ci compensa della rigidità della vita sociale che nelle grandi linee rimase come era al tempo della Rivoluzione Francese. Si parla della Rivoluzione Francese come di qualcosa che ha cambiato il mondo, ma la più significativa relazione che ha con l'Inghilterra sta nel fatto che qui non ha cambiato un bel nulla. Gli studiosi della nostra storia s'interessano molto più degli effetti che non ha avuto che di quelli che ha avuto. Se è uno splendido destino quello di sopravvivere al Diluvio Universale, l'oligarchia

1. Nome dato in Francia, e poi ovunque adottato, al periodo corrispondente alla minorità di Luigi XV (1715-1723), durante il quale il duca Filippo d'Orléans amministrò il regno col titolo e le mansioni di reggente.

2. George Byron (1788-1824). Poeta e viaggiatore, eroe romantico per eccellenza.

inglese può affermare di averne goduto. Ma anche nei paesi in cui la Rivoluzione produsse un reale sconvolgimento, si trattò di una specie di estremo terremoto che, però, oggi fa ancora tremare la terra. Diede il suo carattere a comunità nazionali tanto impegnate a parlare di progresso, quanto inconcludenti nella realtà. I Francesi, al di là di ogni reazione superficiale, rimasero repubblicani, come lo erano quando per la prima volta indossarono il cappello a cilindro. Gli Inglesi, a parte le riforme che non ne mutarono lo spirito, rimasero fedeli all'oligarchia, come la prima volta in cui indossarono i pantaloni. Un solo Paese si può dire sia realmente cresciuto, in modo lento e quasi banale: si trova a Nord-Est e il suo nome è Prussia. Gli Inglesi si andarono convincendo sempre più che la crescita prussiana non doveva destare alcun allarme perché i Tedeschi del Nord erano loro cugini di sangue e fratelli spirituali. La prima cosa che bisogna sottolineare a proposito del diciannovesimo secolo è che l'Europa non subì cambiamenti fino alla Grande Guerra, così come l'Inghilterra, rimase se stessa rispetto al resto d'Europa.

Detto questo, dobbiamo dare la giusta importanza ai tanti, prudenti cambiamenti che l'Inghilterra ha vissuto al suo interno, alcuni consapevolmente, altri no. La maggior parte dei cambiamenti consapevoli si verificarono sotto la spinta di un primo, grande, avvenimento, il *Reform Bill*[3] del 1832 che deve essere interpretato proprio in questa prospettiva. Innanzi tutto, quasi tutti i riformatori convengono sul fatto che peculiarità del *Reform Bill* è il non aver riformato nulla. Produsse un grande entusiasmo popolare che presto si dissolse. Se conferì privilegi a una larga parte

3. La prima legge che riformò il sistema di elezione dei deputati e portò alla soppressione dei "borghi putridi"; questi erano quei collegi nei quali, in virtù di antichi privilegi, si eleggevano deputati ai Comuni nonostante l'assenza quasi totale di elettori.

del ceto medio, peggiorò le condizioni di parti ben identificabili della classe lavoratrice; spostò l'equilibrio che fino allora vi era stato all'interno della comunità nazionale tra l'elemento conservatore e quello progressista, determinando un rafforzamento della classe al governo. La data, come al solito, è importante non già perché segni l'avvento della democrazia ma perché è l'inizio del più brillante stratagemma mai congegnato per evitarne l'applicazione. È sperimentato per la prima volta in questa occasione quella sorta di *trattamento omeopatico* del cambiamento, da allora utilizzato spesso con successo. La generazione successiva vedrà Disraeli[4], l'abile avventuriero ebreo simbolo di un'aristocrazia inglese che non voleva più presentarsi con il suo vero volto, estendere i benefici agli artigiani, in parte per una manovra di partito contro il suo grande rivale, Gladstone, in misura molto maggiore per sfiancare e stemperare la pressione popolare. I politici sostenevano che la classe lavoratrice era ora abbastanza matura perché le fosse concesso di votare. Sarebbe stato più giusto affermare che ora era abbastanza debole perché le fosse concesso il voto. Così, in tempi più recenti, la legge sulle retribuzioni dei parlamentari, che una volta sarebbe stata vista (e avversata) come un'irruzione delle forze popolari, passò senza troppi problemi e fu considerata come una semplice estensione dei privilegi parlamentari. La verità è che la vecchia oligarchia parlamentare aveva abbandonato la sua originaria posizione di sbarramento perché a quel tempo aveva già elaborato una seconda linea di difesa. Consisteva nella concentrazione di enormi somme di denaro sotto il controllo

4. Benjamin Disraeli (1804-1881). Scrittore e uomo politico interprete del "conservatorismo rinnovato", propugnatore di una concezione paternalistica dello stato monarchico protettore delle classi popolari contro gli interessi della borghesia mercantile. Fautore dell'imperialismo britannico, negli anni '70 consolidò la presenza coloniale inglese in Africa.

privato e irresponsabile dei politici. Somme accumulate grazie alla vendita dei titoli nobiliari e di altre cose ancora più importanti, da impiegare nella baraonda di elezioni estremamente dispendiose. Alla presenza di un tale ostacolo, un voto aveva lo stesso valore di un biglietto ferroviario quando vi è un blocco temporaneo delle linee. La facciata e la forma esteriore di questa nuova e segreta forma di potere è la mera, meccanica, applicazione di quello che è chiamato il Sistema dei Partiti. Esso non è costituito, come qualcuno potrebbe supporre, di due partiti, bensì di uno solo. Se vi fossero dei veri partiti, potrebbe non esservi alcun sistema. Se questa è l'evoluzione sul piano parlamentare, così come è configurata dal *Reform Bill*, ne possiamo cogliere un altro aspetto nelle riforme sociali messe in atto subito dopo. È significativo, al punto che si dovrebbe considerare come un punto di riferimento di questo periodo successivo alla Riforma Parlamentare, che una delle prime cose fatte sia stata la costruzione di quelle dure e disumanizzanti Case di Lavoro[5], meritatesi il cupo appellativo, datogli dai radicali e dai *tories* in buona fede, di Nuove Bastiglie. Questa cruda definizione è utilizzata anche nella nostra letteratura, chi ne ha voglia la può andare a trovare nei lavori di Carlyle e di Hood[6], pur essendo valida più come un esempio dell'indignazione dei contemporanei che per la correttezza del riferimento. È facile immaginare le precisazioni sui tanti punti di divario e anche di contrasto che avrebbero potuto addurre i lucidi e legalitari parlamentari

5. Le *Workhouses* erano case di lavoro per poveri e bambini abbandonati.

6. Thomas Carlyle (1795-1881). Storico scozzese di matrice idealistica e conservatrice, fautore della teoria che concepisce la storia come opera delle grandi personalità. Thomas Hood (1799-1845), poeta e animatore di riviste. Nelle sue opere la denuncia delle ingiustizie sociali determinate dalla società industriale.

di ispirazione progressista. La Bastiglia era un'istituzione centrale, le Case di Lavoro inglesi erano molte e ovunque trasformarono la vita locale, indipendentemente dal fatto che abbiano o no goduto di favore e adesione nella società. Alla Bastiglia erano frequentemente spediti uomini di alta condizione sociale e anche molto ricchi. Un errore che la più pragmatica amministrazione inglese non ha mai commesso. Dietro agli estemporanei provvedimenti contenuti nelle *Lettres de Cachet* leggiamo ancora confusamente l'idea che una persona è messa in prigione per punirla di qualcosa che ha commesso. Solo successivamente la scienza sociale ha affermato che possono essere messi in prigione anche coloro cui non è possibile infliggere alcuna punizione. La differenza più profonda e veramente decisiva risiede nella migliore sorte delle Nuove Bastiglie: nessuno ha mai tentato di attaccarle, né, quindi, hanno mai dovuto capitolare. Le Nuove Leggi sulla Povertà a dire il vero non erano del tutto nuove, nel senso che erano il momento culminante di un processo che aveva avuto un precedente con le Leggi sulla Povertà di Elisabetta I, uno degli effetti più antipopolari della Grande Spoliazione. Quando i monasteri furono spazzati via ed il sistema di assistenza medievale distrutto, ladri e vagabondi divennero un problema la cui soluzione sembrava essere quella della schiavitù, anche quando si pose il trascurabile problema della crudeltà che questa comportava. È ovvio che un uomo disperato potrebbe trovare Mr. Bumble e il suo *Comitato di Pubblica Assistenza* meno crudele delle gelide notti e della nuda terra, anche se gli era concesso di dormire sul suolo, cosa che (in un vero delirio di assurdità e ingiustizia) non può più fare. Attualmente, se dorme all'aperto è punito per la pura e semplice ragione che non può permettersi un letto. Ovviamente, come sempre accade, può migliorare la sua condizione scegliendo di andare in una Casa di Lavoro, come in età pagana poteva scegliere di vendersi come schiavo. Il punto è che si tratta sempre della medesima soluzione servile, anche se Mr. Bumble e il suo Comitato non fanno più uso di quella che comunemente definiamo crudeltà. Nell'antichità si poteva avere la fortuna di essere venduti a un buon padrone. Il principio che si può scorgere dietro le Leggi sulla Povertà, ormai consolidatosi nelle nostre società, è che il povero ha perso tutti i suoi diritti civili e li ha persi a causa della sua condizione di povertà. E non è senza ironia il fatto che il Parlamento che effettuò questa riforma avesse appena abolito la schiavitù dei negri, indennizzando i proprietari di schiavi nelle colonie. A costoro fu concesso un indennizzo talmente alto da sfiorare il ricatto, tuttavia negare la sincerità di questi provvedimenti significherebbe non comprendere un tratto tipico della mentalità nazionale. Wilberforce[7] rappresenta da questo punto di vista l'effettiva influenza del metodismo Wesleyano[8] nato in reazione al rigorismo calvinista e interprete di un filantropismo non meschino. Vi è, tuttavia, un che di romantico nel comportamento degli inglesi che li porta sempre a vedere ciò che è lontano. È l'esempio migliore per capire ciò che si perde nell'essere lungimiranti. È, però, giusto affermare che si guadagnano molte altre cose, come ad esempio la possibilità di leggere le poesie come se fossero degli eventi avventurosi e di cogliere nella realtà le sembianze della poesia. È un gusto tutto inglese che va oltre il bene e il male e la cui forza dipende dal riuscire o meno a trasporlo in un testo scritto che esprima il desiderio di vedere il sorgere del sole e di vivere in qualche luogo sperduto in mezzo al mare o

7. William Wilberforce (1759-1833). Collaboratore di William Pitt il Vecchio, si distinse per l'interesse alle tematiche sociali. Nel 1797 accettò di sostenere in parlamento la legge sull'adozione della schiavitù che lo vide fra i maggiori sostenitori fino all'approvazione nel 1807.

8. John Wesley (1703-1791). Predicatore itinerante e fondatore del metodismo.

semplicemente di scorgere la fine del mondo negli occhi di un idiota. In ogni caso, il cambiamento piuttosto inconsapevole verificatosi nell'800, che appare così lento, ebbe nel complesso una direzione di cui l'azione filantropica delle Case di Lavoro è un esempio. Nonostante ciò, vi era un'istituzione nazionale che andava combattuta e sconfitta, un'istituzione che, proprio per il suo non essere specificamente né ufficiale, né politica, aveva un carattere nazionale ancora più intenso. Le moderne *Trade Unions* sono un'invenzione inglese e non a caso in tutta Europa sono largamente conosciute con il nome inglese. Rappresentano l'espressione (inglese) dello sforzo europeo di resistere alla tendenza del capitalismo di trovare nella schiavitù la sua naturale espressione. In tutto ciò vi era un aspetto psicologicamente interessante, in quanto si determinava il ritorno al passato da parte di uomini che ne ignoravano l'esistenza, come chi, avendo perduto la memoria, agisce in base al subconscio. Noi diciamo che la storia si ripete, ed è ancora più interessante quando essa inconsciamente ripete se stessa. Nessuno al mondo è all'oscuro di cosa sia stato il Medioevo quanto l'operaio inglese, mentre forse qualcosa ne sa l'imprenditore che gli dà lavoro. Chiunque conosca un minimo di storia medievale sa che gli odierni sindacati cercano di rifarsi, un po' alla cieca, alle antiche Gilde. È vero che in coloro che sono interessati alle *Trade Unions*, compresi quelli che si dimostrano tanto lucidi da definirle Gilde, è spesso assente il benché minimo richiamo al misticismo e alla moralità medievali. Ma è proprio questo il più forte tributo nei confronti della moralità medievale. Non è altro che la conferma della logica cui rispondono le coincidenze. Supponiamo che un gruppo di convinti atei sviluppi l'idea, pur mantenendo i loro convincimenti interiori, che un certo numero di uomini e donne celibi debba riunirsi in comunità per il bene dei poveri o per l'osservanza di determinati uffici. Cosa sarebbe questo se non un punto in favore dell'esperienza dei monasteri? Sarebbe più forte ancora se quegli atei non avessero mai sentito parlare dei monasteri e sarebbe fortissimo se li odiassero solo a sentirli nominare. È altrettanto significativo che coloro che sostengono le *Trade Unions*, non si definiscono Cattolici o Cristiani, ma aderenti alla Gilda dei Socialisti. Il movimento tradeunionista ha attraversato molti pericoli, compreso il comico tentativo di alcuni avvocati di considerare la solidarietà sindacale alla stessa stregua di una cospirazione criminale, di cui la loro professione è il più evidente e impressionante esempio esistente. Mi riferisco alle lotte culminate negli imponenti scioperi che lacerarono il paese all'inizio del secolo. Un altro processo, in grado di produrre degli effetti decisamente superiori, era allora in atto. Si trattava degli stessi principi espressi dalle *Nuove Leggi sulla Povertà* che a un certo punto, pur conservando il loro fine, avevano deviato dalla strada fino a lì seguita. Si può descrivere in questo modo: i datori di lavoro, in precedenza attivi negli affari, ora si facevano promotori delle riforme sociali. Lo stesso concetto fu espresso, in modo più colorito, da un aristocratico che disse: «Ora siamo diventati tutti socialisti». I Socialisti, gente in buona fede guidata da uomini estremamente brillanti, si adoperarono per affermare l'idea che l'eliminazione dell'intervento pubblico nell'economia avrebbe generato solo povertà. Pensavano che lo Stato dovesse non solo semplicemente intervenire nel mercato ma sostituirsi a esso in modo da dare a ogni lavoratore lo stesso salario o comunque considerare i salariati tutti allo stesso livello. Tuttavia, se da una parte i datori di lavoro non avevano alcuna intenzione di cedere il loro posto allo stato, dall'altra il progetto fu alquanto ammorbidito dai politici. Gli imprenditori più avveduti erano disposti a pagare migliori salari e a concedere vari altri benefici, sempre dal punto di vista economico. Si realizzò da allora una serie di riforme sociali, rivolte tutte, bene o male, nella medesima direzione; ovvero la possibilità per i salariati di rivendicare dei miglioramenti proprio *in quanto* salariati, il che comportava la loro permanente distinzione rispetto ai datori di lavoro. Esempi di questo genere sono le leggi sugli obblighi dei datori di lavoro, sulle pensioni per la vecchiaia, sulle assicurazioni sociali. Quest'ultima, in particolare, ma vale per l'insieme degli interventi in materia sociale, era ispirata all'esperienza tedesca. L'intera vita inglese di questo periodo era sotto l'influsso della Germania. Eravamo al culmine di quella crescente influenza cominciatasi a manifestare nel '600, rafforzatasi nel '700 in seguito all'alleanza militare per poi trasformarsi nell'800 in una sorta di teoria filosofica, ma la si potrebbe definire anche una mitologia. La metafisica tedesca si era talmente insinuata nella nostra teologia che una delle più radicate convinzioni era che la parola *friday*, dovesse il suo nome a Freya, il personaggio mitologico germanico. La storia tedesca assorbì semplicemente quella inglese, tanto che sembra quasi un dovere di ogni buon inglese mostrarsi fiero del suo essere germanico. Il genio di Carlyle, le idee di Matthew Arnold[9], pur essendo molto convincenti, non avrebbero da sole prodotto questo effetto se non fosse intervenuto un fattore esterno di grande forza. La politica interna inglese risultò trasformata da quella estera, quest'ultima era caratterizzata dall'azione sempre più aggressiva per mezzo della quale la Prussia, ora guida indiscussa delle varie tribù germaniche, provava a estendere l'influenza tedesca sul mondo. La Danimarca fu depredata di due province, la Francia altrettanto, sebbene la caduta di Parigi fosse avvertita quasi ovunque come la caduta della capitale della civiltà, qualcosa di simile al sacco di Roma operato dai Goti, molti fra gli esponenti più influenti della società inglese non vi hanno visto

9. Matthew Arnold (1822-1888). Poeta e saggista, critico del pragmatismo tipico dell'età vittoriana.

altro che la bella vittoria dei nostri cugini e alleati di Waterloo. I metodi moralmente discutibili grazie ai quali fu ottenuta, l'inganno sulla rivendicazione di Augustenburg, il falso telegramma di Ems[10], furono cancellati dal successo tedesco o addirittura ambiguamente apprezzati. La Critica Testuale (della Bibbia)[11] era penetrata non solo nella nostra teologia ma anche nella nostra morale. La nostra analisi dell'Europa era altrettanto distorta e ci portava a dare un'importanza eccessiva al nostro naturale interesse per Costantinopoli e alle comunicazioni con l'India, al punto che Palmerston[12] e i premier successivi andarono in aiuto dei Turchi e identificarono nella Russia il solo nemico. Questo atteggiamento piuttosto cinico è simboleggiato da una figura quale quella di Disraeli, il quale stipulò un accordo, a Berlino alla presenza di Bismark[13], da cui traboccava la sua naturale indifferenza verso la presenza cristiana in Turchia. Disraeli fu un acuto osservatore delle incoerenze e delle illusioni degli inglesi, disse su di loro molte cose

10. Allusione ai fraudolenti espedienti diplomatici utilizzati da Bismark per giustificare le guerre che la Prussia mosse alla Danimarca e alla Francia.

11. Per i protestanti la lettura del testo biblico secondo criteri esclusivamente interni, il che escludeva la tradizione ecclesiastica e le testimonianze estrinseche.

12. Henry Palmerston (1784-1865). Deputato *tory* e ministro della guerra. Ruppe con il rigido conservatorismo di Wellington e aderì al partito *whig* divenendo Ministro degli esteri nel governo di Lord Grey. Nemico dell'assolutismo austriaco e prussiano, godette per questo nel risorgimento italiano di notevole popolarità.

13. Ottone principe di Bismarck-Schönhausen (1815-1898). Realizzò l'unificazione nazionale tedesca (1871) e fu l'interprete di una politica che univa autoritarismo, militarismo e cura del ruolo internazionale svolto dal suo paese. Il Congresso di Berlino del 1878 cui Chesterton fa riferimento, lo vide protagonista nel tentativo riuscito di frenare l'espansionismo russo nei balcani e di svolgere la funzione di arbitro riconosciuto della politica internazionale.

intelligenti. In particolare, una volta dichiarò alla Scuola di Manchester[14] che il loro motto era: «Pace e Benessere in un mondo in armi». Questa sua frase potrebbe essere utilizzata come una parodia di ciò che egli stesso disse di ritorno dalla conferenza di Berlino. La sua famosa dichiarazione: «Vi porto una Pace con Onore», potrebbe divenire: «Vi porto una Pace che getta il seme della più orribile guerra della storia ed Onore per gli ingenui e le vittime del vecchio furfante di Berlino». Come abbiamo visto, la Germania, nel campo del riformismo sociale, era considerata un punto di riferimento dal momento in cui si riteneva avesse trovato il segreto per attenuare gli effetti malvagi dell'economia. Nel caso delle Assicurazioni Sociali, il più citato, si apprezzava il fatto che i Tedeschi costringessero il lavoratore a conservare una parte del salario che gli sarebbe venuta utile in caso di malattia. Molte altre misure, in Germania come in Inghilterra, seguivano la stessa logica che era poi quella di difendere i poveri da se stessi. Ciò comportò ovunque la comparsa di un potere esterno che si accaparrava una quota del bilancio familiare. Ogni reazione negativa che ciò comportava fu liquidata sostenendo che era frutto dell'ignoranza. Ignoranza che era combattuta grazie all'educazione scolastica, altra impresa ispirata in gran parte dall'esempio e, per certi versi, dalle esigenze di competizione commerciale con la Germania. Si mise in evidenza come in Germania il governo e i grandi imprenditori considerassero di primaria importanza dedicarsi ad organizzare e a preparare nei più minuti particolari un sistema di istruzione su larga scala. Lo stato metteva lo stesso impegno nel formare gli scolari di quello che metteva nell'addestrare i soldati. L'obbiettivo era di arrivare a sfornare cervelli allo stesso modo di come si sfornavano prodotti per il

14. Il movimento fautore del libero scambio secondo le teorie di Adam Smith. Si oppose alla *Corn Law* che imponeva il dazio sul grano.

mercato. Anche in Inghilterra, dove la scuola era libera, si introdusse l'obbligo scolastico. Grazie al contributo appassionato e senza risparmio di tante persone si arrivò alla creazione di un sistema di standard qualitativi e di esami che avrebbe consentito ai giovani delle classi povere di accedere alle università dove avrebbero potuto apprendere materie come la storia o la filosofia. Non si può dire che l'obbiettivo sia stato completamente conseguito, né che i risultati finali siano stati pari a quelli tedeschi. Per tante ragioni, il povero inglese rimase a ciò che avevano fatto i suoi padri, tanto che considerò la stessa Critica Testuale della Bibbia troppo impegnativa per poterne fare oggetto di critica. E, d'altra parte, sarebbe, infine, venuto un giorno in cui, dimostrando veramente la nostra saggezza, avremmo ringraziato Dio del nostro fallimento. L'istruzione, se non si è mai dubitato di questo, è senza dubbio un gran dono. Se essa, però, ha come significato lo studio dei fondamenti della tradizione storica, con il suo senso dell'onore familiare, della libertà, della cavalleria che è il fiore della civiltà cristiana. Ma cosa ai giorni nostri il popolo ha veramente imparato da tutto ciò che le nostre scuole o università avevano da insegnargli? Che l'Inghilterra non era altro che un ramo del grande albero teutonico, che una indiscutibile affinità spirituale, capace di coprire tutto come il mare, ci ha sempre portati a essere gli alleati naturali di quel grande popolo che vive lungo il corso del Reno, che la verità è stata rivelata da Lutero e dal luteranesimo tedesco, il cui sapere ha purificato il Cristianesimo dalle influenze greche e romane, che la Germania era una foresta destinata a crescere, che la Francia era un cumulo di escrementi destinati alla decadenza su cui si levava il canto di un gallo. A cosa avrebbe potuto portare un insegnamento del genere se non a quel documento in cui un professore sosteneva che i cugini germanici andavano considerati nostri cugini germani? Che cosa avrebbero potuto imparare i nostri ragazzi del popolo una volta usciti dalla scuola se non che era loro dovere abbracciare un Sassone solo perché era l'altra metà di un Anglo-Sassone?

Giunse, infine, un giorno in cui il nostro povero connazionale capì che doveva imparare altre cose. E lo fece in modo più rapido dei suoi più colti compatrioti perché non aveva nulla da disimparare. Egli, sul cui onore non c'è bisogno di aggiungere nulla, dovette varcare il confine del Belgio. Allora si rivelarono di fronte agli occhi di tutti il valore della cultura e dell'organizzazione inglesi. Allora, allo spuntare di un nuovo giorno, capimmo quale luce avevamo seguito e dietro quale immagine stessimo lottando per rinnovare noi stessi. In nessun altro momento storico l'ironia del Signore ha selezionato in modo altrettanto catastrofico le sciocchezze per trarre in inganno la saggezza degli uomini. La grande massa povera e ignorante del popolo inglese, consapevole unicamente del suo essere inglese, ruppe la sordida ragnatela che l'aveva avvolta per quattrocento anni e tornò al punto in cui si erano fermati i suoi padri, ovvero alla scoperta di essere cristiani. Il popolo inglese, sconfitto ogni volta che si è ribellato, ingannato in ogni modo, defraudato delle sue proprietà e ora spogliato pure della sua libertà, entrò nella storia accompagnato dal suono delle trombe e per due anni si trasformò in uno dei più forti eserciti del mondo. E quando lo studioso di letteratura o lo scienziato della politica, avvertendo che, nonostante tutto, in questa guerra vi è dell'eroismo, si guarda intorno alla ricerca di un eroe, non trova altro che un popolo.

# XVIII.
# Conclusioni

IN UN LIBRO COSÌ PICCOLO PER UN ARGOMENTO tanto vasto, portato a termine in fretta sotto lo stimolo di una drammatica crisi nazionale, sarebbe assurdo pretendere di rispettare il senso delle proporzioni, tuttavia, debbo confessare di aver tentato di attenuare certi squilibri. Quando si parla di prospettiva storica, mi viene da pensare se non ve ne sia già troppa. Essa fa sì, infatti, che un gigante diventi un pigmeo ed un pigmeo un gigante. Il passato è come un gigante con i piedi rivolti verso di noi, talvolta questi piedi sono di argilla. Del Medioevo siamo portati a vedere semplicemente il tramonto, anche se ne ammiriamo i colori. Inoltre, lo studio di un personaggio come Napoleone è troppo spesso ridotto all'ultima fase della sua vita. Così come vi è chi ritiene ragionevole occuparsi dettagliatamente del Vecchio Sarum[1] ma considera ridicolo occuparsi dettagliatamente dell'uso che se ne è fatto, oppure chi erige nei giardini di Kensington un monumento d'oro ad Albert[2] più grande che qualsiasi altro monumento dedicato ad Alfred. Ritengo che la storia inglese sia travisata soprattutto perché non se ne coglie il momento di crisi. Di solito si identifica

1. Appellativo con il quale Chesterton indica Robert Arthur Talbot Gascoigne-Cecil, marchese di Salisbury (1830-1903).

2. Principe consorte della regina Vittoria.

nel periodo degli Stuart, ne consegue che molti documenti del nostro passato risentono delle medesime lacune cui furono sottoposte le memorie di Mr. Dickinson[3]. È vero che la vicenda degli Stuart fu una tragedia, ma io credo segni anche una conclusione.

A mio parere, poiché non posso dire nulla di più, il vero cambiamento si determinò in seguito alla caduta di Riccardo II che segnò il fallimento del progetto di utilizzare il dispotismo medievale secondo gli interessi della democrazia medievale. L'Inghilterra, al pari delle altre nazioni cristiane, era nata non dalla morte dell'antica civiltà ma dal suo sottrarsi a essa o meglio dal suo rifiuto di morire. La civiltà medievale era nata dalla resistenza ai barbari, alle rozze popolazioni barbariche provenienti da nord e a quelle più insinuanti provenienti da oriente. Si svilupparono le libertà e l'autogoverno delle comunità sotto monarchi che si occupavano nient'altro che di guerra e tasse; durante le guerre contadine del quattordicesimo secolo, il re e il popolo stipularono, anche se solo per una breve fase, una consapevole alleanza. Scoprirono che vi era una terza presenza già allora più forte di entrambi. Era l'aristocrazia, abile a conquistare il parlamento fino a identificarvisi. La Camera dei Comuni, come indica il suo nome, inizialmente consisteva in un gruppo di gente comune convocata dal re per far parte dei suoi tribunali, ma in breve tempo si trovò ad assumere un ruolo fondamentale. Divenne, nel bene o nel male, un organo di governo a tutti gli effetti, in grado di rendersi indipendente dalla Chiesa, dalla corona e dal popolo. Prese molte decisioni importanti, non poche delle quali certamente giuste. Creò ciò che noi oggi chiamiamo l'Impero Britannico, ma creò anche (e questo fu il suo grande merito), una nuova aristocrazia, più umana e anche più sensibi-

3. John Dickinson (1732-1808). Uomo di stato e pubblicista nord americano.

le verso la società di ogni altra aristocrazia al mondo. Ebbe sufficiente sensibilità, almeno fino ai tempi recenti, nei confronti della sensibilità popolare, rispettò l'amore per la libertà e, soprattutto, per l'allegria che erano divenute una sorte di religione per gli inglesi. Ma nel fare tutto ciò, fece, con piena consapevolezza, altre due cose che le apparvero conseguenze naturali della sua politica: scelse di stare dalla parte dei protestanti e poi (in parte è una conseguenza di questa prima scelta) si legò alla Germania. Fino a poco tempo fa molti Inglesi ritenevano in buona fede che in entrambi i casi si trattasse di una scelta in nome del progresso e contro la decadenza. La domanda che molti di loro ora inevitabilmente si pongono, se la porrebbero ugualmente anche se io non glielo chiedessi, è se non si sia piuttosto trattato di una scelta in favore della barbarie contro la civiltà. È, però, un fatto indiscutibile, al di là della mia stessa analisi, che ora siamo tornati alle origini e ci ritroviamo in guerra contro i barbari. Mi appare naturale che Inglesi e Francesi debbano trovarsi dalla stessa parte, come fu per Alfredo e Abbone durante il secolo nero che vide i barbari abbattersi sul Wessex e assediare Parigi. Ma forse ora vi sono meno certezze sul fatto che vittoria spirituale e vittoria materiale di una civiltà siano due cose distinte. È tutto più confuso, reso complicato da ammalianti sfumature o celato sotto affascinanti definizioni. E se il barbaro mentre fugge lascia dietro di sé l'anima della barbarie, come una malattia che rimane nell'aria, io per primo ho il dovere innanzi tutto di darne una spiegazione politica e morale. L'anima della barbarie è la schiavitù. Sotto tutta la sua maschera di organizzazione e sapere, la militarizzazione tedesca delle masse non è altro che il ritorno dei barbari alla schiavitù. Non credo che nel solco delle nostre attuali riforme vi sia alcun rimedio a questo, l'unica possibilità sta nel fare come nel Medioevo dopoché si riuscì a debellare quell'altra orda barbarica, ovvero cominciare, grazie ad associazioni come le Gilde e altri piccoli gruppi indipendenti, a restaurare gradualmente le proprietà personali dei poveri e la libertà delle famiglie. Se gli inglesi proveranno veramente a fare questo, avranno almeno dimostrato in questa guerra di non aver perso il coraggio e le virtù dei loro padri. Possono farcela, se lo vogliono. Se non lo faranno, se continueranno a vivere secondo il mortale principio della disciplina sociale che hanno imparato dai tedeschi, non ci dobbiamo attendere nulla di diverso da ciò che Mr. Belloc[4], colui che ha svelato questa tendenza della nostra società, ha definito lo "Stato Servile". E vi sono momenti in cui, se si considera questo esito della nostra storia, si è quasi pronti a desiderare che l'onda della barbarie germanica ci sommerga insieme al nostro esercito e che il mondo non sappia nient'altro degli ultimi rappresentanti del popolo inglese se non che essi morirono per la libertà.

4. Hilaire Belloc (1870-1953). Amico fraterno di Chesterton, tanto stretto che G.B. Shaw disse che formavano il cosiddetto "Chesterbelloc", una sorta di animale fantastico. Fu autore di saggi storici e politici di ispirazione cattolica.

# Riferimenti bibliografici

## a. *Scritti di G.K. Chesterton*

### *Opere Narrative*

*The Napoleon of Notting Hill (Il Napoleone di Notting Hill)*, 1904
*The Club of Queer Trades (Il club dei mestieri stravaganti)*, 1905
*The Man who was Thursday (L'uomo che fu Giovedì)*, 1908
*The Ball and the Cross (La sfera e la croce)*, 1909
*The innocence of Father Brown (La purezza di Padre Brown)*, 1911
*The Flying Inn (L'osteria volante)*, 1914
*The Wisdom of Father Brown (La purezza di Padre Brown)*, 1914
*Manalive (L'uomo vivo)*, 1915
*The Man who knew too much (L'uomo che sapeva troppo)*, 1922
*Tales of the Long Bow (Racconti del lungo arco)*, 1924
*The Incredulity of Father Brown (L'incredulità di Padre Brown)*, 1926
*The Return of Don Quijote (Il ritorno di Don Quijote)*, 1927
*The Secret of Father Brown (Il segreto di Padre Brown)*, 1927
*The Dragon at Hide and Seek (Il drago a nascondino)*, 1928
*The Sword of Wood (La spada di legno)*, 1928
*The Poet and the Lunatics (Il poeta ed i pazzi)*, 1929
*Four Faultless Felons (Quattro incolpevoli felloni)*, 1930
*The Scandal of Father Brown (Lo scandalo di Padre Brown)*, 1935
*The Paradoxes of Mr. Pond (I paradossi di Mr. Pond)*, 1937

### *Opere Poetiche*

*The Wild Knight (Il cavaliere selvaggio)*, 1900
*The Ballad of the White Horse (La ballata del cavallo bianco)*, 1911

*The Ballad of St. Barbara (La ballata di Santa Barbara)*, 1922
*The Queen of the Seven Swords (La regina delle sette spade)*, 1926
*The Collected Poems (Poesie raccolte)*, 1927
*Gloria in Profundis*, 1927
*Ubi Ecclesia*, 1928
*The grave of Arthur (La tomba di Artù)*, 1930
*The Collected Poems (Poesie Raccolte)*, 1933
*The Way of the Cross (La via della croce)*, 1935

*Opere Teatrali*

*Magic*, 1913
*The Judgment of Dr. Johnson (Il giudizio del Dottor Johnson)*, 1927
*The Turkey and the Turk (Il tacchino ed il turco)*, 1930
*The Surprise (La sorpresa)*, 1952

*Saggi*

*The Defendant (L'imputato)*, 1901
*R.L. Stevenson*, 1902
*The Carlyle*, 1902
*Twelve Types*, 1902
*Lev Tolstoy*, 1903
*Robert Browning*, 1903
*Simplicity and Tolstoy*, 1903
*Tennyson*, 1903
*Thackeray*, 1903
*G.F. Watts*, 1903
*The Patriotic Idea (L'idea patriottica)*, 1904
*Heretics (Eretici)*, 1905
*Charles Dickens*, 1906
*All Things Considered (Tutto considerato)*, 1908
*Orthodoxy (Ortodossia)*, 1908
*G.B. Shaw*, 1909
*Tremendous Trifles (Tremende minuzie)*, 1909
*Alarms and discussions (Allarmi e discussioni)*, 1910
*William Blake*, 1910
*Five Types*, 1910

*What's wrong with the world (Ciò che non va nel mondo)*, 1910, trad. it. ebook Rubbettino Editore, Soveria Mannelli, 2011
*Appreciations and Criticism of the works of Charles Dickens (Elogio e Critica delle opere di Charles Dickens)*, 1911
*A Miscellany of Men (Miscellanea umana)*, 1912
*The Conversion of an Anarchist (La conversione di un anarchico)*, 1912
*The Victorian Age in Literature (L'età vittoriana in letteratura)*, 1913
*The Barbarism of Berlin (La barbarie di Berlino)*, 1914
*Do miracles happen? (Accadono i miracoli?)*, 1914
*The Crimes of England (I crimini dell'Inghilterra)*, 1915
*Letters to an Old Garibaldinian (Lettere ad un vecchio garibaldino)*, 1915
*The Utopia of Usurers (L'utopia degli usurai)*, 1917
*A Short History of England (Una breve Storia d'Inghilterra)*, 1917
*The Superstition of Divorce* (*La superstizione del divorzio*), 1920
*Charles Dickens: Fifty years after* (*Charles Dickens cinquanta anni dopo*), 1920
*Eugenics and other Evils* (*Eugenetica ed altri mali*), 1922
*The Uses of Diversity* (*Gli usi della diversità*), 1923
*Fancies versus Fads* (*Immaginazioni contro ubbie*), 1923
*San Francis of Assisi (San Francesco d'Assisi)*, 1923
*William Cobbet*, 1924
*The End of the Roman Land* (*La fine della strada romana*), 1924
*The Everlasting Man* (*L'uomo eterno*), 1925, trad. it. Rubbettino Editore, Soveria Mannelli, 2008
*Where all Roads Lead* (*Dove conducono tutte le strade*), 1925
*The Superstition of the Sceptic* (*La superstizione dello scettico*), 1925
*The Outline of Sanity* (*Profilo della ragionevolezza*), 1926
*The Catholic Church and Conversion* (*La chiesa cattolica e la conversione*), 1926
*Culture and the Coming Peril* (*La cultura ed il pericolo che incombe*), 1927
*R.L. Stevenson*, 1927
*Generally Speaking* (*Parlando in generale*), 1928
*Do We Agree?* (*Siamo d'accordo?*), 1928
*The Thing* (*La cosa*), 1929
*Come to Think of It* (*Provate a pensarci*), 1930
*All is Grist* (*Tutto da macinare*), 1931
*Chaucer*, 1932
*Christendom in Dublin* (*Cristianità a Dublino*), 1932
*San Thomas Aquinas (San Tommaso d'Aquino)*, 1933

*All I Survey* (*Tutto ciò che controllo*), 1933
*Avowals and Denials* (*Confessioni e Ritrattazioni*), 1934
*The Well and the Shallows* (*Il pozzo e le cunette*), 1935
*As I Was Saying* (*Come stavo dicendo*), 1936
*The End of the Armistice* (*La fine dell'armistizio*), 1940
*The Common Man* (*L'uomo comune*), 1950
*A Handful of Authors* (*Una manciata di autori*), 1953
*The Glass Walking Stick* (*Il bastone da passeggio di vetro*), 1955
*The Spice of Life* (*L'aroma della vita*), 1971
*Chesterton on Shakespeare*, 1971

*Opere Varie*

*Greyberads at Play* (*Il gioco delle barbegrigie*), 1900
*Irish Impressions* (*Impressioni d'Irlanda*), 1919
*The New Jerusalem* (*La nuova Gerusalemme*), 1920
*What I saw in America* (*Cosa ho visto in America*), 1922
*The Resurrection of Rome* (*La resurrezione di Roma*), 1930
*Sidelights on New London and Newer York* (*Luci sulla Nuova Londra e sull'ancora più nuova New York*), 1932
*Autobiography (Autobiografia)*, 1936
*The Coloured Lands* (*Le terre colorate*), 1938

### b. *Saggi critici su G.K. Chesterton*


C. CHESTERTON, *G.K. Chesterton, a Criticism*, 1908
G.K. CHESTERTON, *By G.K. Chesterton, With Ten Photographs by Alvin Langdon Cobern*, 1914
H.C. PALMER, *The G.K. Chesterton Calendar*, 1916
J. DE TONQUEDEC, *G.K. Chesterton*, 1920
P. BRAYBROOKE, *G.K. Chesterton*, 1922
G. BULLET, *The Innocence of G.K. Chesterton*, 1923
W. NIEUWENHUIS, *Chesterton*, 1927
P. BRAYBROOKE, *Chesterton Catholic Antology*, 1928
K. ARNS, *G.K. Chesterton*, 1935
J. O'CONNORS, *Father Brown*, 1937

J. GUEST, *Essays by G.K.C.*, 1939
M. EVANS, *Critical Writer*, 1939
C. CLEMENS, *Chesterton*, 1939
H. BELLOC, *On the Place of G.K. Chesterton in English Letters*, 1940, 1977
M. WARD, *G.K. Chesterton*, 1943
H. KENNER, *Paradox in Chesterton*, 1948
M. WARD, *Return to Chesterton*, 1952
D.B. WYNDHAM LEWIS, *An Anthology*, 1957
G. WILLIS, *Chesterton, Man and Mask*, 1961
M. WARD, Stories, *Essays and Poems*, 1965
J.W. SPRUG, *An Index to G.K. Chesterton*, 1966
A.M. ADRIANUS, *Chesterton and the Victorian Age*, 1966
W.B. FURLONG, *Shaw and Chesterton*, 1970
W.H. AUDEN, *A Selection From His Non Fictional Prose*, 1970
M.C. HOLLIS, *The Mind of Chesterton*, 1970
K. AMIS, *Selected Stories*, 1972
M. EVANS, *G.K Chesterton*, 1972
B. CLEMENS, *Chesterton as seen by his Contemporaries*, 1972
C. BARBER, *G.K. Cheserton, a Biography*, 1973
L.J. CLIPPER, *G.K. Chesterton*, 1974
P. MROCZKOWSKI, *The Medievalism of G.K. Chesterton, a Critical Enquiry*, 1974, 1976
J. SULLIVAN, *G.K. Chesterton. A Centenary Appraisal*, 1974
I. BOYD, *The Novels of G.K.C.*, 1975
D.J. CONLON, *G.K.C., The Critical Judgments*, Part I (1900-1937), 1976
M. CANOVAN, *G.K.C., Radical Populist*, 1977
J. WEST, *G.K. Chesterton, A critical study*, 1978
T.W. RICHARD, *G.K. Chesterton: A Portrait*, 1978
Y. DENIS, *Paradoxe et Catholicisme*, 1978
E. CAMMAERTS, *The Seven Virtues and G.K. Chesterton*, 1979
L. HUNTER, *G.K.C., Explorations in Allegory*, 1979
J.P. CORRIN, *G.K. Chesterton and Hilaire Belloc; the battle against modernity*, 1981
C. D'AUSSY, *La vision du monde chez G.K. Chesterton*, 1981
M. RIBSTEIN, *G.K. Chesterton: creation romanesque et imagination*, 1981
*A Chesterton celebration at the University of Notre Dame: commemorating the fifteen anniversary of G.K. Chesterton Professorship*, 1983
J.L. BORGES, *Altre Inquisizioni*, 1984

J. COATES, *Chesterton and the Edwardian cultural crisis*, 1984
J. STANLEY, *Chesterton, a seer of science*, 1986
M. FFINCH, *G.K. Chesterton*, 1986
K. DWARAKANATH, *G.K. Chesterton: a critical study*, 1986
Q. LAUER, *G.K. Chesterton: philosopher without portfolio*, 1988
J. PEARCE, *Wisdom and innocence. A life of G.K. Chesterton*, 1997
M. COREN, *Gilbert. The man who was Chesterton*, 2001
I. CROWTER, *G.K. Chesterton. Thinkers of our time*, 2001
A. STONE DALE, *The outline of sanity. A biography of G. K. Chesterton*, 2005
S.R. CLARK, *G.K. Chesterton. Thinking backward, looking forward*, 2006
A. MILBANK, *Chesterton and Tolkien as theologians. The fantasy of the real*, 2007
A. RIVERS, G.K. *Chesterton. A criticism*, 2007
T. SATTERLEE, *Advent and Christmas wisdom from G.K. Chesterton*, 2007
M. CAROL, *G.K. Chesteron: the dinamic classicist*, 2008
A. MACKEY - D. AHLQUIST, *G.K. Chesterton. A Prophet for the 21th century*, 2009
J. MC CLEARY, *The Historical Imagination of G.K. Chesterton: Locality, Patriotism, and Nationalism (Studies in Major Literary Authors)*, 2009
A. NICHOLS, *Chesterton, theologian*, 2009
W. ODDIE (a cura di), *The Holiness of G.K. Chesterton*, 2009
J. STAPLETON, *Christianity, Patriotism, and Nationhood: The England of G.K. Chesterton*, 2009
W. ODDIE, *Chesterton and the Romance of Orthodoxy. The Making of GKC*, 2010
J. WEST, *G.K. Chesterton. A critical study*, 2010
I. KER, *Chesterton: A biography*, 2011

*Articoli su giornali e riviste*

S. HINES, *A detective and his good. Reconsideration: G.K. Chesterton*, «The New Republic», February 6 1984
K. SHELDON, *The Wisdom of Father Brown*, «Library Journal», December 1987
P.E. HODGSON, *Chesterton: a seer of science*, «National Review», June 5 1987

H. KENNER, *G.K. Chesterton*, «The New York Times Book Review», February 22 1987

T. TEACHOUT, *Coming to terms with Chesterton*, «The American Scholar», Winter, 1989

N. TRAUBERG (a cura di), *G.K. Chesterton in Russia*, «Road to Emmaus», n. 2, 2002: http://www.roadtoemmaus.net/back_issue_articles/RTE_09/G.K._Chesterton_in_Russia.pdf

*Studi in lingua italiana*

A. ANTONAZZO, *Chesterton, Lewis, Tolkien. Tre scrittori per la speranza*, Istituto teologico San Tommaso, Messina 2007

S. AVERINC'EV, *Dieci poeti: ritratti e destini*, La Casa di Matriona, Seriate (Bg), 2001. Cfr. il capitolo dedicato a G.K. Chesterton

U. CASOTTO, *G.K. Chesterton. L'enigma e la chiave*, Lindau, Torino 2011

A. CASTELLI, in *Scrittori Inglesi contemporanei*, Principato, 1939, autore anche della traduzione italiana della *Autobiografia* (Ipl, 1938), ripubblicata da Piemme nel 1997 con sua introduzione. Nello stesso volume segnaliamo anche la postfazione di Sergio Ferrero

F. CANESSA, *Il vostro Virgilio*, «Il Foglio», 10 novembre 2004

F. CANESSA, *La libertà di Chesterton*, «Il Foglio», 30 novembre 2006

F. CANESSA, *Il primo romanzo di Chesterton*, «Il Foglio», 5 ottobre 2010

E. CECCHI, in *Pesci Rossi*, Vallecchi, Firenze, 1920, e in *Scrittori Inglesi ed Americani*, Carabba, Milano, 1935

G. COSENTINO, *G.K. Chesterton, filosofo stravagante?*, C.U.E.C.M., Catania 1989

L. DONDOLI, *La stravagante teoria linguistica di G.K. Chesterton*, Le Monnier 1988

M. D'AMICO, *Introduzione* a *Tutte le storie di Padre Brown*, Newton Compton, Roma, 1995

P. GULISANO, *Chesterton e Belloc. Apologia e profezia*, Ancora, Milano 2002

A. JUDIN, *Chesterton e Lewis nel contesto russo*. «La Nuova Europa», n. 6, 2010, pp. 135-144

T. LIUZZI, *Viaggio in Inghilterra: l'occidente al crocevia del nichilismo: Virginia Wolf, Chesterton, Tolkien*, Edizioni di pagina, Bari 2010

M. MCLUHAN, *G.K. Chesterton, un mistico concreto* in ID., *La luce e il mezzo*, Armando Editore, Roma 2002, pp. 31-40

A. MONDA, *Il gigantesco segreto di Chesterton*, in «Communio. Rivista Internazionale di Teologia e Cultura», "Letteratura e cattolicesimo", n. 179, 2001, pp. 77-84

R. MUSSAPI, *Introduzione* a *Il Club dei mestieri stravaganti*, Newton Compton, Roma, 1996. Contiene anche un'ottima nota biobibliografica redatta da Lucio Chiavarelli

P. PEGORARO, *Mistico della concretezza*, «Jesus», n. 3, 2011, pp. 96-99

M. PRAZ, *La letteratura inglese*, tomo II, Sansoni, Firenze, 1975

E. RIALTI, *L'uomo che ride. La vita e le opere di G.K. Chesterton*, Cantagalli, Siena 2011

M. SERMARINI, *Nota biobibliografica*, in G.K. CHESTERTON, *L'Uomo Eterno*, Rubbettino, Soveria Mannelli, 2008, pp. 339-349

M. SERMARINI, *Prefazione* a G.K. Chesterton, *La Chiesa Cattolica. Dove tutte le verità si danno appuntamento*, Lindau, Torino 2010, pp. 5-10

Da segnalare infine le lettura chestertoniana di Antonio Gramsci nelle *Lettere dal Carcere* (in particolare quella del 6 ottobre 1930; si veda http://uomovivo.blogspot.com/2009/04/chesterton-in-altre-parole-gramsci-e.html e http://uomovivo.blogspot.com/2009/01/chesterton-in-altre-parole-antonio.html).

Chesterton è un autore molto pubblicato nel mondo anglofono, di *Una breve storia d'Inghilterra* escono nuove edizioni ogni anno. Da segnalare la American Chesterton society e il suo sito (www.chesterton.org) e il blog della Società Chestertoniana Inglese (http://www.gkchesterton.org.uk). In Italia, sono fondamentali il blog della Società Chestertoniana Italiana (http://uomovivo.blogspot.com) e il sito dei Gruppi Chestertoniani Veronesi (www.chesterton.it).
Particolare attenzione merita l'attività del "G.K. Chesterton Institute for Faith and Culture" della Seton Hall University (http://www.shu.edu/catholic-mission/chesterton-index.cfm), con la sua «The Chesterton Review» che esce in lingua inglese, francese, spagnola, portoghese ed ora anche italiana (n. 1, agosto 2011, Lindau, Torino).

# Indice

Finito di stampare nel mese di febbraio 2012
da Rubbettino Industrie Grafiche ed Editoriali
per conto di Rubbettino Editore Srl
88049 Soveria Mannelli (Catanzaro)

*Le bighe*

1. Manuele II Paleologo, *Dialoghi con un Persiano*
2. Victor E. Frankl, *Lettere di un sopravvissuto*
3. Ralph Waldo Emerson, *Condotta di vita*
4. Gilbert Keith Chesterton, *L'uomo eterno*
5. Michael Ende, *Storie infinite*
6. Claude Lévi-Strauss, *Lezioni giapponesi*
7. Gilbert Keith Chesterton, *Una breve storia d'Inghilterra*